땡큐 코로나,

억대 연봉 메신저

thank you

땡큐 코로나,
억대 연봉 메신저

박현근 | 김일 | 서미경 | 권가비 | 김미혜 | 최종환 |

케이트 | 김보민 | 김종학 | 김줄리 | 김수란 | 김진옥 공저

공감

제가 메신저가 될 수 있을까요? 사람들은 누구나 자신의 한계 속에 자신을 가둔 채 살아간다. 불과 몇 전에 나도 그랬다. 나 자신이 만들어 놓은 감옥 속에 갇혀서 살아가면서 외부 환경만을 탓했다. 성공하고 싶었고, 다른 삶을 살고 싶었지만, 무엇부터 시작해야 할지는 알지 못했다.

현실의 삶이 힘들 수록 성공에 대한 열망은 커져만 갔다. 그래서 끊임없이 성공한 사람들의 책을 읽고, 수 많은 강의들을 찾아다니면서 성공의 공식들을 하나씩 찾아나갔다. 내가 만난 성공한 사람들은 끊임없이 독서하고, 메모하고, 배움에 대한 투자를 아끼지 않는 사람들이었다. 그리고 환경을 뛰어 넘는 사람들이었다.

2020년 2월 코로나가 심해지기 시작했다. 사스, 메르스 때처럼, 잠깐이면 끝나는 줄 알았지만, 이제는 우리의 삶의 일부가 되어버렸다. 코로나로 인해 어려웠던 경기는 더욱 어려워졌고, 뉴스에는 힘든 현실을 반영이라도 하듯, 불안한 소식만이 들려왔다.

지금의 상황에서 할 수 있는 것은 무엇이지? 힘들고 어려운 상황 속에서 내가 사람들을 도울 수 있는 것은 무엇이 있을까? 외부 환경에 집중하기 보다 내면에 집중하기 시작했다. 지금의 조건에서 할 수 있는 것부터.

오프라인으로 사람들을 만날 수 없으니 온라인으로 강의를 열었다. 새로운 세계가 열렸다. 300명이 넘는 사람들이 모여서 함께 강의를 수강했다. 말을 바꾸었다. 코로나 때문에가 아니라 코로나 덕분에. 땡큐 코로나! 온라인 상에서 서로가 서로의 힘이 되어주었고, 함께 울고 웃었다.

코로나로 인해 상황이 힘들어진 사람들도 있지만, 코로나 속에서도 기회의 씨앗을 발견하고 더 사업이 번창한 사람들도 있었다. 하지만, 뉴스에서는 안되는 이야기, 힘든 이야기만 들려올 뿐이었다. 인생의 파도는 항상 밀려온다. 그 파도를 뛰어 넘을 수 있는 마음가짐이 더욱 중요하다. 외부 환경은 절대 바뀌지 않으니 말이다. 내가 바뀌어야 세상이 바뀐다.

책을 함께 작성한 12명의 메신저들의 이야기를 통해 당신도 이 위기를 극복할 수 있는 작은 아이디어를 얻을 수 있기를 바란다.

박현근

Chapter 3 보물지도 만드는 스마트폰 메신저

서미경

Chapter 4 보험의 진정한 가치를 전하는 메신저입니다

권가비

Chapter 9 1인 기업 온라인 미디어 메신저
김종학

Chapter 10 골든타임: 지금처럼 하거나 지금부터 하거나
〈자녀 영어 교육 메신저〉
김줄리

Chapter 1

지식창업 메신저

박현근

Park Hyun-geun

메신저 스쿨 대표로, 메신저를 양성하는 메신저로 활동하고 있다. 2002년 고등학교 3학년 때 자퇴를 하고, 10년이란 시간을 배달과 청소를 하면서 꿈도 목표도 없이 살았다. 29살 때, 배달왔다가 늦게 왔다는 이유로 뺨을 맞고, 다른 삶을 살기 위해 미친 듯이 책을 읽고, 배움에 투자한 결과 전국을 다니는 강사가 되었다. 5년 만에 수입은 10배가 늘었고, 지금은 자신의 지식과 경험으로 메신저가 되고 싶은 사람들의 성공을 돕는 일을 하고 있다.

메신저 스쿨 카페 https://cafe.naver.com/evernotesuccess

걸림돌이
디딤돌이 되었다

인생은 가까이서 보면 비극이지만 멀리서 보면 희극이다. 라는 찰리채플린의 말이 떠오른다. 나의 삶에도 걸림돌과 같은 사건들이 있었다. 고등학교를 자퇴했던 것, 배달이 늦게 왔다고 뺨을 맞았던 것, 손님이 남긴 탕수육을 숨어 허겁지겁 먹었던 것.

나는 가난했고, 못배웠고, 배고팠다. 돌이켜 보니 그 힘든 시간들이 있었기에 지금의 내가 존재한다. 배우지 못했기에 미친 듯이 책을 읽고, 강의를 찾아다닌다. 좋은 대학을 나오고, 석사, 박사까지 공부했다면, 지금처럼 내가 독서하고, 배움에 대한 열정을 가질 수 있었을까? 배우지 못했다는 이유, 내가 부족하다고 생각하기에 끊임없이 배움에 투자한다.

나는 가난했다. 그래서 가난한 불편을 안다. 부자가 되고 싶었지만, 마음이 가난했다. 돈을 벌어도 저축보다는 지출을 했다. 버는 것보다 더 많은 돈을 써버렸다. 불과 작년까지만 해도, 코로나로 인해서 더 가난하게 되었다. 수입은 없고, 고정 지출은 멈추지 않았다.

　　마인드에 관한 책들, 재정에 관한 책들 읽으면서 돈에 대한 마음가짐을 바꾸자. 돈이 모이기 시작했다. 주식, 부동산, 코인을 사모았다. 통장에 1000만원도 없었던 내가 1년 만에 아파트, 주식, 코인을 갖게 되었다. 나는 부자로 태어났다. 가난한 것은 죄다! 라는 말을 매일 외쳤다. 돈에 대한 부정적인 감정을 긍정적인 감정으로 바꾸기 시작했다. 그러자 돈이 모이기 시작했다. 모든 것은 생각에서 비롯된다. 나의 생각이 나의 인생을 변화 시킨다.

　　나는 배우지 못했고, 나는 알지 못했고, 나는 가난했다. 그래서 아프고 힘든 사람들의 마음을 더 잘 이해하게 되었다. 아파본 사람은 아픈 사람을 이해할 수 있다. 힘들어 본 사람은 힘든 사람을 공감할 수 있다. 과거의 나의 상처와 아픔, 어려움들이 더 이상 걸림돌이 아니라. 디딤돌이 되었다.

온라인 지식 창업
이제 스토리를 팔아라

　나는 메신저 사업을 시작하려는 사람들에게 이야기 한다. "제품을 팔지 말고, 스토리를 팔아야 합니다" 고객은 내가 누구인지 알지 못하면, 절대 나의 제품을 구매하지 않기 때문이다. 온라인 시장에서 판매되는 교육 상품은 신뢰를 기반으로 구매가 일어난다. 구매 전에 반드시 검색을 통해 구매를 결정한다. 어떤 사람인지도 모르는 사람의 상품은 절대 구매하지 않는다. 제품을 팔기 전에 나의 스토리를 먼저 팔아야 한다.

　인생은 롤러코스터다. 인생의 우여곡절을 말해야 한다. 얼마나 힘들었고, 아팠는지, 그 힘든 시간들을 어떻게 견디고 이겨냈었는지를 말해야 한다. 큰 성과가 아닌, 나의 삶의 작은 변화들을 이야기 하자. 신뢰를 쌓기 위해서는 성공의 이야기보다 실패의 이야기가 더 좋다. 그러면 공감을 불러 올 수 있기 때문이다. 나도 아픈데, 저 사람도 아픈 시간들이 있었구나, 나의 힘든 시간들을 이기기 위해 노력한 모습들을 보며, 타인은 용기와 희망을 얻는다.

　나 또한 힘든 시간들을 SNS공간에 글을 썼다. 크게 성공하지 못했지만, 나의 이야기를 꾸준히 글을 써서 올렸다. 사람들이 응원의 댓글을 달아주었다. 지방에 있는 사람들이 나를 만나고 싶다고 서울로 오겠다고 했다.

　기회는 내가 만든다. 온라인 세계에 나를 팔자. 나의 멋진 모습, 성공한 모습이 아닌, 힘들고 어려웠던 이야기를 솔직하게 말하자. 나 이렇게 힘들고, 어렵지만, 다시 도전하고 있다고, 자신의 노력의 과정들을 보이자. 결과가 아닌 과정을 보여주자. 오히려 너무 크고 거창한 결과만을 보이려고 하면 사람들은 어렵게 생각할 것이다. 힘들고 어려운 상황 속에서도 용기 내어서 도전하는 모습을 보여주면 사람들은 나를 응원해주기 시작할 것이다.

어려움을 어떻게 극복했는지
구체적으로 알려주자

내가 했다면, 당신도 할 수 있다. 인과의 법칙에 따르면 원인을 그대로 따라하면 같은 결과를 낼 수 있다는 것이다. 나는 성공하고 싶었다. 그래서 성공한 사람들의 책을 2,000권 이상 읽으면서 성공 공식을 찾았다. 그것은 첫째, 독서, 둘째, 메모, 셋째, 운동, 넷째, 새벽기상. 이렇게 4가지였다. 성공 한 사람들의 성공 습관을 따라했다. 지금의 상황에서 내가 할 수 있는 것에 집중했다. 매일 책을 읽고, 메모했다. 그리고 한가지씩 나의 삶에 적용시켜나갔다. 돌이켜 보니 5년 만에 나의 수입은 10배 이상 늘었다. 성공하고 싶다면, 성공의 공식을 따라하자. 주위를 둘러보자. 독서와 메모를 하지 않아 성공한 사람이 있는가? 나는 힘들고 어려운 시간들을 독서와 메모를 통해서 극복했다. 매일 책을 읽고, 메모하고, 실행했다.

한권의 책을 읽고, 단 한가지를 찾아 나의 삶에 적용하고, 강의에 적용했다. 내가 알고 있는 지식과 경험들을 사람들에게 전했다. 글로 전하고, 강의로 전했다. 나는 전문가가 아니었지만, 사람들은 어느 순간 나를 전문가로 불러주기 시작했다. 당신은 지금의 힘든 상황을 극복하기 위해서 어떤 노력을 하고 있는가?

04 ——

무료강의로
기회를 잡아라

2020년 2월 코로나로 인해 모든 것이 멈추었다. 모임 자체를 할 수 없으니 강의를 할 수 없었다. 지금의 상황에서 내가 할 수 있는 것이 무엇인가? 내가 할 수 있는 것들을 생각해보았다. 나도 이렇게 힘든데, 사람들은 얼마나 힘들까? 내가 사람들을 위해서 할 수 있는 것은 무엇인지? 계속 생각해 보았다. 단체로 모이는 것은 힘들지만, 1:1로 만나는 것은 할 수 있었다. 매일 점심시간에 강남역 스타벅스에서 매일 사람들을 만났다. 블로그에 무료 코칭을 한다는 글을 올리자. 사람들이 신청하기 시작했다. 나중에는 한달씩 기다려야 함에도 신청을 했다.

매일 점심시간에 만나 코칭 질문 프로세스대로 코칭을 진행했다. 질문은 아래와 같다.

한달에 얼마나 벌고 싶으세요?

현재는 얼마나 벌고 있으세요?

그 사이 갭은 얼마인가요?

그 사이 갭을 줄이기 위해서 어떤 것들을 시도해 보시겠어요?

지금 당장 시작할 수 있는 일은 어떤 것이 있을까요?

누구나 자신의 문제를 안고 살아간다. 현재의 어려움을 극복하기 위해서 가장 좋은 방법은 문제를 객관적으로 바라볼 줄 아는 사람을 만나는 것이다. 매일 사람들을 만나다 보니 공통점이 있었다. 현재를 살아가지 못하고, 과거의 후회, 미래의 불안 속에서 매일을 힘들게 살아가고 있었다. 현재의 중요성에 대해서 말했다. 지금의 조건에서 시작할 수 있는 것들을 코칭을 통해 함께 찾아갔다. 단 한 시간의 코칭이었지만, 1000만원을 벌어간다고 고맙다고 하는 분들이 많아졌다.

5월 말부터 온라인 줌으로 강의를 하기 시작했다. 기존에는 나 혼자서 강의를 했다면, 강의를 처음 시작하고 싶어 하는 사람들을 초대해서 강의의 기회를 제공했다. 메신저를 돕는 메신저가 된 것이다. 강의 모집은 블로그와 오픈채팅방에서 했다. 코칭에서 만난 사람들 중에 강의를 하고 싶어 하는 사람들, 좋은 스토리를 갖고 있는 사람들에게 먼저 제안을 했다. "선생님의 이야기를 많은 사람들에게 들려주면 좋을거 같아요." 준비가 되어서 시작한 것이 아니라. 강의 공지를 먼저 올리고 준비를 해나갔다. 눈물 없이 들을 수 없는 스토리들을 들으면서 사람들이 온라인 줌에서 모여서 같이 울고 웃었다.

무료 강의를 참여한 사람들에게 강의 끝에는 블로그 기초 강의를 했다. 인풋보다 아웃풋이 중요하기에 사람들이 강의 내용을 정리해서 블로그에 올리는 방법을 교육했다. 그리고 강의 후기 작성을 부탁했다. 블로그에 후기를 작성해준 사람들에게는 유료 강의 1만원 할인, 베스트 후기 작성자에게는 3만원 문화상품권을 제공했다. 양질의 후기들이 올라오기 시작했다. 개인 블로그에 후기 작성시에는 메신저를 위한 공부방 오픈채팅방 주소를 남기게 했다. 오픈채팅방에 새로운 회원들이 유입되기 시작했다. 현재 메신저를 위한 공부방 1번방에는 1300명, 2번방에는 1320명, 3번방에는 300명이 참여하고 있다. 내가 알고 있는 지식과 경험들을 아낌없이 사람들에게 나눠주자 사람들이 모이기 시작했다.

외부 플랫폼에 가서 강의 했다. 강의를 들은 사람들이 자신들의 오픈채팅방에서 강의를 해달라고 요청했다. 무료 강의였지만, 적극적으로 찾아 가서 강의를 하면서 나 자신을 알리기 위해 힘썼다. 사람들을 돕기 위해서 최선을 다해서 강의를 했더니, 무료 강의를 듣던 사람들이 유료 강의도 신청하기 시작했다. 무료 특강이 끝난 후에는 방장에게 양해를 구하고, 나의 오픈채팅방 주소를 안내했다. 한번 강의를 들은 사람들과 연결고리를 놓지 않기 위해서 메신저를 위한 공부방 오픈채팅방에 사람들을 초대했다.

오픈채팅방에 사람들이 모이자. 정기적으로 무료 자료들을 제공했다. 무료 소책자를 제공하고, 무료 깜짝 특강을 진행했다. 구글 설문지를 통해서 오픈채팅방에 참여한 사람들의 DB를 모았다. 이름, 연락처, 이메일 3가지 정보를 모았다. 사람들에게 수신동의를 구하고, 정기적으로 단체 문자와 단체 이메일로 강의 소식을 안내했다. 문자를 보내는 것을 거부하는 사람들도 있었지만, 많은 사람들이 문자로 다시 한 번 더 강의소식을 알려주자 고마워했다.

온라인은 기회의 땅이다. 코로나로 인해 온라인 세계의 기회의 문은 더욱 활짝 열렸다. 온라인에서 기회를 잡기 위해서는 온라인 땅에 씨를 뿌려야만 한다. 무료 강의로 기회를 잡아야 한다. 먼저는 나를 알리고, 나의 콘텐츠를 알리자. 누구나 방구석에서 지식창업을 통해 수익을 낼 수 있는 시대가 되었다.

지금 당장
온라인 메신저 사업에
뛰어들어야 하는 이유

누구나 자신의 지식과 경험을 통해서 온라인에서 수익을 낼 수 있는 시대가 되었다. 전문 자격증이 필요하지도 않다. 나만의 이야기, 나만의 스토리로 온라인에서 글을 쓰고, 영상을 제작하고, 강의를 할 수 있는 시대가 되었다. 나의 이야기로 콘텐츠를 만들자. 여기서 말하는 콘텐츠는 내가 알고 있는 지식과 경험이다. 글을 쓰는 것이 편하면, 블로그로 시작하고, 말을 하는 것이 편하면, 유튜브와 팟빵, 오디오 클립으로 시작하면 좋다. 여기서 중요한 것은 정기적인 콘텐츠 발행이다. 주 1회, 2회 정기적으로 콘텐츠를 발행하면서 나의 구독자들과 신뢰를 쌓아 나가야 한다. 글을 쓰면 책이 된다. 내가 쓴 일상의 조각들이 모여 결과물로 나타나게 된다.

처음부터 모든 콘텐츠를 내가 직접 만들어야 하는 것이 아니다. 나는 지식을 배달하는 지식 전달자이다. 20대에는 음식을 배달했다면, 30

대에는 지식을 배달하고 있다. 좋은 책을 읽고, 좋은 강의에 참석하고 내가 이해한 만큼 사람들에게 전한다. 내가 얻은 인사이트를 사람들에게 전하고, 대가를 받는다. 물론 처음에는 무료로 시작했다. 내가 알고 있는 것들이 가치 없다고 생각했다. 그 누구도 나에게 돈을 내면서까지 배우려고 할 것이라고 생각하지 못했다. 하지만 초보가 왕초보를 잘 가르칠 수 있다. 전문가라서 가르칠 수 있는 것이 아니라. 먼저 알았기에 알려줄 수 있다.

지식 창업을 하면 모든 일상이 주제가 된다. 다른 사람들을 돕기 위해서 끊임없이 고민하게 되고, 새로운 콘텐츠 발행을 위해서 항상 메모하고, 고민하게 된다. 끊임없이 새로운 것을 배우지 않으면 아웃풋을 하기 힘들다. 타인을 돕는 것이 결국 나를 돕는 것이다. 타인들을 돕기 위한 노력들을 하다 보니 나의 문제들이 해결되는 경험을 했다.

지식창업을 시작하는데 가장 필요한 것이 있다. 첫째, 미움 받을 용기이다. 사람들의 평가에 대한 두려움으로 시작 자체를 망설이면 안 된다. 나를 싫어하는 사람은 어디에나 존재한다. 하지만, 나를 응원해 주는 사람들이 더 많다는 사실을 지식창업을 시작하면 깨닫게 될 것이다. 둘째는 완벽주의를 버리는 것이다. 매일 준비만 하는 사람들이 있다. 나는 아직 부족하니까 더 배워야 해. 나는 더 공부해야 해. 끊임없이 인풋만하고 아웃풋을 하지 않는다. 완벽하게 시작하지 말고, 일단 시작하고 완벽을 갖춰 나가야 한다. 일단 시작 후 개선, 개선하자.

이 글을 읽는 당신이 온라인 지식창업을 시작하기를 응원한다. 지식창업이야말로 사람들에게 선한 영향력도 미치고, 자신의 문제도 해결할 수 있는 빠른 길이다.

내가 메신저 사업을
시작하게 된 이유

돈을 많이 벌고 싶었다. 시급을 많이 주는 일을 찾다가 시작한 것이 배달이었다. 강남에서 배달을 하면 최대 시급 1만원까지 받을 수 있었다. 내가 좋아하는 오토바이도 타고, 돈 까지 벌 수 있으니 나에게는 최고의 직업이라 생각했다. 일을 하면 할 수록 나의 생각은 착오 였다는 것을 알게 되었다. "야, 오토바이 거기 주차 하지마!", "아저씨 왜 이렇게 늦게 와요", "있다가 그릇 찾을 때 돈 받아가" 나의 자존감은 낮아졌다. 얼굴 한 번 본 적 없는 사람들이 반말을 하고, 화를 냈다. 육체적으로 힘든 것 보다 사람들이 나를 무시한다는 생각이 나를 더욱 힘들게 했다. 19살 때부터 배달 일을 시작했기에 나는 어디서 일을 하나 막내였다.

사실 나의 어릴적 꿈은 수학 선생님이었다. 나중에 어른이 되면, 의미 있는 삶을 살고 싶었다. 하지만, 막상 사회에 나오고 보니 나는 하루 일당을 벌기 위해서 배달 일을 하는 배달원에 불과 했다. 몸이 지치고, 마음이 힘들 때마다 현실의 삶을 벗어나 더 나은 삶을 살고 싶다는 생각은 간절해졌다. 지금이 모습 이대로 평생을 살아가고 싶지는 않았다. 돈은 벌었지만, 돈은 모이지 않았다.

강남구 신사동에서 도시락 배달을 했다. "야 이새끼야 지금 몇 시인데 지금 오는거야?" 늦게 왔다는 이유로 뺨을 맞은 그날의 사건 이후로 나는 결단을 했다. 나 평생 이렇게 살지 않겠다. 다른 삶을 살고 싶다. 하지만, 무엇부터 시작을 해야 할지 몰랐다. 좀 더 나은 삶을 살고 싶었지만, 기술도 없었고, 자격증도 없었다. 내가 할 수 있는 일이라고는 배달이 전부라고 생각했다. 그러다가 우연히 만난 독서 천재가 된 홍대리 책을 통해 독서를 하기 시작했다. 책을 읽을 수록 용기와 희망을 얻게 되었다. 그래 나도 독서를 통해서 인생을 바꿔보자. 책 읽다가 죽자! 라는 마음으로 독서를 하다 보니 책 속에서 내가 진짜 원하는 것이 무엇인지 하나씩 찾아가기 시작했다. 책 속에 길이 있다는 것이 이런 것일까? 책을 읽고, 책 속에서 추천해주는 책들을 사서 읽기 시작했다. 출근 전에도 책을 읽고, 퇴근 이후에도 강남역 서점에 가서 책을 읽었다. 먼지 가득 뒤집어 쓴 까만 얼굴을 하고는 서점 바닥에 앉아 책을 읽었다. 현실의 삶을 벗어날 수 있는 유일한 방법은 오로지 독서 뿐이이라고 생각했다.

평상시에 책을 읽는 것을 좋아하지 않았다. 하지만, 결정적인 계기를 통해서 책을 읽기 시작하자. 책이 눈에 들어오기 시작했다. 책을 읽을 수록 나의 마음 속에 잠자고 있던 꿈들이 생각났다. 누군가를 가르치고 싶다. 나는 어릴 때부터 친구들에게 수학 공식을 알려주는 것을 좋아했다. 그래서 수학 선생님을 꿈꾸었다. 자기계발 책들을 읽고, 자기계발 강의를 찾아다니면서 꿈을 키워나갔다. 나도 저분처럼 멋진 강사가 되고 싶다. 강사가 되면 돈도 벌고 의미 있는 삶도 살 수 있을 것만 같았다. 하지만, 현실은 배달원이었다.

지금의 상황에서 내가 할 수 있는 것들에 집중하기로 했다. 매일 책을 읽고, 피피티를 한 장씩 만들어 나갔다. 강의를 불러주는 사람은 아무도 없었지만, 강의 준비를 한 것이다. 기회는 내가 만든다. 아무도 강의를 불러주지 않는다면 내가 사람들을 모아서 강의를 하면 되었다. 《성공하는 사람들의 7가지 습관》 책을 읽으며 주도성에 대해서 배웠다. 나의 삶의 주인공은 나 자신이고, 나의 삶을 주도적으로 살아가기 위해 노력했다. 퇴근 후에는 책을 읽거나, 강의를 찾아 다녔다. 주말에는 소모임을 만들었다. 스터디룸에 모여서 주중에 내가 배운 내용들을 강의했다. 현실은 배달원이었지만, 강사가 꿈이었다. 그래서 강사 명함을 만들었다. 지금의 조건에서 시작할 수 있는 것부터 실행했다. 사람들이 나에게 강사님이라고 불러주기 시작했다. 나는 너무 행복했다. 이렇게 작게 메신저 사업을 시작한 것이 2012년이다. 그때부터 나는 매주 사람들에게 내가 알고 있는 지식과 경험을 나눠주기 시작했다. 나의 지식과 경험을 나눠주는 메신저가 되었다.

메신저는 물질적인 만족과 의미있는 삶 2가지 모두를 충족시킬 수 있다. 현실의 삶을 벗어나 더 나은 삶을 꿈꾸는 이들에게 메신저 사업을 추천하고 싶다.

07

성공하는 메신저가 되기 위해 버려야 할 3가지

메신저 사업을 시작했다가 1년도 버티지 못하는 초보 메신저들을 보았다. 메신저 사업은 마라톤이다. 나는 메신저 사업을 2012년부터 시작했다. 그동안 수많은 시행착오가 있었다. 부정적인 댓글에 몸이 아파서 몇 달 동안 강의를 하지 못했던 적도 있었고, 환불 요청을 받은 적도 여러 번 있었다. 나의 강의 피피티를 그대로 가져가서 나의 수강료의 1/10가격으로 강의하는 강사들도 만났다. 그럴 때마다 나는 메신저를 포기하고 싶은 마음이 들기도 했지만, 나는 다시 도전하고 도전했다. 성공하는 메신저가 되기 위해서 꼭 버려야 하는 3가지에 태도가 있다.

첫째, 비교하는 마음. 이제 시작하는 메신저들이 5년 10년 전에 시작한 메신저들과 비교하면서 자신 스스로를 평가하는 모습들을 본다. 실력이 다른 것이 아니라. 시작이 다른 것이다. 메신저 사업 초기에는 내가 누구인지 알리는 시간이 먼저 필요하다. 내가 누구인지 알지 못하면 사람들은 절대 나의 지식상품을 구매하지 않는다. 나를 알리기 위해서는 최소한 3년이란 시간을 견뎌야 한다. 나를 알리는 것이 먼저 이지, 판매가 먼저가 되어서는 안 된다. 씨를 뿌려야 열매를 얻을 수 있지, 씨도 뿌리지 않고, 열매부터 얻으려고 하는 초보 메신저들이 많다. 뿌린 대로 거두는 것이 세상의 이치이다. 《부의 법칙》 책에서는 발산과 흡수의 법칙이라고 이야기하고 있다. 내가 세상에 발산한 만큼 흡수할 수 있다는 것이다.

둘째, 조급한 마음. 메신저 사업은 마라톤이다. 너무 초반부터 모든 에너지를 다 써버리면 지속할 수 없다. 처음 시작부터 너무 열정적인 사람이 오랫동안 메신저 사업을 하는 경우를 보지 못했다. 페이스 조절이 필요하다. 나의 마음처럼 시장에 반응이 없을 때 속상하고, 나 자신을 비하하게 된다. 다른 메신저들은 다 잘 되는데, 나만 안 되는 것 같다. 모아둔 돈은 떨어지는데, 수입은 늘어나지 않는다. 그래서 나는 절대 신용카드를 쓰지 말라고 이야기한다. 신용카드로 이 교육 저 교육 다 신청해서 듣고, 나중에 후회하지 말라는 것이다. 교육을 당장 듣는다고 수익이 생기는 것이 아니다. 나만의 것으로 소화하고 사람들에게 나를 알리는 시간이 필요하다. 조급한 마음을 내려놓자. 단거리 경기가 아닌 마라톤이다.

나의 이익보다 상대의 이익을 생각하며 사람들에게 나눠주자. 진심은 통한다. 내가 알고 있는 지식과 경험들을 사람들에게 베풀수록 사람들은 나를 진짜 메신저로 인식하기 시작할 것이다.

셋째, 완벽주의를 버리자. 공지를 올리고 준비하는 미움 받을 용기가 필요하다. 인풋만 하고 아웃풋을 하지 못하는 메신저 준비생들이 있다. 시작에 대한 두려움을 갖고 있다. 완벽하게 준비가 되면 시작을 하려고 하는 것이다. 완벽하려고 하는 것도 병이다. 완벽함은 존재하지 않는다. 일단 시작하고, 개선, 개선하자. 일단 시작하고 끊임없이 개선해 나가야 한다. 처음부터 완벽하게 시작할 수 없다. 《실행이 답이다》 책에서 말하는 것처럼, 시작 데드라인, 중간 데드라인, 마감 데드라인을 설정해야 한다. 공지를 올리면 마감 데드라인이 설정되는 것이다. 공지는 블로그에 올리자. 달력에 강의 날짜를 표시를 하고, 지금부터 나는 뭐를 준비해야 할지를 생각하자. 역행 스케줄로 일을 처리하는 것이다. 나는 일정관리를 위해서 3P 바인더를 사용하고 있다. 항상 3주 전에 강의 공지를 올리고, 지금의 조건에서 내가 해야 할 것들을 찾는다.

이상 3가지 성공하는 메신저가 되기 위해서 버려야 할 3가지 태도에 대해서 말했다. 나는 누구보다 간절했다. 현실의 삶이 너무 힘들었기 때문이다. 그래서 더 나은 삶을 갈망하게 되었다. 그래서 내가 선택한 것이 메신저의 삶이다. 채우기 위해서는 비워야 한다. 버리면 채워진다.

08

메신저의 지식 상품 구성
이렇게 하라

메신저란 나의 지식과 경험을 통해 조언을 제공하고 수익을 창출하는 사람을 말한다. 다시 한 번 말하지만 수익을 창출 하는 사람이 메신저이지, 무료로 나눠주기만 하는 사람은 봉사자이다. 자신의 가치는 자신 스스로가 정하는 것이다. 처음 메신저 사업을 시작할 때 무료로만 나눠주면서 유료화 하지 못하는 경우들을 보았다. 나의 지식 상품에 대한 가치를 스스로 믿지 못하는 것이다. 나는 가격 구성을 하는데《핑크펭귄》책의 도움을 받았다. 저가의 상품, 중가의 상품, 고가의 상품. 3가지 상자 전략을 실행했다. 나는 1만원-10만원-100만원 이렇게 3가지로 지식 상품을 구성했다.

처음에는 저가의 상품을 만들어야 한다. 1만원짜리 프로그램을 먼저 만들어야 한다. 2018년 5월 건대역 토즈 강의장을 빌려서〈유튜브와 씽크와이즈를 활용한 공짜로 공부하기〉라는 강의를 런칭했다. 8인실 강의장을 대여했는데, 이틀만에 30명이 넘는 인원이 신청을 했다. 오캠프 로그램(컴퓨터 화면 촬영 프로그램, 현재는 OBS프로그램 사용 중)으로 강의 내용을 촬영해서 유튜브 미등록(현재는 비메오 사용중)으로 업로드를 했다. 오프라인 강의에 참석하기 힘든 사람들을 위해서 강의 녹화 영상을 1만원에 판매했다. 목표 판매 갯수는 10개였다. 하지만, 3일 동안 300개가 판매가 되었다. 결정적으로 1만원 강의 상품에서 만족한 사람들은 다른 고가의 상품도 구매를 하게 된다. 1만원 강의를 통해서 10만원 이상의 가치를 제공하기 위해서 노력을 해야 한다. "이야, 이게 어떻게 1만원이야?"라고 감동을 느끼도록 강의를 해야 한다. 오프라인 강의를 했을 때는 많은 인원이 올 수록 강의장 대관료도 높아지고, 컴퓨터 프로그램을 가르쳐야 할 경우, 인터넷 환경 문제, 설치 및 가입을 한 사람씩 도와 줘야 하는 등 어려움이 많이 있었지만, 온라인으로 녹화 영상을 제공하자. 오히려 지출은 줄고 수입은 많아졌다. 요즘에 사람들은 모두가 다 바쁘기 때문에 1~2시간 시간을 내서 모이는 것이 쉽지 않았고, 특히 서울 인근 지역에 사는 사람들만 서울 강의장에 와서 강의를 들을 수 있었다. 강의 녹화 영상을 판매하자 전국의 수강생들이 강의영상을 구매했다. 특히 지방에 있는 육아맘들이 관심을 보였다. 이렇게 강의 영상을 제공해주어서 고맙다는 이야기도 많이 들었다.

독서모임은 회당 1만원을 받고, 연간 멤버십으로 10만원을 받았다. 연간 멤버십 가입자가 180명을 넘었다. 매달 첫째주 일요일 저녁 6시에 모임을 했다. 1시간 30분 동안 책을 통한 나만의 인사이트를 공유했다. 30분간 줌 회의실에 소그룹 기능을 이용해서 나눔을 했다. 지정도서를 정해서 함께 책을 읽고 서로의 생각들을 나누다 보니 서로의 생각들을 읽을 수 있어서 좋았다. 2020년 1월, 2월 오프라인으로 모임을 할 때는 줌으로도 동시에 송출을 했다. 실시간 참석을 못하는 사람들을 위해서 녹화본도 제공한다고 하니 많은 인원이 독서모임에 신청을 했다.

저가의 멤버십 프로그램을 만들었다. 월 1만원만 내면, 한달동안 카톡방에서 매일 자유 광고를 할 수 있게 했다. 〈만원의 행복〉 카톡방이라고 이름을 붙였다. 일반 공개 카톡방에서 진행하는 강의의 경우, 강의를 신청하기 위해서 설문을 작성하고, 카톡방에도 성함을 남겨야 했는데. 만원의 행복방에서는 강의를 별도로 신청하지 않아도 강의를 바로 참여할 수 있었다. 그리고 실시간 참석하지 못한 사람들을 위해서 강의 녹화본을 카톡 공지에 고정 시켜서 나중에 다시 볼 수 있도록 했다. 고객의 불편을 해결해주자는 작은 아이디어에서 출발했는데 이틀만에 200명이 넘는 인원이 신청을 했다.

중가의 상품을 만들어야 한다. 구글 앱스 강의 3시간 10만원, 에버노트 강의 5시간 18만원, 3P바인더 강의 8시간 36만원. 중가의 강의는 10만원에서 50만원대에 가격으로 구성을 했다. 1만원 강의에서 만족한 사람들은 중가의 상품을 신청했다. 저가의 상품을 신청할 때 받은 이름, 연락처, 이메일 3가지를 통해서 홍보를 했다. 오프라인 강의 후에는 수강생들의 강의 후기를 포스트잇으로 받았다. 그 후기들을 사진과 강의 참석자들의 사진을 찍어서 셀프 후기를 올렸다. 수강생들이 SNS에 후기를 남겨주는 경우에는 독서노트 혹은 매뉴얼 등 시중에서 구할 수 없는 자료를 제공했다. 후기작성을 사람들에게 적극적으로 요청해야 한다.

고가의 멤버십 프로그램을 만들자. 2018년 8월 100만원짜리 평생 회원 멤버십을 만들었다. 주위에 지인들이 고가의 상품을 만들라고 제안을 많이 해주었지만, 용기가 나지 않았다. 내가 뭐라고 100만원씩이나 사람들에게 돈을 받지? 나 스스로의 가치를 그렇게 높게 평가하지 못했다. 지속된 지인의 권유로 인해서 블로그에 공지를 올렸다. 아무도 구매하지 않을 것이라고 생각했다. 공지를 올리자마자 신청자가 들어왔다. 한달 동안 10명이 넘는 인원이 신청을 했다. 그렇게 월 1000만원 이상의 수익을 내게 되었다. 매달 가격을 20만씩 인상을 했는데, 가격을 인상 할수록 신청자는 더욱 많아졌다. 사람들은 손실회피 심리가 있다. 지금 구매할까? 말까? 고민하던 사람들도, 매달 가격을 인상하기 시작하자. 이왕 구매를 할거 빨리 구매하자. 라는 마음으로 구매를 서두르기 시작했다. 나는 무조건 나의 상품을 구매하라고 절대 이야기하지 않는다. 상대의 현재 상황을 듣고, 이 상품이 어떤 도움을 줄 수 있는지를 말한다. 내가 실제적인 도움을 주지 못하는 경우에는 정중히 구매를 하지 말라고 이야기하고, 다른 강사의 과정을 소개하기도 한다. 판매를 서두를수록 판매는 되지 않는다.

09

나는 어떤 유형의
메신저인가?

메신저 사업을 시작하고 싶지만, 어디서 부터 어떻게 시작해야 할지 모르는 경우가 있다. 나는 자기 분석이 먼저라고 생각한다. 나는 어떤 유형의 메신저인지 분석을 해보자. 《백만장자 메신저》책에는 메신저를 크게 3종류로 나누어 소개한다. 첫째, 성과기반메신저. 둘째, 연구기반 메신저, 셋째, 롤모델형 메신저이다.

성과 기반 메신저

당신은 어떤 메신저인가? 삶의 성과들이 있는가? 그 성과들을 기록해보자. 크게 성공한 성과들이 아니어도 괜찮다. 아주 작은 성과여도 좋다. 나의 인생에서 어떤 성과들이 있었는지를 기록해보자. 삶의 연대표를 작성해보는 것이 좋다. 엑셀표에 1살부터 지금까지의 나이와 연도를 기록하고, 연도별로 핵심 사건을 기록해보는 것이다.

대회에 나가서 상을 받았던 적, 투자에 성공했던 적, 다른 사람들을 도와주었던 적, 나의 삶에 성공 경험들을 찾아보자. 메신저는 자신의 성공 경험을 통해서 다른 사람의 성공을 도와주는 사람이다. 성공해봤기에 다른 사람의 성공을 도울 수 있다. 나는 지식창업 메신저로 활동하고 있다. 2012년부터 지식창업을 시작했다. 전국을 다니는 강사가 되고 싶었고, 전국을 다니는 강사가 되었다. 자신의 가진 지식과 경험을 통해서 온라인에서 포지셔닝하고 나를 알리고 사람들을 도우면서 성공한 메신저의 삶을 살수 있도록 돕고 있다. "코치님 저는 큰 성과가 없어요. 저도 메신저가 될 수 있을까요?" 질문한 수강생이 있었다. 나는 왜 성과가 없냐고 반문을 했다. 지금 존재하고 있다는 사실만으로도 성과이다.

나는 누구나 보석을 갖고 태어난다고 믿는다. 그 보석을 스스로 돌맹이라고 믿는 경우가 있다. 나는 코칭을 통해서 사람들의 보석을 찾고, 그 빛을 발하도록 돕는 일을 하고 있다. 누구나 자신이 잘하는 것은 하나씩 분명히 있다. 나는 믿는다.

연구 기반 메신저

한 분야를 오래 연구했던 적이 있는가? 당신은 어떤 분야에 대해서 배움에 대한 투자를 많이 했는가? 지금까지 교육 받은 내용들을 한번 정리해보자. 수료증이 있는가? 교육 현장에서 찍은 사진들이 있는가? 자신의 삶의 기록들을 모두 꺼내보자. 책장을 한번 살펴보자. 평상시에 어떤 책들을 읽고 있는가? 나는 주로 자기계발 서적을 읽고 있다. 그 중에서도 독서와 메모, 글쓰기, 습관 관련한 책들을 많이 읽었다. 인풋이 양이 아웃 풋을 결정한다. 내가 얼마나 배움에 대한 투자를 했는지에 따라서 나의 지식과 경험으로 다른 사람들의 성공을 도울 수 있다.

롤모델형 메신저

내가 꿈을 이루면 나는 누군가의 꿈이 된다. 예전에는 롤모델 하면, TV에 나오는 대단한 사람들만 롤모델이 될 수 있다고 생각한다. 하지만, 강의를 하면서 많은 사람들이 "코치님이 저의 롤모델이예요. 코치님처럼 살고 싶어요" 이야기를 한다. 나는 롤모델을 찾고, 그들의 모습을 닮고자 지금까지 노력하며 살아 왔다.

롤모델이 꼭 한 사람이지 않아도 된다. 내가 꼭 닮고 싶은 삶의 롤모델들을 설정하자. 그리고 그 사람이었다면, 지금의 상황에서 무엇을 시작했을지를 생각해보자. 롤모델이 쓴 책을 읽고, 롤모델이 쓴 강의를 찾아 듣고, 롤모델에게 인터뷰를 요청하자. 롤모델과 한 시간이 만남이 나를 변화시킨다.

메신저가 되기 위해서는 나 자신을 파악하는 것이 선행되어야 한다. 나는 그 동안에 어떤 삶을 살아 왔는가? 실마리는 과거의 기록 속에 있다. 과거의 메모, 사진들을 보면서 나 자신이 어떤 삶을 살아 왔는지 돌아보는 시간을 반드시 돌아보는 시간을 갖기를 바란다. 진정한 나 자신을 발견하고 나의 강점으로 사람들의 성공을 돕는 메신저가 되자.

Chapter 2

메신저 기반
1인 기업가의
독서모임운영전략

김일

Kim il

대학교수에서 에어컨 설치 보조 기사로, 에어컨 설치 보조 기사에서 메신저로 버라
이어티 하게 인생 2막을 시작하며 '백만장자 메신저'를 꿈꾸는 생따비전메이커 김일
교수가 전해드리는 메신저 기반 1인기업가의 독서모임운영전략

컨설팅/동기부여 전문가

현) 생따연구소 소장
현) 한국독서협회 회장
현) 생따나비 독서모임 운영
현) 생따독운모 운영
현) 생따비전스쿨 교장
현) 스타포커스 취재본부장
현) 여기스터디경영학과 운영교수
현) 부산문학 편집위원
전) 부경대학교 경영학과 겸임교수
전) 나드림국제미션스쿨 교감

경영학박사
부산문학 제6회 신인문학상 시 부문 당선
독서모임운영 전문가
북 챌린지 전문가
컨설팅/동기부여 전문가

e-mail : ik66@naver.com
블로그 : https://blog.naver.com/ik66

1인기업을 꿈꾸는
사람들에게

2015년부터 2019년말까지 부산에서 작은도서관을 운영했습니다. 도서관을 통하여 독서모임을 만들어야 하겠다는 생각을 한 번도 한 적이 없었습니다.

책을 좋아했습니다. 집에는 책이 참 많았습니다. 알라딘 서점에 가면 책을 한 보따리씩 사 왔습니다. 2020년 3월 서울로 이사를 하면서 1톤 트럭 한 대는 작은 도서관에 기부했고, 한 대는 동네 고물상에 팔았습니다. 고물상에 팔러 갔는데, 폐지를 팔러온 할머니 한 분이 이야기했습니다. "이 책 사려면 얼마나 비싼데 팔려고 해!" 순간 그동안 나의 삶이 휙 하고 지나갔습니다. 서울로 이사를 하기 위해 그동안 가지고 있던 보물 같았던 책을 판매하러 왔는데 말입니다. 그렇게 책과 작별을 했습니다. 당분간은 일만하고 책은 못 읽으리라 생각했습니다. 나의 서울 생활은 이렇게 시작되었습니다.

3월에 이사하고 나니 직장을 구할 수가 없었습니다. 중소기업

CEO, 기독교대안학교 교감, 대학교수를 한 필자에게 에어컨을 하는 친구가 제안했습니다. "할 일 없으면 나와 함께 에어컨 설치나 하면 어때?" 순간 바로 대답했습니다. "그래 한번 해 볼게." 그렇게 3월26일부터 시작한 에어컨 설치 보조 기사는 9월15일까지 약 6개월간 일을 했습니다. 처음으로 육체노동을 해 보았습니다. 2달 정도 지났을 때, 새벽에 손이 저려서 잠을 깼습니다. 혼자 손을 주무르고 있으면 어느샌가 아내가 깨어서 내 손을 주물러 주었습니다. 에어컨 설치 보조 기사는 서울살이 우리 가족의 생계를 이어준 일이었습니다.

일하면서 변화를 주고 싶었습니다. 예전부터 폴레폴레 독서코칭반에 관심이 있었습니다. 이메일을 보다가 폴레폴레 독서코칭반을 모집한다는 것을 보았습니다. 2020년 5월 폴레폴레 독서코칭반을 들어갔습니다. 6월에는 꿈행부기 독서코칭반에 들어갔습니다. 그곳에서 생존독서를 시작했습니다. 나에게 책을 읽는다는 것은 생존과 연관되어 있었습니다. 살아야만 했습니다.

7월에는 메신저스쿨 박현근코치를 만났습니다. 메신저가 해야 할 것을 세 가지로 정리해 주었습니다. "블로그를 써라. 오픈채팅방을 시작하라. 독서모임을 하라."는 것이었습니다. 바로 '생존독서 따라쟁이연구소'라는 오픈채팅방을 개설하고 '생따나비' 1기 독서모임 회원을 모집했습니다.

2020년 8월 1일 생따나비 1기 독서모임을 시작했습니다. 메신저라는 것을 만나고 처음으로 시작한 독서모임이었습니다. 아무것도 아는 것이 없었습니다. 메신저라면 독서모임을 시작해야 한다고 해서 무작정 시작했습니다.

비즈니스는 고객의 욕구 속에 있다고 합니다. 고객을 1대1로 만나야 한다는 이야기를 듣고 8월 말부터 1대1 코칭을 시작했습니다. 약 3개월 동안 30명을 만났습니다. 이들이 원하는 공통점을 찾았습니다. 그것이 바로 "독서모임 어떻게 해요?"라는 것이었습니다.

고객의 욕구를 통해서 탄생한 것이 독서모임운영자 과정인 '생따독운모'입니다. 생따독운모를 통하여 지금까지 총 44명의 독서모임 운영을 위한 리더를 배출했습니다. 이들은 지금 절반 이상이 독서모임을 잘 운영하고 있으며 1인기업가로 성장하고 있습니다.

필자의 사명은 '꿈과 비전을 찾는 사람들에게 나의 지식과 경험을 바탕으로 길을 안내해 주는 것입니다.' 지금까지 쌓아온 지식과 경험을 아낌없이 나누어 주는 일을 하기 위해 노력하고 있습니다.

2020년 7월부터 메신저를 만나면서 인생이 완전히 바뀌었습니다. 9월에 '1인기업&CEO 실전경영전략스쿨'을 수강했고, 11월에는 '1인기업 프로CEO 고급과정'을 수강했습니다. 1인기업가로 거듭나기 위한 나의 투자였습니다.

1인기업가란? "자신의 아이템을 가지고 사람들과 관계를 통하여 수익을 창출하는 사람"입니다.

1인기업가는 혼자서 일을 하지만 다른 업종, 다른 유형의 사람들과 관계를 통해서 상생함으로써 함께 성장하게 되어있습니다.

모든 일은 관계가 형성되어야 합니다. 나 혼자의 유능함으로는 성장에 한계가 있습니다. 관계를 형성하는 일이 한계를 넘는 일입니다.

필자는 독서모임을 통하여 1인기업을 출발했습니다. 다른 사람들은 어떻게 하면 '독서모임'을 통하여 1인기업가로서 출발을 할 수 있을까? 생각하였습니다. 그것은 메신저 기반의 1인기업가로서의 독서모임 운영방법을 잘 알아야 한다는 것입니다.

대부분 사람은 '독서모임'하면 '친교단체'라고 생각합니다. 책을 읽고 느낌을 나누는 일이 지금까지의 독서모임 형태입니다. 그렇기 때문에 독서모임으로 수익화를 만들어 간다는 것을 생각하지 않습니다.

필자가 운영하는 독서모임은 철저하게 '1인기업가로서의 독서모임 운영'입니다. 메신저 기반의 1인기업가는 독서모임을 바라보는 관점을 바꾸어야 합니다. "나는 이러한 독서모임 운영자다."라는 명확한 목표가 있어야 합니다. '독서모임 회원은 나에게 있어서 가장 소중한 고객이다.' '고객들이 나의 상품을 잘 활용하게 해야 한다.' '나의 고객들이 나의 상품에 만족하게 해야 한다.' '나의 고객들이 나의 상품을 재구매하게 만들어야 한다.'라는 것입니다.

성공한 메신저들은 "자신의 찐팬 1,000명을 만드는 것이 평생 먹고 살 수 있는 플랫폼을 완성하는 일이다."라고 이야기합니다.

1인기업가로서의 독서모임 운영자는 나의 모든 경험과 노하우를 전달해서 참가자들을 찐팬으로 만들어야 합니다.

필자가 안내하는 대로 따라 해 보면 반드시 좋은 결과를 얻을 것입니다. 필자가 직접 찐팬을 확보한 경험을 토대로 설명하는 것이기 때문입니다.

이 글을 통해서 더 많은 사람이 메신저 기반의 1인기업가를 위한 독서모임운영 방법을 알아가기를 바랍니다.

《 Think Big Question 》

Q1. 나는 어떤 1인기업가를 꿈꾸는지 적어보세요.

02

독서모임 하나가
기업을 세운다

독서모임을 시작하면서 '1인기업가로서의 독서모임운영이라는 관점에서 바라보자.' '1인기업으로서의 독서모임을 어떻게 운영할까?' 분명하게 할 것은 지금부터 이야기하는 독서모임은 사교 단체가 아니라는 것입니다.

제대로 운영하는 독서모임 하나가 기업을 세우게 됩니다.

많은 사람이 이야기합니다. "독서모임이 정말 수익이 돼?"라고 말입니다. 단도직입적으로 말하면 "독서모임은 수익이 된다."라고 말할 수 있습니다. 하지만 독서모임만으로는 큰 수익은 얻을 수가 없습니다. 독서모임은 바로 '종자돈'이라는 개념으로 바라보면 쉽게 이해가 될 것입니다.

어떤 일을 하면 '단초'가 되는 일이 있습니다. 메신저 기반으로서의 1인기업으로 출발을 하는 시작점에서 '독서모임'은 바로 '단초' 같은 역할을 합니다.

대부분 사람이 원하는 소득이 월 천만 원입니다. 그러나 월 천만 원으로 가는 길의 출발점은 단돈 만 원부터 시작합니다. 만원을 벌어봐야 백만 원을 벌 수 있고, 백만 원을 벌어봐야 천만 원을 벌 수 있습니다. 처음부터 너무 원대한 꿈을 가지고 출발할 것이 아니라. 시작은 '점'으로 하는 것이 좋습니다.

새로운 일의 출발을 쉽게 하는 방법이 있습니다. 그것은 바로 '그냥 시작'하는 것입니다. 지금은 세상이 너무 빠르게 변화하고 있습니다. 빠른 세상에 적응하는 길은 꾸물거리지 말고 '지금 바로 시작'하는 것입니다.

1인기업을 시작하면서 너무 거창하게 시작하지 않아도 됩니다. 작게 시작하는 것이 중요합니다. '1'로 시작하는 것입니다. 1인기업가는 처음부터 크게 할 수가 없습니다. 자본도 없습니다. 아는 사람이 많지 않습니다. '나'로부터 시작하는 것입니다. 〈제로창업〉에서는 무자본으로 창업하는 것을 소개합니다. 이 책을 읽는 여러분이 1인기업가로 출발을 하고 있다면 비용을 최소화하는 것이 중요합니다. 〈백만장자 메신저〉에서 브랜든 버처드는 년 수익이 5백만불(50억)이 될 때까지는 혼자서 일을 했다고 합니다.

1인기업으로 시작하는 사람은 '제로 창업'이 가능해야 합니다. 그리고 일정 금액 이상의 소득이 생길 때까지 혼자서도 해낼 수 있어야 합니다. 이러한 일들을 이루어 가기 위해서 첫 출발을 어떤 도구로 사용하면 될까? 고민하게 됩니다. 그 고민을 덜어 주고 싶은 것이 이 책을 쓰는 이유입니다.

여러분에게 독서모임을 추천하는 이유도 '제로 창업'을 할 수 있기 때문입니다. 세상에는 수없이 많은 도구가 있습니다. 메신저로서 1인기업을 출발한 사람에게는 '독서모임' 만한 도구가 없다고 생각합니다.

모든 비즈니스에서 가장 중요한 것이 '관계'입니다. 특히 1인기업을 하는 사람들에게 더 중요한 것이 '관계'입니다. 관계는 사람과 연결됨을 통해서 이루어집니다. 독서모임을 통해서 여러분은 사람들을 수없이 만나게 됩니다. 독서모임 만큼 사람들과의 관계를 체험할 수 있는 곳도 없습니다. 여기에서 여러분들이 시작하는 1인기업가로서의 기초를 잘 만들어 가는 곳이 되기를 바랍니다.

《 Think Big Question 》

Q2. 독서모임을 통해서 이루어내고 싶은 1인기업의 모델을 적어보세요.

03

메신저 기반
1인기업가로서의
독서모임 운영전략

지금까지 독서모임을 해야 하는 이유에 대하여 설명을 하였습니다. 이제는 독서모임을 진행하는 데 필요한 도구들에 대하여 알아보는 시간을 가지려고 합니다.

메신저 기반의 1인기업가로서의 독서모임운영 전략을 제대로 짜는 것이 독서모임을 통해 1인기업가로 변신할 수 있는 기반을 만들 수 있습니다.

어떤 일이든지 대충대충 하면 좋은 결과를 얻을 수 없습니다. 그래서 제대로 된 준비를 하고 시작을 하는 것이 중요합니다.

독서모임 운영전략에 대하여 세 단계로 설명을 하겠습니다.

1단계, 독서모임 브랜딩을 합니다. 2단계, 고객을 감동하게 합니다. 3단계, 수익화 기반을 만듭니다.

여기에서 1단계와 2단계를 제대로 만들어 놓으면 세 번째 단계는 아주 수월하게 만들어질 수 있습니다. 그 이유는 간단합니다. 독서모임에 참가하는 사람들에게 나를 알리는 모든 방법이 1단계와 2단계에서 진행되기 때문입니다.

여러분이 독서모임을 준비한다면 1단계와 2단계에 집중을 해야 합니다.

04

1단계, 독서모임에도
브랜딩이 필요합니다

모든 일에 있어서 가장 중요한 것이 네이밍입니다. 이름을 짓는다는 것, 대문을 단 다고 하는 것, 광고에서 카피라이팅을 한다는 것, 이 모든 것들이 브랜딩이라고 보면 됩니다.

브랜딩을 하기 위해서는 정체성을 확고히 해야 합니다. 정체성이라는 것은 "변하지 아니하는 존재의 본질을 깨닫는 성질 또는 그 성질을 가진 독립적 존재"(나무위키)라고 이야기합니다. 정체성에는 자신만의 고유한 성질을 담아야 합니다. 정체성을 확립하기 위해서는 다음과 같은 세 가지를 명확하게 만드는 것이 필요합니다.

첫째, 존재가치를 명확하게 정의합니다.

존재가치를 명확하게 정의하기 위해서 나 자신을 알아야 합니다. 이민규 교수는 그의 저서 《생각의 각도》에서 맨 앞부분에서 나를 생각하는 글을 썼습니다. 야나두 김민철 대표는 《야, 너두 할 수 있어》라는 책에서 8가지의 성공법칙을 설명했습니다. 8가지 성공법칙을 설명하면서 가장 먼저 이야기한 것이 "나를 먼저 생각하는 이기심이 필요하다"라고 이야기했습니다. 왜 성공자들은 성공의 첫 번째 조건으로 나를 알아야 한다고 했을까요? 그것은 바로 나를 아는 것이 모든 삶, 모든 비즈니스의 출발이기 때문입니다. 그래서 정체성을 만들기 위한 첫 단계로 존재가치를 명확하게 정의하는 것입니다.

존재가치라고 하는 것은 이렇게 설명할 수 있습니다. 건축 현장에서 세 명의 노동자가 일하고 있었습니다. 그들에게 다가가서 "당신은 무엇을 하고 계시는가요?"라고 물었습니다. 첫 번째 노동자는 "먹고 살기 위해서 벽돌을 쌓고 있습니다"라고 대답했습니다. 두 번째 노동자는 "건축을 하고 있습니다"라고 대답했습니다. 세 번째 노동자는 "세상 사람들을 위한 아름다운 성전을 짓고 있습니다"라고 대답했습니다. 이렇듯 사람들이 각자 바라보는 관점이 다릅니다. 이처럼 내가 하는 일에 대하여 명확한 정체성을 제시해야 합니다. 그래야 내가 누구인지 사람들은 인식하게 되어있습니다.

두 번째는 핵심가치를 명확하게 제시하는 것입니다.

핵심가치는 나의 존재가치를 실현하기 위한 행동지침이라고 생각하시면 됩니다. 핵심가치는 존재가치를 구현하는 데 꼭 필요한 것들입니다. 쉽게 이야기하면 글을 쓰기 위해서는 '볼펜'이 필요합니다. '볼펜'이 '볼펜'으로서의 역할을 하려면 '볼펜심'이 있어야 합니다. 이와 같이 존재가치를 실현해 낼 꼭 필요한 것들을 명확하게 제시해야 합니다. 독서모임에 참여하는 고객들이 무엇을 해야 하는지 명확하게 정의해 주지 않으면 방황을 하게 됩니다. 고객들이 집중해서 함께 하게 만드는 것들을 핵심가치에 담아야 합니다.

독서모임 참여자들이 이러한 일들을 그대로 따라하기만 하면 미래가치를 만들어 낼 수 있도록 하는 것이 중요합니다.

세 번째는 미래가치를 명확하게 제시하는 것입니다.

미래가치를 얻기 위해서는 존재가치가 무엇인지를 정확하게 알아야 합니다. 그리고 참여자들이 지켜야 할 행동들을 따라서 행동하게 되면 원하는 결과를 얻게 됩니다. 따라서 고객들이 어떤 것을 얻는지를 명확하게 제시해야 합니다. 그것을 미래가치에서 보여주면 됩니다. 고객들이 가져갈 것이 무엇인지 확실하게 알게 되면 반드시 참여하게 되어있습니다.

메신저로서의 1인기업가를 꿈꾸며 독서모임을 운영하기 위해서는 브랜딩을 제대로 하여야 합니다. 이렇게 만들어진 브랜딩이 나의 얼굴이 되기 때문에 아주 중요합니다.

정체성을 명확하게 정의하고 브랜딩을 만들게 되면 나의 잠재고객이 누구인지를 알 수 있게 됩니다. 그러면 잠재고객이 어디에 있는지도 알 수가 있습니다. 잠재고객을 정확하게 정의하고 찾을 수 있다면 모객의 절반은 이루어졌다고 볼 수 있습니다. 그래서 브랜딩이 아주 중요한 것입니다.

명확한 브랜딩은 독서모임을 꾸준히 이어가게 만들어 줍니다. 정체성이 명확하지 않으면 지속하기가 너무 어렵습니다. 가다가 방향을 잃게 되고 결국은 그만두게 됩니다. 그래서 가장 중요한 것이 브랜딩을 제대로 해야 하는 것입니다.

위와 같은 내용으로 처음에 만들었던 브랜드명을 수정해서 보완하여 브랜드 명을 완성합니다.

필자는 처음부터 명확하게 브랜딩을 하고 출발하지 못했습니다. 준비를 제대로 하지 못하고 시작하였습니다. 그래서 시작할 때는 어려움이 많이 있었습니다. 하지만, 독서모임을 계속 진행하면서 한 가지씩 보완했습니다. 그렇게 하여 지금의 제가 되었습니다. 이제는 저의 그러한 경험을 여러분과 나누기 위하여 이렇게 글을 쓰고 있습니다. 꼭 읽어 보시고 읽는 것으로 끝나지 말고 실천해 보시기 바랍니다.

〈 Think Big Question 〉

Q3. 나의 독서모임 브랜드를 세 가지 가치를 넣어서 만들어 보세요.

2단계, 고객에게
감동을 주어야 합니다

메신저 사업을 하는 1인기업가의 독서모임을 운영하는 사람들이 가장 중요하게 생각해야 하는 분야가 바로 '고객감동'이다. 고객이 감동해야 재구매가 일어나기 때문입니다. 마케팅의 핵심은 '재구매'라고 한다. 재구매가 일어나게 하는 가장 중요한 일이 '고객만족, 고객감동'입니다.

지금부터는 나를 찾아오는 고객들을 어떻게 감동을 줄지에 대하여 생각해 보는 시간입니다. 고객이 감동하게 되면 재구매가 이루어집니다. 감동하는 고객은 다른 사람에게 나의 프로그램을 소개까지 하게 됩니다.

고객을 감동하게 만드는 일은 아주 다양합니다.

지금부터 소개하는 내용은 필자가 독서모임을 운영하면서 직접경험한 내용을 기반으로 작성한 것입니다. 여러분들도 독서모임을 운영하면서 바로 적용해 보시면 좋습니다.

고객에게 감동을 주는 방법을 아래와 같이 소개합니다. 꼭 적용해 보시고 멋진 결과 만들어 보시기 바랍니다.

도서 선정 및
북 리뷰를 통한 감동 주기

도서 선정 및 북 리뷰는 독서모임에서 고객감동의 첫 번째 스텝입니다.

먼저, 도서선정에 대하여 나누어 봅니다. 도서 선정만 잘해도 고객들은 무한 감동을 합니다. 대부분 사람은 어떤 책을 읽는 것이 좋은지 잘 모른다고 합니다. 리더가 책을 잘 선정해야 하는 이유입니다. 도서선정의 첫 번째 기준은 정체성을 담은 분야의 책을 선정하는 것입니다. 다음은 멘토들이 추천해 주는 도서를 선정하는 방법입니다. 멘토가 추천해 주는 도서는 대부분 멘토에게 많은 영향을 주었던 책입니다. 리더가 읽어보고 같은 느낌이 온다면 책을 선정해도 좋습니다. 리더는 책의 선정 시에 반드시 책을 먼저 읽어야 합니다. 리더에게도 감동을 주지 못하는 책은 고객들에게 감동을 줄 수가 없습니다. 그 이유는 나와 함께 하는 고객들은 대부분 내가 추구하는 정체성과 같은 장르를 원하는 사람들이기 때문입니다.

독서포럼나비(http://readingnavi.com) 홈페이지 '나비선정도서' 게시판에 들어가면 2012년부터 매년 선정도서를 볼 수 있습니다. 처음 시작하는 사람들은 오픈된 다른 독서모임의 정보를 활용하는 것이 아주 좋습니다.

다음으로 북 리뷰에 대해 나누어 봅니다. 리더의 북 리뷰는 고객들이 책을 어떻게 읽을 지를 방향을 제시할 수 있습니다. 그래서 북 리뷰에서는 다양한 것을 담을 수 있습니다. 먼저는 책을 선정하게 된 배경을 설명해 줍니다. 북 리뷰 발제 형태의 방법이 있고, 단순한 형태의 리뷰를 하는 방법이 있습니다. 독서모임에 조금 깊이를 더하고 의미를 담으려면 발제형태를 선택하는 것이 좋습니다. 사전에 발제자를 선정을 합니다. 단순한 형태의 북리뷰는 키워드를 통한 방법과 리뷰어가 감동한 문장을 선택해서 나눔을 합니다.

북 리뷰를 참여가자 진행할 경우에 리더는 반드시 플랜B를 준비해야 합니다. 참여자가 북 리뷰를 진행할 경우 리더는 간단하게라도 리뷰를 같이 준비를 해야 합니다. 그러면 참여자가 갑자기 일이 생기더라도 리더는 독서모임을 원활하게 운영할 수 있기 때문입니다.

07

고객을 참여시켜라

고객에게 감동을 주는 것은 고객에게 나누어 주는 것만이 아닙니다. 고객을 적극적으로 참여하게 함으로써 스스로 감동을 만들어 갈 수 있게 하는 것입니다.

고객의 참여가 감동을 준다는 것은 필자가 독서모임을 운영하면서 직접 느낀 것입니다. 참여하지 않는 고객들은 감동을 느낄 수가 없습니다. 어떤 프로그램이든지 자신이 직접 참여를 해야 관심이 생깁니다. 참여를 통해서 얻어가는 것이 많아지면 만족함을 느낍니다. 만족을 느끼는 사람들이 많아져야 합니다. 만족을 느끼는 사람 중에서 팬심이 생기게 됩니다. 메신저기반의 1인기업가로서의 독서모임 운영은 달라야 합니다. 팬심을 만들어야 합니다. 팬심을 만들기 위해서는 적극적인 참여하도록 프로그램을 만들어야 합니다.

어떻게 하면 고객들이 프로그램을 적극적으로 참여하게 할 수 있을까요? 필자가 독서모임을 운영하면서 가장 많이 고민했던 부분입니다.

그래서 다양한 방법을 찾아보고 적용해 보았습니다. 지금부터 소개할 내용은 모두 필자가 '생따나비' 독서모임을 통해서 직접 적용해 본 내용입니다. 지금 이 책을 읽는 여러분도 그대로 적용을 해 보면 고객이 어떻게 반응하는지 바로 바로 결과를 확인할 수 있을 것입니다.

먼저 '본깨적 및 인증'에 대하여 알아봅니다. 본깨적은 메모독서법의 한 종류라고 볼 수 있습니다. '본깨적'은 다음과 같이 합니다.

본(본 것) : 책의 내용 중에 마음을 울리는 문장 하나를 선택합니다.
깨(깨달은 것) : 책을 읽고 깨달은 것, 저자에게 질문, 나에게 질문 등을 적어봅니다.
적(적용할 것) : 깨달은 것, 질문한 것 중에서 지금 당장 적용할 것 한 가지를 적어봅니다.

본깨적 독서법을 통하여 메모한 내용을 인증하기 위하여 필자가 선택한 방법을 소개합니다. 첫째, 오픈채팅방에 본 것, 깨달은 것, 적용할 것을 텍스트로 공유를 하는 것입니다. 다른 사람에게 자신의 글을 보여주면 두려움을 이기게 되고 자신감을 갖게 됩니다. 모든 것이 처음 한 번이 어렵습니다. 한 번 하고, 두 번 하고, 세 번 하게 되면 자신감이 생기게 됩니다.

두 번째 인증하는 방법은 블로그에 본깨적 글을 작성하고 블로그 주소를 복사해서 공유하는 것입니다. 블로그를 처음 하는 사람들은 조금 힘들어할 수 있습니다. 하지만 블로그를 꾸준히 하다 보면 관계가 형성되고 관계가 형성되면 네트워크가 만들어지고 브랜딩이 됩니다. 블로그의 긍정적인 면을 잘 설명하면 참가자들이 잘 따라 할 수 있을 것입니다.

필자는 블로그를 2006년경에 오픈하였지만 10년 이상을 방치하다가 2020년 7월에 다시 시작했습니다. 블로그를 다시 시작해서 현재까지 900여 개의 글을 포스팅했습니다. 지금은 필자를 찾아오는 사람들이 기본적으로 블로그를 먼저 보고 필자가 누구인지 알아보고 만나러 오고 있습니다. 블로그는 자신을 브랜딩하는 것입니다.

처음 블로그를 포스팅할 때는 아주 간단하게 하도록 안내를 합니다. 필자는 고객들에게 본깨적을 작성할 때는 한 줄씩만 하도록 안내합니다. '시작은 아주 작게'하는 것이 중요합니다. 그리고 몸에 적응이 되면 조금씩 늘려가면 됩니다.

세 번째 인증 방법은 책의 여백에 본깨적을 작성하고 사진을 찍어서 사진으로 오픈채팅방에 올려주게 합니다. 책에 직접 메모를 하고 사진을 찍어서 올려 주는 것은 가장 쉽게 할 수 있습니다. 이렇게 다양한 방법으로 고객들이 쉽게 참여할 수 있도록 만들어 줍니다.

다음으로는 '미션'입니다. 필자는 책의 내용에서 꼭 얻어가면 좋겠다고 생각하는 것을 매주 1~2가지씩 설정해서 미션을 제공합니다. 미션을 제공하기 위해서는 리더는 반드시 책의 내용을 숙지하여야 합니다. 책의 내용 중에서 리더가 생각할 때 꼭 실천해 보고 싶은 것을 찾아냅니다. 고객들이 가장 쉽게 실천하면서 얻어가는 것이 많은 것을 선택합니다. 이때 주의할 것은 독자들이 실행하기 쉬워야 한다는 것입니다. 독자들이 실행했을 때 얻어가는 것이 있어야 합니다. 필자의 경우를 보면 이러한 미션을 통하여 여러 가지 일들을 이루었던 경험이 있습니다. 미션을 수행하고 종이위에 적으면 반드시 기적이 일어납니다. 그러한 경험들을 독자들이 할 수 있도록 하면 됩니다. 처음부터 결과를 얻어 낼 수는 없습니다. 작은 경험들이 쌓이게 되면 엄청난 파워를 만들어 낼 것입니다.

다음은 소그룹미팅입니다. 독서모임을 진행하면서 소그룹미팅의 중요성을 많이 깨달았습니다. 소그룹이 존재해야 하는 이유에 대하여 결론부터 말하면 '수다방'이 있어야 한다는 것입니다. 어떤 모임이든지 사람이 모이면 이야기할 수 있는 장을 마련해 주어야 합니다. 사람 대부분은 남의 이야기를 들어주는 것보다 자기 이야기하는 것을 좋아합니다. 모임을 이끌어 가는 사람은 고객의 반응을 잘 살펴야 합니다. 그것을 살피는 것 중의 하나가 고객들이 놀 수 있는 장을 마련해 주는 것입니다.

소그룹의 인원은 3~5명 정도로 진행하면 좋습니다. 소그룹을 운영하기 위해서

첫째, 대중 앞에 서는 것을 힘들어하는 사람을 배려하고, 둘째, 수다를 떨 수 있는 장을 마련해주고, 셋째, 편안하게 대화하게 합니다.

고객이 감동하는 것은 대단한 것에 있지 않습니다. 사소한 것들을 챙기는 것이 아주 중요합니다.

다음은 북 챌린지입니다.

책을 읽는 것은 저자의 경험을 나의 경험으로 만들기 위함이 가장 큰 것 같습니다. 어떻게 하면 저자의 경험을 나의 경험으로 만들 수 있을까요? 필자가 오늘 소개할 방법은 '북 챌린지'라고 하는 것입니다.

필자가 1년가까이 독서모임을 운영하면서 어떻게 하면 저자의 경험을 나의 경험으로 만들까 고민했던 것을 정리한 방법입니다. 필자의 경험으로 보면 아주 강력한 경험입니다.

북 챌린지를 하는 것은 다음과 같이 진행하면 됩니다.

먼저 책을 꼼꼼히 읽습니다. 그리고 키워드를 찾아냅니다. 감명 깊

은 문장을 찾아냅니다. 저자가 책에서 전달하고자 하는 메시지를 찾아냅니다. 저자가 경험한 성공노하우를 찾아냅니다.

다음으로는 저자의 경험을 나의 경험이 되도록 생각을 키우는 단계입니다. 이 단계에서는 저자의 경험을 정리합니다. 정리된 내용을 가지고 실행할 수 있는 양식을 만듭니다.

마지막으로 적용단계입니다. 모든 일이 실행하지 않으면 결과를 만들어 낼 수 없습니다. '실행이 답입니다' 아무리 좋은 도구를 만들어 내어도 보고만 있으면 사건이 만들어지지 않습니다. 실패를 두려워 하지 마세요. '실패는 성공의 어머니'라고 합니다. 모든 성공자는 수많은 실패를 통하여 성공의 길로 갔다고 합니다. 저자의 성공경험이 모두 나의 성공경험이 될수는 없습니다. 하지만 실행해 보면 알 수가 있습니다.

《 Think Big Question 》

Q4. 나만의 고객감동 방법을 적어보세요.

08

아낌없이
나누어 주어라

고객을 감동시키는 세 번째는 아낌없이 나누어 주라는 것입니다. 많이 나누면 나눌수록 감동의 깊이가 커집니다. 나눔을 할 때는 아낌 없이 주어야 합니다.

〈끌리는 사람은 1%가 다르다〉에서는 '퍼주고 망한 장사 없다'는 내용이 있습니다. 여기에서는 항상 먼저 베풀고, 베풀 때는 고객이 '본전 뽑았다'는 생각을 하게 만들라고 합니다.

로저 도슨은 "상대방이 원하는 것을 줄 때, 상대방은 당신이 원하는 것을 준다."고 말했습니다. 나의 나눔을 보고 '본전 뽑았다'라는 생각을 하는 고객은 이미 나의 팬이 되었다고 보아도 됩니다.

독서모임을 운영하는 리더가 고객들에게 나누어 주어야 할 것을 다음과 같습니다.

첫째, 운영도구를 나누어 주어라.

필자가 사용한 운용도구는 'PPT'와 '체크리스트'입니다. PPT는 독서모임 OT에서 독서모임을 소개할 때 사용을 합니다. 여기에서는 독서모임의 정체성에 대하여 간략하게 소개하고 앞으로 어떻게 진행되는지를 알려 주면 됩니다. 필자가 사용하는 체크리스트는 책을 읽는 분량을 정해주는 것입니다. 함께 읽고 나눔을 하기 위해서 좋은 방법 중의 하나가 같은 범위를 읽고 나눔을 하는것입니다. 이러한 운용도구를 고객들에게 그대로 공개하여 활용할 수 있도록 하여 주는 것입니다. 그렇게 되면 고객들은 "이런것까지 나누어 주는가?"하고 감동을 하게 됩니다.

다음으로는 소책자를 나누어 줍니다. 소책자는 독서모임을 시작하기 전에 매일 본깨적을 할수 있도록 본깨적 소책자를 직접 만들어서 나눔을 합니다.

독서모임에서 저자초청은 하이라이트 같은 영향을 만들어 줍니다. 독서모임에서 나누는 책은 대부분 시중에서 알려진 책들이 많습니다. 때문에 저자를 만나보고 싶어하는 사람들이 많습니다. 독서모임운영자는 가능하면 저자를 초청해서 함께 하는 시간을 만들어 주는 것이 좋습니다.

필자는 저자초청을 위해서 다양한 방법을 활용해 보았습니다. 첫번째 케이스는 들이대로 초대를 한 케이스입니다. 저자의 온라인에서 특강을 듣고 질문시간에 저자초청멘트를 보냈고, 저자가 흔쾌히 응해 주었습니다. 두 번째 케이스는 나와 독서모임의 정체성을 구체적으로 작성하고 독서모임 사진, 책을 읽고 밑줄긋고 메모한 사진 등을 첨부해서 간절한 마음을 담아 메일을 보내는 것입니다. 필자의 경우는 〈실행이 답이다〉 저자 이민규 교수를 2달 동안 21통의 메일을 주고 받으며 초대했습니다. 세 번째는 책을 읽고 정성을 다해 포스팅하는 것입니다. 〈게으르지만 콘텐츠로 돈은 잘 법니다〉 책을 읽고 본깨적과 북챌린지를 블로그에 열심히 포스팅을 했습니다. 저자가 필자의 블로그를 보고 댓글을 달았습니다. 저자에게 연락을 했고, 초대하여 나눔을 가졌습니다.

지금도 필자는 꾸준히 저자를 초청해서 고객들에게 좋은 경험을 선물하고 있습니다.

마지막으로 독서모임을 운영하기 위해서 필요한 SNS도구들(블로그, 인스타그램, 페이스북, 유튜브, 오픈채팅방)을 안내해 줍니다. 전문가 수준이 아니어도 좋습니다. 운영자가 아는 정도로만 알려 주어도 고객은 감동합니다. 대부분 사람은 전문가가 아니어서 나눔을 할 수 없다고 합니다. 그러나 모든 나눔은 자신이 가지고 있는 것을 나누면 됩니다.

〈 Think Big Question 〉

Q5. 내가 나누어 줄 수 있는 것을 모두 적어보세요.

09

3단계, 수익화, 모델을 만들어라

메신저를 기반으로 한 1인기업가로서의 독서모임은 반드시 수익화가 수반되어야 합니다. 수익화가 되지 않으면 1인기업가로서 활동을 할 수가 없습니다. 수익화를 위해서는 지금까지 설명하였던 것을 기반으로 다양한 마케팅 툴을 활용하는 것입니다.

수익화의 방법도 필자가 '생따나비' 독서모임을 통하여 직접 적용해 보았던 것들을 토대로 안내할 것입니다.

이 책을 읽는 독자 여러분도 메신저가 되기를 원하는 사람들이라고 생각합니다. 그리고 독서모임을 통하여 어떻게 수익화를 만들어 갈까를 고민하고 지금까지 읽어 왔을 것입니다. 그러면 집중해서 읽어주시기를 바랍니다.

수익화를 위한 첫 번째는 고객을 모으는 일입니다. 브랜드의 정체성을 통해서 내가 누구인지 정의를 하였습니다. 나의 잠재고객이 누구인지를 파악했습니다. 이제는 잠재고객이 있는 곳을 찾아야 합니다. 그리고 잠재고객들에게 나를 알리는 일을 하여야 합니다.

나를 알리는 글을 작성하는 일은 아주 중요합니다. 한 줄에 브랜드 정체성을 모두 담아냅니다. 그 한 줄이 나의 글의 타이틀이 됩니다. 타이틀을 넣을 때는 네이버나 페이스북 광고 사이트에 들어가서 키워드를 검색해 보고 가장 좋은 키워드를 끼워 넣으면 노출이 훨씬 쉬워집니다. 이어서 나의 독서모임의 정체성을 알리는 내용을 작성합니다. 다음으로 고객들이 지켜야 할 행동과 함께 나눌 내용을 작성합니다. 마지막으로 고객들의 성장하게 될 모습을 말해줍니다. 이렇게 하면서 중간마다 미리캔버스나 글그램 등을 활용하여 작은 카드뉴스같은 것으로 고객의 시선을 잡을 수 있도록 합니다.

잠재고객인 있는 곳은 다양하게 많습니다. 가장 먼저 해야 할 곳이 블로그입니다. 블로그에 앞에서 말한 내용을 잘 꾸며서 정리합니다. 키워드에 대해서는 조금 더 신경을 써서 작성합니다. 다음으로 오픈채팅방입니다. 오픈채팅방은 방별로 성격이 있습니다. 그것을 잘 활용하면 좋습니다. 이어서 인스타그램, 페이스북도 활용해 보시기 바랍니다. 마지막으로 유튜브도 활용하면 좋습니다. 필자의 경험으로 보면 가장 효과적인 것이 오픈채팅방을 통한 홍보였습니다. 하지만 오픈채팅방은 내가 소속해 있지 않으면 홍보를 할 수 없다는 단점이 있습니다. 그래서 더 중요한 것은 블로그를 통한 홍보입니다. 블로그는 일반 대중에게 모두 오픈되어 있고, 내가 고객들에게 전달하고자 하는 내용들이 가장 잘 소개된 곳이기도 합니다. 어느 채널을 통하여 홍보하더라도 블로그 글이 기반이 됩니다. 나를 표현하는 것을 스토리텔링기법으로 잘 설명하면 좋습니다.

수익화를 위한 두 번째는 찐팬을 만드는 일입니다. 고객과 신뢰를 쌓으세요. 그리고 감동을 끌어내세요. 고객이 감동이 쌓이면 찐팬이 만들어 집니다. 찐팬을 만드는 것의 첫 번째는 신뢰를 쌓는 것입니다. 신뢰를 쌓는 것은 고객과 진심을 가지고 소통을 하는 것입니다. 고객에게 아낌없이 나누어 주는 것입니다. '다 퍼주고 망한 장사 없다'고 합니다. 퍼주면 퍼 줄수록 고객들은 당신의 주변에 모이게 될 것입니다.

수익화를 위한 마지막은 핑크펭귄 전략을 활용하는 것입니다. 〈핑크펭귄〉에서는 작은박스, 중간박스, 큰박스를 만들라고 합니다. 이 글을 읽는 여러분도 자신이 가지고 있는 콘텐츠를 세 가지 박스에 정리해 보세요. 이 세가지 박스가 존재해야 하는 이유는 나의 팬들에게 서비스를 할 공간을 만드는 것입니다.

지금은 작은박스 한 개만 가지고 있는 분들은 중간박스와 큰 박스를 반드시 만드시기 바랍니다. 1인기업가로 성장하기 위해서는 반드시 필요한 것입니다.

팬심이 깊어 질수록 더 깊은 관계를 갖기를 원합니다. 나의 큰 박스를 구매해 줄 사람들이 바로 찐팬입니다.

필자는 생따나비 독서모임이라는 작은 박스만 가지고 시작했습니다. 그리고 3개월이 지날즈음에 중간 박스에 대한 간절함이 생겼습니다. 고객의 욕구속에 비스니스가 있다는 말에 1대1 만남을 이어갔습니다. 그리고 독서모임운영자과정인 '생따독운모'라는 중간박스를 찾았습니다. 중간 박스를 통해 필자는 더 많은 수익을 창출할 수 있게 되었습니다. 중간 박스를 이용하는 고객들은 독서모임을 통하여 1인기업으로 성장하는 발판을 만들게 되었습니다. 필자와 고객이 서로 윈윈하는 전략이 되었습니다. 그리고 마지막으로 '생따비전코칭'이라는 큰 박스를 만들었습니다. 작은 박스와 중간 박스를 통해 찐팬이 된 고객들이 큰 박스를 구매해 주었습니다.

메신저를 기반으로 한 1인기업가들의 수익화를 위해서는 핑크펭귄 세 가지 박스 전략은 반드시 필요합니다.

《 Think Big Question 》

Q6. 나의 세 가지 박스를 적어보세요.

Chapter 3

보물지도 만드는
스마트폰 메신저

서미경

Seo Mi-yeong

저는 남들에게 싫은 소리 못하고 정 많고 퍼주기 좋아하는
스마트폰 강사 서미경입니다.

저는 남들에게 싫은 소리 못하고 정 많고 퍼주기 좋아하는 스마트폰 강사입니다.
강의할 때 저만의 구수한 사투리 억양이 있고 여러분과 친해지면 특별한 사투리도
들으실 수 있습니다.
집에 7살 된 두기라는 강아지 덕분에 강아지나 길고양이들에게 관심이 많아서 관련
된 공부를 해보려고 합니다.
모든 사람이 행복하고 부자가 되기를 바라는 마음이고 큰 능력이 주어진다면 주변에
어려운 사람들을 도와주고 싶습니다.

책을 읽으시는 모든 분의 꿈이 이루어지길 ….

- 정보처리기사 1급
- 사회복지사2급
- 스마트폰활용지도사 1급
- 컴퓨터활용능력2급
- 워드프로세서, ITQ자격증

현)도봉노인종합복지관 정보화교육강사
현)방학동어르신복지관 스마트폰강사
현)유락종합사회복지관 스마트폰강사
현)서울시도심권50+ SNS학교강사

글을 쓰는 사람도 아니고 잘 쓰는 편도 아닌 평범한 사람으로서 참여를 한 것은 같이 참여한 멋진 메신저들 덕분에 용기를 내어서 참여하게 되었고 책을 쓰고 싶다는 소박한 욕심에 참여했다.

나의 경험과 지식들이 다른 사람에게 도움이 되고 글을 읽으시는 분 중 힘들고 지친 사람들에게 꿈을 꾸고 꿈을 이룰 수 있도록 도와준다면 행복하고 감사한 마음이 들 것 같다.

요즘은 어른이든 학생이든 꿈이 없는 시대라고 한다. 살기가 힘들어서 그럴 수도 있고 열심히 살아도 성공할 수 없을 것 같아서 그런 생각을 하고 살 수 있다. 하지만 우리는 사는 동안 꿈을 꾸고 꿈을 이루면서 살아야 한다. 그래야 진정한 삶을 살수 있다고 생각한다.

작은 것이든 큰 것이든 우리 모두 꿈을 만들어가자.
모든 사람들의 꿈이 이루어지는 그 날까지 함께 가고 싶다.
책을 읽는 모든 분들이 꿈을 꾸길 바란다.
그리고 함께 꿈을 만들어가길 바란다.

01

백만장자 메신저를 만나다

나는 시니어들에게 컴퓨터와 스마트폰을 강의하는 강사다.

코로나19로 강의가 정지된 2020년 8월! 호기심에 박현근 코치님의 3P 바인더 프로과정을 신청했다. '성과를 지배하는 바인더의 힘'을 교재로 1일 8시간 줌으로 하는 강의다. 종일 듣는 강의라서 걱정을 했는데 강의에 완전히 몰입하며 들을수 있었다.

처음 해보는 시간 관리와 자기관리에 관한 내용을 들으면서 새로운 세계에 들어서는 느낌이었다. 관리와 정리에 대한 평소의 관심에 대한 해답이 전부 강의 내용에 있었다. 강의 내용 중 가장 심장을 울리는 꿈 리스트 작성 시간은 반평생 살아오면서 겪어보지 않은 충격과 아픔 그리고 기쁨을 주었다.

꿈 리스트를 작성할 때 처음에 단 한 줄도 쓸 수가 없었다.

어떤 꿈을 꾸고 살았는지 뭘 원하고 바라는지 생각이 전혀 나지 않아서 종이만 보다가 사소한 것이라도 써보자는 마음으로 써나갔다.

한줄 한줄씩 채워가면서 평소에 어렴풋이 생각했던 것들이 떠올랐다. 그 순간의 느낌은 지금도 생생하게 느껴진다.

강의 중 작성한 꿈 리스트

- 박현근 코치 만나기
- 저자인 강형규 대표 만나기
- 영어 유창하게 말하기
- 책 2,000권 읽기
- 제주도 한 달 살기
- 최고사양의 노트북 구매하기
- 영어 유창하게 말하기
- 마인드맵 사용하기
… 계속 추가하는 중~

꿈 리스트 중 박현근 코치는 20년 9월 17일에 만났고 저자인 강형규 대표님은 선한 메신저인 윤 스키 님의 유튜브 라이브 방송 중 만나고 싶은 분이 있으면 채팅창에 남겨주라고 하신 말씀에 강규형 대표님을 입력하여 만날 수 있었다.

방송을 듣고 계셨던 3p 바인더 양시온 마스터님께서 만남을 주선하여 21년 1월 20일에 만나게 되었다.

　이분들은 평범한 강사인 주부가 만나고 싶다고 만날 수 있는 분이 아니였지만 만날 수 있는 기회가 주어지게 된 것이다. 다시 생각해도 행운이고 모두 꿈 리스트 덕분이라는 생각만 들었다.

　'존 아저씨의 꿈의 목록'과 '당신의 소중한 꿈을 이루는 보물지도' 추천 도서와 꿈 리스트에 적은 내용이 이루어지는 경험을 하다 보니 꿈을 이루는 것에 관한 관심이 점점 더 생겼다.

02

마음으로 알려주는
스마트폰 강사 1

강의실에 앉아 계시는 어르신들과 눈을 보고 인사하면서 복지관 강의실로 들어간다. 한분 한분의 모습에 부모님의 모습이 담겨있다.

그것은 배우지 못하고 가난한 선한 모습, 생활이 넉넉하지는 않더라도 마음은 따뜻한 부모님의 모습이다.

어떤 곳보다 강사료가 가장 적은 복지관 강의지만 대충 시간만 보내는 강의는 하지 않는다. 항상 최선을 다하고 마음으로 알려드린다. 모든 분이 부모님이기 때문이다. 작은 것이라도 쉽게 차근차근 알려드리고 이 시간만은 재미있게 배우는 시간이기를 바라는 마음이다.

복지관은 보통 3개월마다 모집을 하며 강의 내용은 거의 비슷하다. 작년은 코로나19 때문에 한 달 과정의 특강이 많았다.

강의가 시작되면 새로운 분들이 많이 오시기를 바란다. 강의를 들고 복지관에 오셔서 유익한 시간을 보내시면 도움이 될 것 같아 어르신들이 많이 오시기를 바라는 마음이다.

몇 해 전에 복지관에서 새로운 반 강의를 한 적이 있다. 문해반 정규과정으로 6개월 동안 일주일에 한 번씩 들어가는 스마트폰 시간었다.

문해반이란 복지관 자체에서 한글을 모르시는 분들을 중심으로 이루어지는 학교와 같은 정규과정이다. 한글을 중심으로 다양한 과목을 배우시고 과정이 끝나면 학사모를 쓰고 졸업식도 한다.

스마트폰이나 컴퓨터는 한글뿐만 아니라 간단한 영어도 알아야 하는데 처음 시작 할 때는 걱정이 되었지만 참여하시는 분들이 대부분 스마트폰을 배우고 싶어 하셔서 특별과목으로 추가되었다.

수업 시간에 문해반 어르신들을 보니 학생들처럼 서로서로 잘 챙겨주고 다른 반 어르신들과 큰 차이를 못 느꼈다. 오히려 배우고 싶어 하는 욕심과 열의가 다른 반 어르신들보다 훨씬 강한 편이었다.

생각보다 나이가 젊은 어머님들이 많아서 마음이 아팠다. 그중 80대 어머님과 60대 따님이 문해반에서 공부를 하고 계셨다. 60대 정도이면 학교에 다녔을 나이지만 그 이유는 개인적인 내용이라 물어 볼 수는 없었지만, 신경이 쓰였다.

수업 중간에 하시는 말씀을 들어보니 어머님께서 형편 때문에 어릴 때는 학교에 보내지 못했고 나중에는 시기를 놓치고 어른이 되어 결혼하게 되신 것 같았다.

형편도 형편이지만 80대인 어머님 또한 교육을 받지 못했고 딸이라서 집안일만 시키고 시집 보내면 된다고 생각 하신 것 같았다.

돌아가신 친정엄마나 아버지도 제대로 교육을 못 받으신 분이니 충분히 이해되었다. 배우고 싶어도 배울 수 없었고 딸이라서 배울 수 없었던 우리들의 부모님 세대다. 그나마 부모님은 못 배우셨지만 힘들게 자식들을 대학까지 보내주신 고마운 부모님을 다시 생각하게 되었고 부모님을 생각하면서 잘 살아야겠다고 다짐했다.

마음을 주는
스마트폰 강사 2

2019년 강의 중 단체카톡방을 만들어서 어르신들을 초대했다.

한 어머님이 카톡방에 남편 이름으로 참여하신다고 하셔서 수업이 끝나고 돌아가실 때 내일부터는 어머님 스마트폰을 꼭 가지고 오시라고 말씀드렸다.

그 어머님이 머뭇거리셔서 AS를 맡기신 건가 싶어서 이유를 물어보니 어머님 명의의 스마트폰이 없다고 하셨다. 일하는 사람도 아니고 집에만 있는 사람이 스마트폰은 필요가 없을 것 같아서 남편만 스마트폰이 있고 어머님 개인폰은 없다고 말씀하시는데 콧등이 씨근거리고 가슴이 먹먹했다.

누구나 스마트폰이 있어야 되는 건 아니지만 배우고 싶어서 오신 어머님의 마음을 알기에 마음이 아프고 속상했다. 가족을 위해서 본인의 이름과 본인이 원하는 것을 포기하면서 살아온 우리 어머님들의 모습이다.

다행히 수업이 시작하고 한 달 정도 되었을 때 어머님이 오셔서 본인 명의의 스마트폰을 개통했다고 자랑하셨다. 수업 할 때마다 계속 신경이 쓰였는데 정말 다행이고 고마운 마음이 들었다. 다른 분들보다 열심히 하신 모습을 보면서 안타까운 마음이었는데 자랑하시는 어머님 모습 덕분에 행복한 하루였다.

같은 해 스마트폰 기초반에 배우러 오신 한 어머님은 다른 것은 잘 따라 하시는데 메시지 보내는 내용을 하면 머뭇거리시는 분이 계셨다. 잘 모르시는 것 같아 집에 가서 하루에 한 번씩 메시지 보내라는 숙제 아닌 숙제를 드렸는데 대답을 하는 둥 마는 둥 반응이 시원찮았다.

수업 끝나고 어머님과 이야기를 해보니까 어머님이 한글을 잘 모르셨다. 가족들도 어머님의 사정을 모르는 것 같았고 어머님은 그동안 표시 나지 않게 살고 계셨다. 부끄럽고 창피할 일이 아닌데 가족에게도 말 못 하고 답답하게 살았을 거라는 생각에 마음이 너무 아팠다.

요즘은 너도나도 잘 먹고 잘사는 시대라고 하지만 아직도 우리 주변에 이런 아픔을 가지고 사시는 분들이 있다. 집에만 있는 엄마라서, 나이를 먹어서, 능력이 안 되어서라는 이런 이유들이 없어지고 나 자신을 위해서 새로운 꿈을 꿀 수 있도록 도와드리고 싶다.

04

행복한 부자가
되는 길

우리는 성실하게 열심히 살면 언젠가는 부자가 되고 성공 할 거라고 생각하면서 하루하루 열심히 살아간다. 나 또한 그렇게 살아왔다.

그런데 어느 순간 왜 다른 사람은 부자가 되는데 나는 안되는가?

저축을 많이 안 해서 그런가, 처음부터 가진 것이 너무 없어서 그런가?

여러 가지 생각이 들었다. 주변에 잘 사는 사람을 보면서 어떻게 부자가 되었는지 관심도 가져보고 어떤 문제 때문인지 알고 싶었다. 부자나 성공하는 사람들의 책을 추천받으면 무조건 사서 읽기 시작했다.

잠들기 전 쓰기만 하면 이루어진다는 《3개의 소원 100일의 기적》

행복한 부자로 가는 심플하지만 확실한 17가지 법칙의 《더 플러스》

당신이 쓰는 순간 모든 것이 이루어진다는 《종이 위의 기적 쓰면 이루어진다》

성공하는 사람들의 100가지 명상의 《커피 한잔의 명상으로 10억을 번 사람들》, 《돈의 속성》, 《나의 꿈 나의 인생》 등을 거의 1년 동안 꾸준히 읽어온 책들이다.

유명한 김승호 회장님의 《생각의 비밀》에서 부자나 성공에 관한 내용을 목표와 이미지화하고 연상하면서 매일 100번씩 100일 동안 상상하고 쓰고 외치라고 알려주셨는데 간단한 것 같은데 실천이 생각보다 어려웠다.

강한 인내와 열정이 없어서 그런지도 모르겠지만 날마다 한다는 것이 습관이 안 되고 이미지화하기도 힘들었다. 가끔은 이게 정말 되는 것이 맞을까? 하는 마음도 들었다. 하지만 대부분 책에서 부자나 성공하고 싶다면 종이에 기록하고 이미지화하라고 한다.

작년에 《당신의 소중한 꿈을 이루는 보물지도》와 같이 사둔 《나의 꿈을 이뤄주는 보물지도 무비》를 읽으면서 "그래 이거야! 스마트폰으로 우리 모두의 꿈들을 찾아서 각자 꿈의 보물 지도를 만들면 되겠네!"

성공한 분들이 말하는 방법들의 집합체라는 생각이 들었다.

《존 아저씨의 꿈의 목록》과 《모치즈키 도시타카의 보물지도》를 읽으면서 느꼈던 마음이 보물지도 무비를 읽으면서 완성 되는 느낌이었다.

내가 잘 아는 스마트폰을 이용하여 만들어 보기로 했다.

얼마 전 《파산 직전의 소상공인은 어떻게 3개월 만에 월 매출 1억을 올릴 수 있었을까?》 저자 특강을 들었는데 서관덕 작가님도 이 방법을 사용했다고 한다.

앞으로 보물지도 무비를 만드는 일을 하면 된다는 확신이 들었다.

이보다 더 가슴 뛰고 행복한 일이 어디 있겠는가?

성공하신 사람들이 말하는 방법의 결정체인 보물지도 무비를 만들면 되는 것이다. 방법이 어려운 것도 아니어서 직접 만들어 보기로 했다.

날마다 똑같은 일상을 살면서 남들보다 더 나은 내일과 부자가 되기를 바란다.

행복, 부자, 성공을 말하면서 남을 부러워만 하지 말고 성공으로 가는 길을 걸어야 한다.

착하고 남들에게 베풀기만 하고 경제적으로 힘들고 병을 얻어서 돌아가신 우리의 부모님을 위해서라도 나는 반드시 행복한 부자가 되어야 한다.

부모님이 못 살아본 행복하고 풍요로운 삶을 우리가 살아야 한다.

혼자서 힘들고 방법을 모른다면 같이 만들어가면 된다.

혼자면 힘들지만 같이하면 할 수 있는 사람들도 있다.

혼자서도 잘하는 사람은 이미 성공한 사람이다.

마음은 있지만 실천을 못 하고 방황하는 사람도 같이 하면 된다.

주변 사람 한 사람 한 사람을 모두 부자 되게 하고 성공하게 만들고 싶다. 지금은 힘들겠지만 1달, 1년 후면 우리는 전부 부자고 성공한 사람이다. 중간에 포기하거나 부자나 성공에 관심이 없는 사람들은 같이 할 수 없다.

부자가 되고 싶은 사람, 성공하고 싶은 사람, 모두 모두 모여라!

05

꿈 리스트 만들기

우리는 지금부터 꿈을 이루는 보물 지도를 만들 것이다.

먼저 각자의 꿈 리스트를 만들어야 한다.

막상 꿈 리스트를 작성하려고 하면 뭘 써야 할지 모른다.

바라는 것, 원하는 것, 하고 싶은 것 등 생각이 나지 않으면 부러운 남들의 꿈이라도 하루에 한가지씩 목록에 채워가는 연습이 필요하다.

'존 아저씨의 꿈의 목록'의 어린 존의 꿈 목록처럼 작고 사소한 것부터 하나씩 써보자 설마 꿈이 이루어질까? 미리 걱정할 필요 없다.

성공하고 부자가 되고 싶다면 반드시 해야 한다. 글로 쓰고 꿈에 관한 사진을 찾다 보면 스스로 꿈을 항상 생각하고 활력도 생기고 꿈을 이루기 위해서 작은 일부터 하게 된다. 작은 실천의 하나인 아침에 일찍 일어나는 것이라도 하게 된다.

오늘 작성한 내용을 내일 수정해도 된다. 오늘 내가 생각했던 목록이 내일은 다른 목록이 될 수도 있다. 계속 작성하고 수정하고 추가하면서 각자의 꿈 리스트를 만들어 완성하면 된다.

　꿈은 살아가는 동안 진행형이다.

　꿈 리스트를 만들면 하루가 새롭게 다가온다.

　거창한 꿈도 멋있지만 작고 사소한 꿈들도 소중하고

　작고 소중한 꿈이 모이면 삶이 즐겁고 행복해지면서 큰 꿈도 꾸게
된다.

　이런 작은 꿈들을 모아서 함께 보물지도를 만들고 그 꿈을 가슴에
담고 함께 살아가 보자.

　지금부터 다시 태어난 기분으로 바로 꿈 리스트 작성하자.

　3P 바인더의 꿈 리스트처럼 하고 싶은 것, 가보고 싶은 곳, 배우고
싶은 것, 갖고 싶은 것, 되고 싶은 나의 모습, 나누고 싶은 것들을 작성해
보자. 3P 바인더 사이트에 들어가면 양식을 다운 받아서 사용해도 된다.

　모든 꿈을 글로 쓰고 사진으로 찍고 멋지게 만들 수 있을 것이다.

　같이 하는 모든 분들의 꿈을 만들고 이룰 수 있도록 함께 만들고 함
께 이루어갈 것이다.

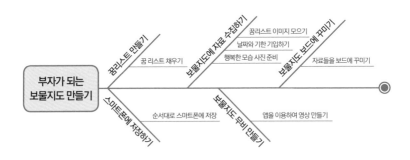

그림은 우리가 만들어갈 보물지도 무비의 순서다.

06

꿈을 모으는
꿈의 설계도

'당신의 소중한 꿈을 이루는 보물지도'에 나온 방법에 따라 90cm × 60cm 정도의 크기의 커다란 종이나 코르크 보드를 준비한다. 크기가 너무 크거나 구하기 힘들면 다○○에 가서 60cm × 40cm를 구매해서 꿈 리스트의 내용을 하나씩 배치하면 된다.

먼저 '○○○의 보물지도'라고 맨 위에 쓴다. 컴퓨터로 써서 출력하거나 종이에 이쁘게 써서 붙이면 된다.

가운데에 행복하게 웃는 이쁜 자신 사진을 붙이고 꿈 리스트에 해당하는 이미지를 다운로드 하거나 잡지 같은 인쇄물에서 오려서 붙이거나 검색한 다음 출력해서 붙이고 스마트폰에도 해당하는 사진을 저장해 둔다.

보물지도를 만든 후 보물지도 무비를 만들기 위한 준비다.

날짜나 조건이 있는 꿈들은 종이나 포스트잇에 적어서 사진과 같이 붙여둔다.

사진을 찾아도 없으면 일단 꿈 리스트의 내용을 글로 써서 붙여놓는다.

아래 부문에는 '모든 꿈이 이뤄졌습니다. 감사합니다.'라고 써서 붙인다.

지금은 시간적 여유가 없으니 나중에 해야겠다고 생각하지 말고 완벽하지 않지만, 즐거운 기분으로 하나의 꿈이라도 붙여보자. 작은 거라도 실천하고 행동을 해야 결과로 이어진다. 꿈 리스트에 작성 된 목록들이 하나씩 이루어진다고 생각만 해도 행복해진다.

혼자 하기 힘들면 친구나 가족이랑 같이 만들어도 좋을 것 같다. 함께 하면 행복도 두 배 꿈도 두 배로 이루어질 거니까!

07

보물지도를
스마트폰으로

누구나 스마트폰으로 기본적인 기능뿐만 아니라 검색하고 영상도 보고 앱을 다양하게 사용할 줄 안다. 우리는 이 스마트폰에 꿈을 이루는 보물지도를 옮기기만 하면 된다.

어떤 앱을 사용하고 적용하면 되는지 알면 보물지도와 무비를 쉽고 간단하게 만들 수 있다. 혹시라도 전화만 받고 카톡만 하시는 분들도 겁낼 필요 없다.

완전 왕초보도 누구나 다 할 수 있다. 모르는 기능은 배워가면서 만들면 된다.

보물지도 만들기는 21일 3주간 과정으로 진행하려고 한다. 또한 분야별 다양한 연령층에 따라서 보물지도의 이름을 다르게 하려고 한다.

저처럼 부자나 성공에 관심이 있는 분들은 부자 보물지도가 되겠지만 어르신들에게는 행복 보물지도를 만들어 드리고 싶다. 과거의 행복한 기억을 중심으로 만들어가면 좋을 것 같다는 생각이다.

하루 만에 만들 수도 있고 일주일만에 만들 수 있지만, 스마트폰 기능들을 같이 익히는 과정이고 진행하는 중에 꿈 리스트가 추가될 수도 있기 때문이다.

만들기 전에 스스로 다짐하는 글이다.

스스로에게 응원 메시지처럼이루어진다는 마음으로 작성하면 좋을 것 같다.

"나는 소중하고 가치 있는 존재다."

"모든 일이 다 잘되고 있다."

"나의 꿈은 이루어진다."

"나는 될 수밖에 없다. 될 때까지 할 거니까!"

"나는 항상 행복하고 모든 것에 감사한다."

나의 보물 지도이기 때문에 먼저 제일 중요한 건 내 사진이 있어야 한다. 갤러리에 행복하고 즐겁게 웃는 사진이 있으면 된다. 없으면 당장 꿈 리스트의 내용 중 꿈이 이루어졌을 때를 상상하면서 사진을 찍어보자.

여자분들은 화장하지 않는 상태에서 촬영하기 힘들다면 유라이크나 스노우 앱을 추천한다. Play스토어에서 검색하고 설치한 다음 촬영하시면 추천한 이유를 알 수 있을 거라고 생각한다.

보물지도 무비에 필요한 앱을 설치하자.

스마트폰의 기본 운영체제는 2가지로 나누어져 있다.

구글의 안드로이드와 애플의 IOS다. 삼성이나 LG, 알뜰폰은 안드로이드 폰이다. 앱 설치는 안드로이드 폰은 Play스토어에서 아이폰 IOS 는 앱스토어에서 앱 이름을 검색한 다음 설치하면 된다.

우리가 설치할 앱은 글그램과 가장 많이 사용하는 동영상 편집 앱 인 키네마스터이다. 참고로 글그램은 안드로이드 폰에서만 가능한 앱이 므로 아이폰은 비슷한 앱을 이용하면 된다. 꿈 리스트에 들어갈 적당한 사진들은 픽사베이 앱에서 검색한 다음 내려받으면 된다.

글그램앱을 이용하여 배경색이나 사진에 꿈 리스트에 해당되는 글 을 입력하고 멋지게 편집해서 저장해 둔다. 가장 바라고 가까운 시일에 이루어지길 바라는 꿈을 글그램으로 제일 먼저 만들어서 스마트폰 배경 화면으로 사용하면 좋겠다.

스마트폰을 사용할 때마다 보고 행복한 마음이 들면 하루가 신나고 자신에게도 각인이 되니 꿈도 더 빨리 이루어질 수 있어서 스마트폰을 이용하면 못 할 것이 없다.

키네마스터를 이용하여 글그램 앱에서 꿈을 입력한 사진과 저장된 사진을 꿈 리스트 순서대로 불러와서 간단한 기능과 효과를 넣는 편집을 한 다음 마지막에 활기차고 마음에 드는 음악을 추가해서 저장하면 보물 지도 무비가 완성된다. 생각보다 매우 간단하고 쉽게 완성된다.

《나의 꿈을 이뤄주는 보물지도 무비》 책에 영상을 의뢰하면 52만원 ~208만원 비용이 든다고 했는데 우리는 스스로 만들면 된다. 처음이라 어 려울 수 있지만 간단한 기능만 배우면 자신의 보물지도 무비를 얼마든지 만들 수 있다. 또한 스마트폰에서 수시로 추가하거나 수정도 가능하다.

커다란 종이나 코르크 보드로 만들었던 보물지도는 집에서 잘 눈에 보이는 곳에 걸어두고 보면 된다. 추가되는 꿈들은 계속 붙이고 수정하면 된다.

꿈을 이루는 보물지도는 하나만 만드는 것이 아니다. 다양한 목적으로 여러 가지 만들 수 있다. 지나온 일을 중심으로 베스트10 보물지도를 만들 수도 있고, 신혼부부는 행복한 결혼 생활을 위해서 '우리 부부의 꿈'라는 보물지도를 만들 수도 있다.

가보고 싶은 여행지나 배우고 싶은 것들을 모아서 보물지도를 만들어도 된다. 모든 것이 마음에 달려있다. 스스로 원하면 뭐든 다 가능하다.

혹은 가족이나 가까운 지인의 생일 또는 부모님께 고마운 마음을 보물지도 무비로 만들어서 선물을 한다면 감동일 것 같다.

복지관에서 꼭 하고 싶은 보물지도가 있다. 어르신들과 함께 집에 있는 사진을 가지고 영상을 만들고 싶다.

젊었을 때 본인의 사진과 제일 행복했던 순간의 사진을 스캔해서 스마트폰에 저장한 다음 다른 보물지도 무비 만드는 순서처럼 '행복 보물지도 무비'를 만들고 싶다. 앞으로 어떤 삶을 살고 싶은지 추가하면 완벽한 개인 자서전의 영상이 될 것 같다.

생각만 해도 설레인다. 어떤 보물지도를 만들고 싶은지 고민도 해보고 하나가 완성되면 아마도 욕심이 생겨서 또 만들고 싶어질 것이다.

어때요?
당신도 부자가 되고 싶나요?
당신도 성공하고 싶나요?
함께 꿈을 이루는 보물지도를 만들고 싶으면 만나러 오세요.
'보물지도 만드는 스마트폰 메신저'를 만나러 오세요.

책 공저에 참여한 선택은 너무 잘한 결정인 것 같다. 남들이 볼 때는 작은 일이라고 생각하겠지만 태어나서 처음으로 열심히 글을 써봤다. 글솜씨도 없는 이런 초보가 참여했는데 의아해하실 분도 계실 거라고 생각한다.

글솜씨 보다는 글 속에 들어있는 정보와 마음을 읽으시길 바란다.

다른 메신저들에게 폐가 될까 싶어 처음에는 참여를 고민했었다. 그러나 이 글을 읽고 한 분이라도 꿈을 이루는 보물지도를 만들기를 실천하거나 저에게 와서 도움을 요청하신 분이 있을거라는 생각에 참여했으며 글 내용이 도움이 되었다면 저는 성공한 메신저다.

간단하고 쉬운 방법이라서 누구든지 가능하고 할 수 있는 내용이라 혼자서도 충분히 만드실 수도 있을거라 생각한다. 혹시라도 혼자서 못하시는 분은 도움을 받으시면 된다. 꿈을 이루는 보물 지도를 만들고 싶다면 꼭 연락주세요.

거꾸로 출판 최원교 대표님 덕분에 2주간의 색다르고 놀라운 글쓰기 체험을 했으며 멋진 책이 만들어졌다.

그동안의 시간이 주마등처럼 지나간다. 매일 새벽에 줌으로 만난 멋진 메신저들과 함께여서 너무 행복했고 즐거운 시간이었다.

작년 박현근 코치님을 만남으로 시작해서 책 공저까지 생각을 해보면 한 편의 영화처럼 되돌아보게 된다.

같이 참여한 분들은 평범하지 않은 메신저들이다. 이분들은 이미 백만장자 메신저이다. 이분들 덕분에 저도 백만장자 메신저의 꿈을 꾸고 살아갈 것 같다.

모든 분들이 백만장자 메신저로 살아갈 수 있다.

여러분도 저처럼 도전해 보세요.

보물지도의 저자 〈모치즈키 도시타카 씨〉가 만든 무비입니다.
http://youtu.be/eWIIZcbkKQE?t=1s

이메일 : miki_seo@naver.com
블로그 : https://blog.naver.com/miki_seo
유튜브 : https://ytube.io/3JvC

Chapter 4

보험의 진정한
가치를 전하는
메신저입니다

권가비

Kwon Ga-bi

어릴때부터 천직이라 여기던 유아교육을 10년하고 보험의 보자도 몰랐던 제가 온라인 개척을 시작으로 보험은 영업이 아니라 한 가정을 지키는 일이라는걸 느끼고 7년째 보험의 가치를 전하는 보험 전문가로 살아가게 된 이야기

현) 뉴니케 법인소속 보험설계사
현) 약관분석보험보상전문가
현) 네이버지식in 상담사

블로그 https://m.blog.naver.com/3831709
카카오톡채널 http://pf.kakao.com/_xixcCXT
E-메일 38317-09@daum.net

꿈과 목표를
종이위에 적으라고!!

확진자 발생 오늘 확진자는 20명입니다. 아 이게 무슨 소리냐고 작년에 시작된 코로나 당일 인원수이다. 모든 사람들을 두려움에 떨게 한 코로나라는 존재 나 역시도 피해 갈 수는 없었다. 갑자기 모든 일상이 변해갔다. 아이들은 매일 아침 자가 진단이라는걸 해야했고 체온을 재야했으며 마스크는 이제 필수가 되었다. 누구도 원망하거나 탓할수도 없다. 마치 '감기' 영화 속에 한 장면 같은 현실이 일어난 것이다.

혹시나 마스크 놔두고 나갈까 노심초사 한번은 커피숍에 갔는데 갑자기 직원이 키오스크에서 한발 뒤로 물러났다 왜그러지 하고 갸우뚱했는데 보니 내가 마스크를 목에 걸고 있었다 아차하며 얼른 마스크를 썼는데 그 순간 내가 기생충이된거 같은 느낌이 들었다. 그러나 이게 씁쓸한 현실이다. 티비에서 조차 연일 오늘 확진자는 어디에서 발생했고 어디를 갔으며 등등의 브리핑이 계속되었다.

매일 가던 회사를 그만둔 사람들도 있고 나 역시 아이들이 학교를 가지않고 원격수업을 하는 날엔 꼼짝 없이 집에 있어야했다.

그래도 얼마나 다행인지 모른다. 만약 내가 예전처럼 어린이집 교사를 하고 있었다면 지금쯤 아마 난리가 났겠지. 애들은 집에 있어도 나는 출근을 해야 하고 그렇다면 이러지도 못하고 저러지도 못하고 발을 동동 굴렀을텐데 그래도 감사하다는 생각이다. 나의 사무실은 컴퓨터방이 되었고 집에서 상담을 진행했다. 이 또한 얼마나 감사한가.

대면 영업만 했던 설계사들이 손놓고 있을때 나는 계속 온라인영업을 하였기에 전혀 문제될것도 없었다. 모든 것이 감사다. 물론 출근할때보다 상담이 줄었지만 그래도 상담을 할 수 있음에 감사했다. 그리고 집에서 상담을 하는 것도 해보니 나쁘지 않았다. 출근하지 않아도 되니 이동시간도 줄 일수 있고 대면이 아닌 오로지 온라인이라서 나가지 않으니 활용할 수 있는 시간도 많고 이 시간을 어떻게 활용하지 라고 고민할때 우연히 오픈단톡방이라는걸 알게되었다.

그리고 그때 처음 만난 분이 김형환 교수님이다. 그리고 그때 경영인사이드를 처음으로 유투브로 보게되고 1인기업에 관심을 가지게 되고 많은 분들의 강의를 들으면서 문득 아 나도 강의 하는 설계사 한번 해볼까라는 생각을 하게 되었다.

온라인영업을 모르는 설계사들이 갑자기 모든 대면이 올스톱 되는 현실에서 힘들어하는 사람들을 도와주고도 싶었고 보험을 잘 모르는 일반인들을 1대일 상담도 좋지만 그것조차 부담스러워하는 사람들에게 보험의 간단한 기초지식이라도 알려주고 싶다고 생각했다. 그러다가 남는 시간에 책을 읽자라는 생각을 하고 추천받았던 책이 바로 〈고교중퇴 배달부 연봉1억 메신저 되다〉 였다. 그리고 아 정말 대단하다 나도 저렇게 강의로 올바른 정보를 전하는 선한영향력을 주는 메신저가 되고 싶다는 생각을 했던것도 이때였던거 같다.

그러다 박현근 코치님의 메신저방을 우연히 보게되고 그분과의 인연을 시작하게 되면서 나는 더 성장해갔고 지금도 성장하고 있다. 그 후 여성 설계사들을 위한 단톡방도 만들었고 지금도 잘 이어가고 있고 일반인들을 위한 오픈톡방도 운영중이다.

그리고 처음으로 쓰게 된 3p바인더 박현근 코치님께서 항상 꿈을 적으세요. 냉장고에 붙이세요. 매일 읽으세요 컴퓨터아이디에 비밀번호도 목표로 바꾸세요 라고 하는데 한번 해보지 뭐 하고 작은것부터 해나갔다. 블로그를 쓰세요 그 말에 블로그도 썼다. 처음엔 뭔가 되게 복잡해 보이던 블로그였는데 해보니 별꺼 아니네로 바뀌었다. 블로그를 쓰고 나니 처음 만나는 고객들에게 하던 이야기를 그냥 링크하나 보내주고 읽어보세요 할수 있어서 좋았다. 진작쓸걸 왜 6년이나 고민을 했지? ㅎㅎ

그리고 1년이 지나고 나는 작은 꿈을 이루었다. 우리회사 설계사들 앞에서 7년째 개척으로 온라인영업하는 노하우 강의를 했고 곧 일반인들을 위한 강의도 준비중이다. 그리고 지금은 보험회사에서 알려주지 않는 정보들을 한번씩 맘카페에도 올려준다. 누구나 보험을 제대로 이해하고 보험을 설계사들을 도와준다 생각하지 않고 본인들을 위해 가입했으면 하는 마음에서다 그리고 댓글에는 상담요청이 계속되고 누군가는 그걸보고도 영업이라고 하지만 나는 한번도 보험을 영업이라고 생각해본 적이 없다.

그 사람을 도와주고 싶은 마음에서 상담도 진행하는 거고 그래서 항상 나의 멘트는 〈보험은 누구에게 가입하든지 보상만 제대로 보면 된다이다〉 그리고 또 하나의 꿈은 작가 나의 이야기를 글로 쓰고 싶다고 올해는 책 써야지 하고 쓰다가 잠시 멈춰서 언제 쓰지 에잇 다음에 해야지 했었는데 이렇게 글쓰기 프로젝트를 통해 나는 작가될 준비중이다.

무심결에 이야기했던 꿈들을 종이 위에 적고 외치자 이루어진 것이다. 누구든지 하고싶은일이 있으면 해보자. 하다가 실패하면 어떻 하지 이걸 어떻게 하지는 둘째 문제고 일단 해보고 안되면 다시하고 될때 까지 하다보면 되지않을까? 인디언이 기우제를 지내면 비가 온다고 했다. 왜 비가 올 때 까지 기우제를 지내니깐 도전에는 나이도 상관없다. 시작하는 지금이 바로 가장 좋은때이다.

02

내가 배운 것을
두 배로 써먹는 방법

나는 배워서 남 주는 사람이다. 무슨말 이냐고 내가 아침 긍정확인 에서 매일 외치는 말이다. 지식을 나 혼자알고 있으면 그 지식은 그냥 아 는것에 끝나지 않지만 지식을 나누면 그것은 기쁨이된다. 나는 배우는걸 좋아한다. 작년에 코로나 이후 가장 많이 비용투자한곳을 이야기하라면 책사는것과 강의 듣는것일 것이다. 누군가는 돈 드는 강의는 못 듣는다 며 늘 무료강의만 찾아다닌다. 나는 유료강의지만 가치가 있다면 어디든 지 찾아가는 편이다.

그리고 배운 것들은 꼭 어딘가 써먹을때가 있고 오히려 그것이 나 의 수익도 창출해주는걸 많은 경험을 하였다. 강사님도 늘 이야기하신 다. 배워서 10배 벌어 가세요. 보험사에서 알려주는 지식은 정말 a4용지 한 장 이라고 치면 거기에 반이라도 될까 음 반도 안되는거 같다. 외부강 의를 다니다 보면 어머 진짜, 대박, 어떻게 이럴 수가 라는 생각을 참 많이 하게된다.

　나는 보험사의 입장에서가 아닌 고객의입장에서 일하고 고객이 제대로 선택할 수 있게 도와주는 사람이기에 아는만큼 도울 수 있고 아는 것이 힘이다라는 것을누구보다 잘 안다. 내가 배운 지식을 써먹는 방법은 고객이 될수 있고 또다른 설계사도 될 수 있다. 그리고 그게 나아가면 배움과 지식으로 선한영향력을 전하는 메신저이지 않을까?

　7년전 처음 이 일을 시작할때 나는 보험의 보자도 몰랐다. 검은것은 글씨요 하얀것은 글이요. 그러나 7년이 지나고 나는 고객님이 어느 회사 어떤 상품인데요만 해도 대략 아 이런이런 보장들이 있겠구나 정도는 안다. 그러나 그게 다는 아니다. 나는 보험상품을 비빔밥에 비유한다. 어떤 재료를 넣느냐에 따라서 이름은 비빔밥이지만 다 다른 맛을 낸다.
　보험도 마찬가지로 설계사가 어떻게 설계를 하느냐에 따라서 그 상품은 같은 이름이지만 수백개의 종류로 나누어질 수 있다. 그래서 늘 이야기하는게 보험회사보다 보험료보다 보장내용이 중요하다 이다. 보험은 종이한장이지만 그 안에는 어쩜 집한채의 값을 지불하기도 한다.

　누군가는 고객의 증권을 받는게 너무 힘들다 하지만 나는 매일 증권 받는건 일도 아니다. 그 증권을 받아서 분석하는게 어떨때는 힘들지만 그래도 제대로 도와줄 수 있는건 내보험조회하는 사이트 보다 증권이다. 증권에 모든게 들어있고 더 알고 싶으면 약관은 필수다. 약관을 보지 않으면 증권은 수박 겉핥기라고 생각하기 때문이다. 배움은 나를 배신하지 않는다. 열심히 교육을 통해 다져진 나는 이제는 누가 상담을 와도 전혀 두렵지 않다. 주변분들은 경력이 10년 20년이 되도 나에게 묻는다. 가비씨 어떻게 그렇게 잘 알아요 정말 대단해요. 그냥 제 고객 제가 지키려고 열심히 강의 다닌거죠 라고 나는 대답한다.

그리고 나는 보상강의를 정말 좋아한다. 모르면 모험 알면 보험 이라고 그리고 배운것들을 고객님들에게 알려주면 이런 이야기는 정말 처음들어요. 어머 그래요. 이런 반응들이다. 그리고 고객의 옛날증권에서 좋은 보장들을 찾아줄 때면 보물찾기 하는 기분도 든다.

"어머 고객님 이런거 있는거 아셨어요?" "아니요 그런게 있어요?" "이거 너무 좋은데 혹시 이런경험이 있으시면 제가 보험금 받아드릴께요"라고 이야기 하고 못받은 보험금을 찾아줄때 나는 가장 행복하다. 몇일 전에도 고객의 만기가 다된 종신보험을 이야기하다가 궁금한게 있어서 묻다보니 고객의 다른 증권도 보게되고 못받은 보험금 100만원 정도를 찾아드렸다. 오래된 보험이지만 이 내용을 전혀몰랐다는게 참 안타깝기도 하고 지금이라도 알게되어서 다행이다라는 생각을 했다.

보험일을 하는 설계사들이여 힘들다 어렵다 하지말고 제대로 공부하고 제대로 도와주면 고객은 블루오션이다. 어제 오늘 나의 카톡은 이렇게 쓰여있다. 〈기존 상담 진행중으로 신규상담은 7월에 해드리겠습니다.〉 혹시나 나의 상담을 기다리다가 급하게 가입해야되는데 기회를 놓칠까봐 써논 문구다. 이것은 다 배움의 결과이고 배워서 남주다 보니 생긴일이라는것을 명심하자.

03

돈을 위해 집중말고
가치를 전하면 돈은 따라온다

일을 하다보면 한번씩 딜레마에 빠지는 때도 있다. 처음에 나의 고객은 두 부류로 나누어졌다. 나는 처음부터 누구든지 의뢰하면 도와주겠지만 지인영업은 안한다는 걸 생각하고 시작했기에 물론 나는 이 일이 영업이라 생각하지 않지만 상대방은충분히 그럴수 있고 부담을 느낄수 있기에 부담을 주고 싶지도 않고 그러고 싶지도 않았다. 그래서 개척으로 시작을 했고 그대신 초보소리 듣지 않으려고 더 열심히 공부했다. 지인은 나를 아니깐 유아교육을 하다가 전혀 다른 보험일을 한다고 하니 처음에 아니 돈 필요해라는 소리도 들었기에 그게 아니라는걸 증명하고 싶었을지도 모른다. 심지어 모임을 가더라도 선생님일때는 당당하게 무슨일해요 하면 선생님이예요 했던 내가 보험을 한 뒤론 그냥 프리랜서예요 라며 나의 직업을 밝히면 아 이사람 영업하러 왔구나 하는 색안경을 낄까봐 조금은 신경이 쓰이기도 했기에 내가 영업이라 생각안해도 다른사람들은 다 영업이라 생각하니 나를 부담스러워할까봐 그게 싫었던거 같다.

예전에 보험일을 한지 얼마되지 않았을때 그 때는 고객이 얼마 없었다. 그래서 회사에서 주는 디비라는걸 돈주고 사기도 했고 그때 만난 고객들 또한 아직도 연락하고 나에게는 소중한 분들이다. 처음에 3만원 짜리 디비를 사서 고객을 만났다. 그리고 8건의 계약을 하고나자 조금은 자신감도 생기고 3만원 디비는 내가 받은보험료 수당을 회사에 어느정도 내야하는거라 그렇다면 10만원짜리 디비를 사보자라고 생각하고 샀는데 4건다 꽝이었다.

한분은 전화를 받자마자 끊는다. 한분은 나이가 많은 80대 어르신이었다. 한분은 상담신청은 해놓고 바쁘다며 내가 꼭 상담을 해달라고 쪼르는 사람처럼 짜증을 내기도 하고 부산까지 갔다가 그냥 오기도 하고 나는 그냥 돈만 날린꼴이 되었다. 그뒤로 절대로 디비고객은 상담하지 않겠다고 다짐을 했다. 보험을 가입하면 당연한 듯이 사은품이나 선물 또는 대납을 요구하는 사람들이 있다.

아니 그 사람들의 잘못이 아니라 그건 여태 그렇게 보험을 상품을 팔듯이 해온 설계사들의 잘못된 관행인거 같다.

보험상담이 얘기하면 뚝딱 나오는 음식같은 게 아닌데도 불구하고 상담하자마자 언제 설계되나요 하는 분들은 여태 그냥 얘기하면 바로 나오는 기성식품같은 설계를 받지 않았을까 싶다. 사람마다 니즈가 다르고 필요성이 다른데 정해져있는 설계는 나는 설계라 보지 않는다. 그렇기에 내가 쏟는 시간과 열정과 그 가족을 생각하는 마음은 나의 설계에 고스란히 녹아있다. 그래서 나는 보험의 가치를 모르는 사람은 그냥 내 고객이 아니라고 생각하는 편이다. 그렇게 하면 내 마음도 편하다. 어차피 그런 고객들은 내용도 모르고 또 누군가가 이거하면 뭐해줄께라는 말에 홀랑 넘어간다면 내가 정말 힘들게 해준 것들이 다 수포로 돌아가고 말테니깐. 보험의 가치를 전하면 돈은 따라온다.

예전에 상담을 갔다가 세쌍둥이에게 질병후유장해 보험을 해준적이 있다. 울산 남구에서 울산 동구까지 갔는데 그 보험은 만원이지만 몇 천만원의 가치를 한다고 생각하기에 나는 보험일을 시작하자마자 많은 분들께 권유를 했었다. 그리고 내 상품엔 고객이 빼달라고 하지 않는 한 질병후유장해3프로는 1순위 특약이다. 그랬더니 고객이 이야기했다.

"만원짜리 한다고 여기까지 불러서 미안해요 기름값도 안나오겠어요" "상관없어요 저렴한 보험료에 좋은 보장을 볼 수 있으면 좋은거죠 보험은 비용인데 비싸게 꼭 할 필요없어요" 누군가는 눈에 보이는걸 중시한다. 고객들도 연도대상이니 mdrt, cot 등등을 받았다고 하면 잘한다고 생각하는것도 많다보니 더 그렇지 않을까? 나는 그런거에 전혀 연연해하지 않는다 오로지 내 고객이 제대로 보장만 보면된다. 보험의 가치를 전하면 돈은 저절로 따라온다.

보험은 사명감으로 해야하는 일이고 그렇게 하는 사람들이 해야하는 일이다. 한 사람의 운명은 바꿀수는 없지만 제대로된 보험은 그 가족의 운명을 바꿀수도 있는 일이기 때문이다.

04

내가 싫은건
남도 싫은거야

나는 만나는 대부분의 사람들이 내가 모르는 사람이다. 나도 그들을 모르지만 그들도 나를 모르기에 첫 대화는 어색하기만 하다. 그러나 대화가 이어지고 계속 되어가면 어느새 자연스러운 대화로 바뀐다. 짧게는 30분 길게는 3시간도 전화통화로 상담을 진행한적이있다.

주변분들이 그렇게 하면 안힘드냐고 묻는데 어차피 만나러 가도 이정도 상담은 하지 않나요? 4인가족 상담을 하는데 10분만에 끝낼수는 없잖아요. 그리고 제가 하는일이 고객의 궁금한것을 해결해주는 건데 하다보니 그렇게 되네요 라고 나는 이야기한다.

나는 내가 보험인이 아닌 일반인일때 불편했던것이 뭘까를 처음부터 생각했고 나는 그걸 안해야지라는 생각을 했다.

그 중에 하나가 설계사가 이유없이 전화오는것이었다. 내가 궁금할 때 전화하면 알려주면 되지 바쁠텐데 구지 안부전화를 하고 하는게 뭔가 상품을 소개하시려는 건가 라는 생각에 전화를 받는게 사실 부담이었다.

그래서 나는 내 고객들에게 계약을 다하고 나면 이야기한다. 고객님 저는 안부전화나 관리전화는 따로 드리지 않습니다 저는 언제나 이 자리에 있을테니 고객님이 힘든일이 있거나 궁금하시면 언제든지 전화를 주세요 그렇게 이야기를 하고 나면 때론 또 관심받기를 좋아하는 고객님들이 우리 설계사는 보험가입하고 나니 아무연락도 없네라고 생각하는 분들도 있을수 있지만 내 고객은 그런분들이 없다.

그 대신 고객의 전화는 최대한 빨리 받고 못 받으면 문자를 남겨놓는다. 상담 중엔 어쩔수 없으므로 '급한건가요 상담중인데 급하시면 전화드리고 아니면 상담후에 하겠습니다' 그리고 생각한다 무소식이 희소식이라고 정말 2년이 지나도 연락한번 없던분들도 연락이 올때는 꼭 아프시거나, 뭔가 청구가 필요한 상황이 생기니 오는거라 생각해서 고객의 연락은 항상 처음엔 걱정되는 마음으로 받게된다.

그리고 두번째는 회사를 그만두면 나몰라라 하는 것이다. 내가 일을 해보니 일도 일이지만 사람관계가 때론 더 힘든거 같다. 나 역시 3번의 이직을 했고 부득이한 사정에 의해 옮겼지만 처음엔 나에게 그게 스트레스였다. 내가 만난 고객들은 내가 끝까지 책임져주고 싶었는데 정말 첫회사에서 1달만에 그만두게 되었을 때 아는동생의 증권을 우연히 보게 되었고 이런저런 이야기 끝에 가입을 한 동생의눈물을 보고 다들 그러네 가입하고 나면 그만두고 나는 그럼 이제 신랑에게 뭐라애기하냐고 나는 그 말이 내가 더 맘이 아팠고 어쩔수 없어서 (오너의 갑질) 어차피 옮겨야되는 상황이면 더이상 고객을 만들지 말자라고 생각하고 옮긴건데 모든 상황을 다 애기할 수는 없으니 정말 10명의 고객들에게 죽을 죄를 진거 같은 느낌이었다. 그래서 전산만 못보는거고 나머지는 내가 다 도와줄꺼니 전혀 걱정안해도 된다고 해도 여태 만난 설계사가 그러지 않았기에 믿지 못하는 눈치였다. 하지만 7년이 지난 지금도 나는 첫 고객부터 지금의 고객까지 한명도 소중하지 않은 고객은 없다. 아직 인연이 안된 신규고객보다 기존 고객의 불편함을 먼저 해결해주려고 노력한다.

나를 믿고 가입해준 고객들에게 보답하는건 그것뿐이라고 생각해서이다.

그리고 이제는 회사를 이직할수도 있지만 전산만 못보는 것이고 설계사 이름만 바뀌는것이지 제가 다 도와드릴거예요라고 하면 더 좋은데 가시나봐요 축하드려요 하고 축하인사를 하고 선물도 주시는 분도 있고 그 마음이 너무 감사하다.

그리고 세번째는 연락안하다가 정말 궁금한일이 있어서 전화했는데 콜센터로 전화하세요 였다. 결혼하고 울산에 온 무렵이 바로 100프로 실비가 이제 없어진다는 이야기가 계속 매스컴을 장악했다. 보험이 뭔지도 모르고 아무것도 모르지만 방송에서 자꾸 이야기하니 뭔가 해야될것만 같고 안하면 불안하고 그래서 아는설계사가 없어서 나역시 맘카페를 통해 설계사를 만났다. 그리고 보험가입을 했고 그당시에 보험료가 너무 비싸서 여기서 줄여줄거 없어요 하고 이야기했더니 그럼 이걸 반으로 줄이세요 했던것이 지금 내가 보험일을 하고 보니 너무 좋은 특약이고 그냥 그때 이 특약에 대한 설명을 해줬으면 얼마나 좋을까라는 생각에 아쉬웠다.

그럼 돈 만원 안쓰고 냈을텐데 라면 나는 지금의 고객들에게 지금 있는 이거 정말 좋은거라며 내 경험을 이야기해주곤한다. 그리고 평소에 연락할 일이 없다가 정말 궁금한게 있어서 전화를 했는데 아 지금 어디에 있어서 콜센터에 물어보실래요? 라고 이야기하면 내가 그럼 설계사한테 왜 가입했지 라는 생각을 하게되었고 그 뒤 같은 회사지만 아이들 보험은 그냥 인터넷으로 가입했다. 내가 임신하고 본인한테 연락이 없자 검색을 했는지 연락이 와서 우리회사 보험 가입했네요. 근데 왜 다른데 했냐는 이야기만 하는데 난 속으로 제대로 해줬으면 내가 구지 설계사 나두고 다른데 하겠냐며 생각했지만 아 그냥 그렇게 되었어요 하고 말았다.

그리고 많은 사람을 만나다보니 어떤고객이 설계사에대한 불만을 계속 토로했는데 내가 가입했던 회사고 이분도 인터넷으로 설계사를 만났고 혹시나 해서 물었는데 역시나였다. 같은 분이었고 누구나에게 그랬구나. 그 뒤 이 고객은 나에게 설계사 이관을 했고 그 설계사역시 다른 법인에 간다면 나보고 내 계약을 가져갈 생각이 없냐고 했지만 그 고객이 내고객이라는걸 알게되면 좀 그럴까봐 나는 그러지 못했다.

그 뒤로 더 정말 울산 좁다 아니 세상이 좁구나 어디가서 욕먹을 행동은 안해야지라고 생각하고 고객을 대한것 같다.

그리고 그마음이 전해지니 보험가입했다고 선물을 해주지 않아도 대납을 해주지 않아도 마음이 통하는 고객들과의 인연이 찐 고객이 되는 걸 느낀다.

그리고 만난 한 분은 내가 보험일을 하면 이 분같은 설계사가 되어야지라고 생각한 일도 있었다. 맘카페에서 만난분인데 처음엔 이분을 만나게 된 계기가 무슨 이벤트를 한다고 해서 참여했다. 미아방지 옷에 붙이는 건데 생소하고 신기해서 신청했다가 몇일 뒤 전화와서 받으니 00되시죠 이벤트 참여하셔서 방문하려고 하는데 언제가 괜찮으세요 라고 시간약속을 잡고 집에서 만났는데 보니 보험회사에서 하는 이벤트였고 그분은 설계사였다. 처음엔 조금 불편했지만 그마음은 이내 편안하게 알던 언니같은 마음으로 바뀌었다.

그분은 보험이야기는 하지않고 그냥 내가 어린이집 교사라고 하니 본인도 그랬다고 이런저런 공감대가 많이 통해서 더 그랬던거 같다. 그리고 보장분석 필요하면 한번 해줄께요 라고 했는데 나는 선뜻 그렇게 해달라며 아마 7년만에 처음으로 증권을 보여줬던거 같다. 그리고 분석을 해오셔서 이야기를 들었는데 이거 너무 좋은거니 죽을때까지 가져가세요 라고도 하고 팩트만 딱 이야기해주고 보험권유는 하지않았다 나도 모르게 그때 왜그랬는지 모르지만 내가 만약 설계사가 된다면 저 분같은 설계사가 되어야지 라고 생각도 하게 되었다. 그리고 보험이 필요하면 이 분에게 하지않았을까 그때 그 생각이 지금은 현실이 되었지만 지금도 그분과는 소중한 인연으로 연락하고 있다.

내가 일하는 철칙은 나중에 세월이 지나도 얼굴 붉힐일은 만들지 말자이고 누구든지 어떤 설계사를 만나도 이 보험 괜찮아요 소리를 들을 수있게 군더더기는 넣지 말자는 것이다. 그리고 나역시 세월이기는 사람 있는가 내가 부득이하게 보험일을 그만두는 때가 와도 모든것은 증권속에 있으니 제대로된 증권이 그 분들을 지켜주리라는 마음으로 일을하고 있다. 다행히 지금까지 잘 지켜왔고 앞으로도 그럴것이다.

05

아무도 가지 않는 길에
제대로 할때 기회가 온다

보험일을 처음 시작할 때였다. 처음에 보험회사에 들어간 목적은 돈을 벌고 싶다는 것도 아니고 보험일을 해보고 싶다는 것도 아니였다. 오로지 단 하나 내가 모르니 자꾸만 당하는거? 같아서 배워나 봐야겠다는 마음이었다. 그래서 시작도 부담없이 했던거 같다. 면접볼 때도 당당하게 내가 배워보고 좋으면 개척 할께요 내가 모르는데 누구한테 이야기해요 하고 이야기할 정도로 모르면 용감하다고 했던가. 지나고 보니 보험회사는 보험일을 하는사람들이 들어오는 곳이고 처음부터 영업으로 시작한다는 것을 알았지만 그때는 나는 구지 보험일을 해야된다는 생각을 하지 못했다.

아마도 돌아갈 곳이 있어서 그랬던거 같다. 내가 원하는데로 안해주면 그만두고 다시 유아교육 하면 되지. 어차피 집 이사한다고 공백이 생겨서 신학기되기 전까지 배워보려고 들어갔어서 하면하고 말면 말고 이런맘이어서 더 그랬던거 같다.

그런데 현실은 달랐다.

첫날부터 아침 8시교육부터 1일 10콜 등의 해야할 일이 주어졌다.

아니 내가 모르는데 도대체 누구에게 이 일을 전달하라는 거지? 이 래서 보험일을 한다하면 다들 부담스러워하는건가 지인영업은 안해야 지라고 다짐했던 내가 결국엔 지인영업을 해야하나 라는 고민을 할때쯤 2박3일 합숙교육을 가게되었고 나의 생각은 완전 180도로 달라졌다. 처음 서울가는 기차역에서 본부 빌딩으로 가는 동안에도 나는 절대로 지인 영업은 안해야지 민폐가 되지 말아야지 라고 계속 되뇌였다.

그러나 첫교육을 듣는 순간 보험의 필요성과 보험을 제대로 가입하지 못해서 보상을 못받은 사례들을 이야기 해주었다. 그 이야기를 듣고 나서 한가지 든 의문은 아니 80만원의 보험료를 내는데 보상이 안된다고? 아니 직업을 고지안해서 보험금을 못받았다고? 이게 뭐지 그런데 왜 설계사들은 그냥 무조건 만나면 설명은 안하고 싸인하라고 청약서를 내미는 거지 이 일은 제대로하면 한 가정을 살릴수도 있고 잘못하면 한 가정을 죽이는 일이잖아 라는 생각이 들면서 그때부터 나는 보험은 영업이 아니네라는 생각으로 일을 시작 했던거 같다.

그래서 처음보다는 자신감이 생겼고 나름 사람들에게 당당하게 이야기 할 수 있을 것만 같았다. 그래서 2박3일 합숙교육을 마치고 기분좋게 일상생활로 돌아왔고 그때부터 만나는 지인들에게 나의 경험을 이야기했다. 언니 내가 보험회사를 가보니 이러하더라 라며 언니 혹시 궁금한거 있으면 증권보여줘 그럼 내가 보고 이야기해줄께 그러나 내가 생각하는 느낌과 지인들의 느낌은 달랐던거 같다. 나는 정말 순수하게 증권 보여달라는 거였는데 지인들은 그것을 부담스러워했다.

그리고 어느회사야 묻더니 회사이름이 생소하니 회사가 튼튼하냐는 이야기부터 회사의 연혁을 다 이야기 해야했다. 한번은 동갑내기 친구들 모임을 간 적이 있었다. 모임을 마무리할때쯤 친구가 아니 근데 갑자기 왜 보험일을 시작해 어린이집 선생님이 잘 어울리던데 내가 몰라서 배우러갔다가 배워보니 내생각과 다른점도 있고 괜찮더라구 그래서 그냥 시작하게 되었어 라고 했을뿐인데 바로 그럼 어차피 갈꺼면 s생명을 가지 왜 듣도 보도 못한 그런회사를 갔냐며 아마 회사이름때문에 일하는게 쉽지 않을텐데라고 했다. 그말의 뜻이 그땐 무슨말인지 몰랐지만 내가 사람들을 만날때 마다 회사소개를 젤 먼저 하고 있는 모습을 보고 아 그 친구의 말이 이말이었구나 라는걸 깨달은 적도 있다.

그러나 그 당시 갱신도 많고 했던 상품을 판매하는 그 회사의 상품은 내가 잘 배운다고 해도 판매할 자신이 없었다. 오로지 내가 가입한 보험이 좋았기에 이 회사 상품이라면 누구에게든지 내가 영업을 해야 된다 해도 판매할 수 있을거 같아라는 하나의 생각이었지만 그것은 결코 쉽지 않은 선택이었다는 것을 알게되었다.

그래서 그날 저녁 밤새 인터넷 검색을 했던거 같다. 보험영업 잘하는법 보험설계사 개척 등의 키워드를 검색하다가 하나의 커뮤니티를 알게 되었고 그 커뮤니티에서 정말 신세계를 보았다. 그리고 그 게시판의 글을 다 읽는다고 밤을 샜다. 보험일이 힘들다고 하지만 저렇게 잘하는 분들도 많구나 그렇다면 나도 지인영업이 아닌 보험전문가임을 알릴수 있는 방법을 찾아야겠다는 생각에 온라인 영업을 선택했다. 그리고 나를 알리기 시작했다. 그리고 난 뒤 내 글에 댓글에는 상담요청을 원하는 이들의 댓글이 계속 달렸다. 첫 온라인 카페에 내가 쓴 글과 상담요청 온 분들께 답해드리고 글목록에 질문글들이 쌓이는게 신세계였다. 고객을 만나는 게 이렇게 쉬운 방법인가. 그리고 한 명의 고객의 상담을 위해 전화통화를 하고 고객과의 만남을 준비하였다. 그 고객이 바로 나의 첫 개척고객인 여수고객이다.

역시 내 생각은 틀리지 않아서 지인들이야 나를 아는 사람들이니 유아교육만 하던 내가 보험일을 한다했을때 얼마나 오래하겠어 라는 생각이 더 강하고 전혀 다른일을 제대로 할까라는 생각에 거절을 받았는데 나를 모르는 지인들은 오직 나의 글과 나의 마인드만 보고도 상담이 줄을이었다.

그러나 전국 카페에서 상담은 내가 전국을 다녀야된다는 부담감에 그분을 끝으로 그냥 울산지역 카페 상담만 하기로 하고 울산 지역 온라인 카페에 글을 올렸다.

그때가 벌써 7년전이고 이때는 온라인 영업이라는 게 그리 많이 알려지지 않았던 때라 나에게 반대의견을 내신분도 있었다. 그냥 5000짜리 빵을 하나 사더라도 지인한테 가라며 권유했지만 나의 대답은 노였다. 구지 그렇게까지 하고 싶지않고 지인들은 내가 꾸준히 롱런하면 당연히 내 고객이 될거라 생각한다고 이야기했다. 그분은 고개를 갸우뚱하며 쉽지않을텐데 했었지만 지금은 나보고 온라인 영업을 어떻게 하냐며 가르쳐달라고 한다. 이제는 온라인으로 보험일을 하는것도 너무 당연시 되었고 내가 활동하는 카페 역시 많은 설계사들이 넘쳐난다.

고객의 보험문의 글에 수십개의 댓글이 달리고 그 댓글들 속에서 설계사를 컨택하는 고객들도 힘들겠지만 많은 설계사들 속에서 고객에게 컨택받으려고 하는 설계사들도 많이 힘들 것이다. 남들이 하지 않을 때 시작하고 그 일을 제대로 할때 우리는 성공할 수 있다. 이미 다 하는 것을 시작하면 이미 때가 지났다. 다 때가 있고 그때를 기다리며 준비하는 자에게는 반드시 기회는 온다.

sns는
우주 최강 메신저

시대가 변하면서 트랜드도 변화한다. 오죽하면 요즘 사람들을 포노 사피엔스라고 이야기 하는가 폰을 빼고는 이야기 할 수 없다는 이야기다. 내가 어릴적엔 삐삐라는 작은 기계가 있었고 고3때 처음으로 폰을 샀던 거 같은데 그리고 내가 유치원선생님을 하던 해에 엄마 아빠가 직장다녀서 폰을 들고온 7살 여자아이가 한명 있었고 그외엔 거의 폰을 가진 아이들은 없었다. 그러나 지금은 빠르게는 유치원생부터 대부분의 아이들이 폰을 들고 다니고 부모님들은 폰으로 인한 고민들을 참 많이 하고 있다.

나 역시 마찬가지다 우리는 맞벌이 부부이기에 아이들과의 소통이 필요했다. 그래서 전화만 주고받을 수 있는 시계 폰을 해줬는데 그것만으로도 안심이 되었다. 밖에 나가 있어도 연락이 되니 좋았다.

그리고 내가 중학교때 인터넷이라는게 처음 나왔다. 처음에는 정말 신기했다. 인터넷이 나온 이후로 우리는 거의 점심시간마다 전산실에 줄을 서는 진풍경을 보기도 했다. 나랑 비슷한 세대의 사람들이라면 천리

안, 나우누리, 세이클럽 등등 모르는 사람이 없을 것이다. 그때는 컴퓨터가 그리 많이 없었고 학교 전산실에서 길게 사용할 수 있는 시간이 바로 점심시간이었다. 그리고 옆에 있는 사람이 아닌 저멀리 있는 사람들과 대화를 할 수 있다는게 신기했다. 대화라는걸 통해서 전혀 모르는 사람이 친구도 될수있고 언니 동생도 될수있구나라는걸 그때 처음 느꼈던거 같다.

코로나 이전엔 그래도 대면조직, 대면상담이라는 말이 주로 쓰였다면 코로나 이후 가장 많이 바뀐게 바로 비대면, 언택트이다. 이제는 사람들을 만나는게 힘들어졌고 상담을 받는 사람들 조차 전화로 또는 화상으로 상담을 진행한다. 모든 강의들도 대부분 서울에서 하는데 나는 지방에 있고 아이들이 어리다는 이유로 서울 강의는 가고 싶어도 갈 수 없었지만 이제는 집에서 컴퓨터 한대만 있으면 내가 원하는 강의는 다 들을 수 있고 코로나가 낳은 진풍경이 결코 나쁜것만은 아니었다.

강사들 또한 오프라인에선 정해진 인원만 받아서 수업을 해야하지만 온라인은 한계가 없다. 내가 수용가능한 줌화상의 인원이 100명이든 200명이든 300명이든 얼마든지 함께 할수 있다는 게 가장 큰 장점이지 싶다. 물론 강의비용도 만원부터 시작해서 내 강의가 찐강의인걸 알리고 나면 비싼 강사료도 얼마든지 받을 수 있다.

나는 고객들과 상담할때 금액을 정해둔 상담은 하지 않는다. 인터넷으로 상담을 하는 설계사들을 보면 대부분이 고객들이 이정도 금액은 그냥 하더라는 기준을 세워두고 그 기준에 맞춰서 3만원에서 5만원 사이의 설계들을 많이 보여주는데 그건 컨설팅이 아니라 판매이지 나는 그게 결코 옳은 상담이 될 수 없다고 생각해서이다. 강의를 하는 사람들은 강의비용이 정해져있지만 보험상담은 정해진 보험료라는건 각자 개인의 상황에 따라 달라져야된다고 생각한다. 사람들이 비싸면 하지않는다는 건 그냥 생각일뿐이지 제대로 상담을 하고도 안하면 어쩔수 없는거지 그 것을 끼워맞추는건 아니라고 생각해서이다. 처음엔 무조건 저렴하게 생 각했던 고객들도 왜 그게 안되는건지를 이야기해주면 스스로 느끼기 시 작한다.

그래서 늘 고객들에게 이야기하는 게 있다. 기존의 가지고 계신 증 권을 다 보여주시면 제가 구멍을 메꾸는 정도로 도와드리고 거기서 고객 님 상황에 맞춰서 가감할 수 있다고 그래서 기존에 보험이 많이 있다면 2-3만원에 가능하겠지만 그게 아니라면 금액을 맞추기 보다 보장내용을 보시고 내용조절이나 만기조절로 보험료를 조정하시라고 말이다. 무엇 보다 중요한 건 유지이지만 그래도 너무 한쪽으로 보장이 치우치는것도 좋지 않다는걸 이야기한다.

이 일을 하면서 온라인을 하는 가장 큰 매력은 어느구름에 비가 올 지 모른다는 속담이 있듯이 언제어디서 만나는 사람과 인연이 될 지 모 른다는 것이다. 그래서 한명 한명 모두에게 나는 최선을 다한다. 지금 상 담이 없다가도 온라인을 통해 상담이 와서 가족상담이 이루어지기도 하 고 만약 내가 온라인이라는 몰랐다면 지인을 상대로 해야하는 데 지인들 에게는 나도 모르게 권유라는 걸 하지않았을까 아니 그전에 이 일을 그 만 뒀을지도 모르겠다. 일을 한지 얼마 안되었을때 상담이 그리 많지 않 아서 약간의 슬럼프가 왔을 때 집에서 누워있다가 맘카페에 올라온 글에 댓글을 달고 갑자기 대면요청이 와서 부랴부랴 준비하고 나간적이 있는 데 그때 그 고객과의 인연이 지금도 이어지고 있는거 보면 정말 온라인은 매력덩어리인거 같다.

그리고 모르는 전화로 오는 전화들 대부분은 인터넷검색하다가 보험상담좀 받으려구요 라는 분들이 대부분이다. 아니면 온라인카페에서 댓글 쓰신거 보다가 진정성있게 상담해주실거 같아서 상담신청해요라는 분들이거나 이런 글들을 보면 내가 제대로 일을 하고 있구나 라는 생각에 더 열심히 해야겠다는 생각이 들기도 한다. 지난달에도 거의 이렇게 34건을 했고 마지막엔 오는상담을 다 못할거 같아서 돌려보내기도 했으니 말이다. 이것이 꾸준히 온라인으로 상담을 해 온 결과가 아닌가 싶다.

매일매일이 새롭고 매일매일이 설레인다 오늘은 또 어떤고객과 만남이 있을까를 상상해본다. 그리고 그들의 아픔과 어려움속에 나의 상담이 도움이 되길 바래본다.

07

블로그 할까말까
고민하는 이들에게

나 역시 6년을 고민했다. 블로그 꼭 해야하나 시작하기 전엔 복잡해
보였기 때문이다. 카카오스토리는 뭔가 단순해보여서 쉽게 했는데 블로
그는 왠지 거창해보이고 뭔가 어려워보였다. 그러나 블로그를 시작하게
된 계기는 오픈톡방에서 강의를 들으려고 하면 대부분의 미션이 블로그
에 또는 인스타에 각자 자기가 운영하는 sns에 그 강의를 올리고 올린 링
크를 보내라고 했기 때문이다. 강의는 듣고 싶은데 블로그는 없는데 어
떻하지 하다가 댓글에 블로그가 없는데 어떻해요 하면 네이버 사용하시
죠 그럼 블로그 있어요 라는 대답이 왔다.

그리고 이것 저것 검색하다가 블로그를 들어갔는데 예전에 유아교
육할때 내가 모아둔 자료들이 보였다. 그리고 강의를 듣고 싶은 맘이 커
서 거기에 그냥 올리게 되었다. 그리고 작년 6월 우연히 블로그 수업을 듣
게 되었고 나도 책을 쓰고 싶다는 생각을 하던 때라 블로그에 나의 이야
기를 그냥 쓰기로 마음먹고 책쓰기전 글감모으기라는 걸로 시작, 그때

부터 나의 블로그 1일 1포는 시작되었다. 1일 1포란 하루에 하나씩 포스팅을 하는 것이다. 그러면 사람들이 와서 댓글을 달아주고 좋아요도 해주고 온라인 상에서 서로 소통을 할 수 있었다.

대부분의 사람들은 블로그를 하면 상위노출 최적화 이런거에 집중을 해서 어떻게 하면 네이버에 노출되지에 집중을 하지만 나는 그러지 않았다. 그냥 블로그를 쓰면서 내 이야기를 진술하게 썼다. 그리고 처음엔 정말 어렵게 보였던 블로그인데 쓰기시작하니 오히려 카카오스토리보다 더 짜임새있고 정해진 틀도 있어서 생각보다 그리 어렵지도 않았다. 요즘은 꾸미기 틀들도 잘 만들어져있으니 전문가 못지않게 블로그도 꾸밀수 있다.

그리고 블로그에 내 소개를 시작으로 좋은 정보도 올리고 나의 일상글도 올리고 그 글들을 보고 상담이 들어오는 것을 보면서 아 블로그는 나를 홍보할 수 있는 가장 좋은 곳이구나 라는 걸 느꼈다. 온라인 카페 활동을 하다보면 대부분의 카페에 협력업체가 포진되어 있다. 그러면 당당하게 내가 보험을 소개하거나 하지 못하지만 블로그는 내꺼이기 때문에 내가 하고 싶은데로 할 수 있다는 장점이 있는 것이다.

그래서 지금은 블로그 할까 말까 고민하는 분들께 이야기한다. 저도 6년을 고민했어요 온라인 메신저가 되길 원하시나요 그럼 꼭 시작하세요. 상위노출 이런거 신경쓰지않아도 상품 홍보 하지 않아도 나를 진정성있게 소개하는 글을 쓰는걸 먼저 한다면 마음이 통하는 사람들의 상담이 이어질 겁니다라고 올해 3월부턴 금융소비자법이 생겨서 블로그로 영업하시는 분들이 힘들어졌다고 하지만 블로그에 꼭 상품 홍보글을 쓸 필요는 없다. 고객이 필요한 정보를 주면 된다.

지금은 상담오시는 분들이 나를 궁금해하면 블로그 링크를 같이 보내준다. 그럼 예전에 내가 말로 설명했던 내용들이 다 있으니 따로 얘기할 필요도 없다. 블로그는 온라인메신저의 필수다. 온라인으로 영업을 하시려는 분들이나 지식을 파시려는 분들이라면 블로그 당장 시작하라.

08

포로가 아닌 프로가 되라
(feat, 차별화)

내가 모르는 사람을 상대로 상담을 하고 계약을 한다는게 그리 쉬운일은 아니다. 나를 잘 아는 사람도 심지어 가족조차도 상담을 들으려고 조차 하지 않는 사람들 이야기를 많이 듣는다. 나도 초보일땐 그랬고 그렇기 때문에 계약을 하려고 집중하지 말고 관계형성을 어떻게 하느냐가 참 중요하다. 신뢰를 쌓고 나면 그 뒤 계약은 내가 하지말라고 해도 따라온다.

그 시간이 얼마나 걸리냐에 차이이기 때문에 꾸준함도 역시 중요하다. 주변의 설계사들의 이야기를 들어보면 처음부터 상대방이 가입하는 거에 촛점을 맞추고 상담을 진행하는 분들을 많이본다. 그리고 한사람 상담하면 시간을 소비하니 어떻게든 하나라도 받아내야겠다는 생각으로 상담을 한다는 이야기에 좀 안타까웠다. 내가 가전제품 하나를 사러 가도 나역시 바로 사지 않는다 지금은 비교하는 시대고 어떻게 하면 조금이라도 더 저렴하게 살수 있고 가성비있게 살수 있는지를 고민하는게 당연한 시대다.

　그런데 심지어 눈에 보이지도 않는 무형상품을 구매하는데 그냥 이야기 한번 듣고 계약을 할꺼라고 생각을 하는지 입장바꿔 내가 상담을 받는 다면 과연 그렇게 할까 생각해보면 답은 이미 나와있다. 온라인 메신저 즉 온라인으로 지식과 경험으로 고객을 만들려면 무엇보다도 남들과는 달라야한다. 차별화되지 않으면 결코 쉽지 않은 시장이지만 차별화되어있다면 블루오션시장이라고 나는 이야기한다. 세상에 있는 모든 사람이 어쩜 나의 고객이 될 수도 있는게 바로 온라인이니 말이다. 그래서 공부하기를 게을리하면 안된다.

　설계사가 아는만큼 도울 수 있다는 건 정말 중요한 요소다. 설계사가 만난 고객이 설계사가 몰라서 받아야 되는걸 못 받는다면 그리고 보상을 못 받는다면 그것이야말로 절대로 있어서는 안되는 일이기 때문이다. 그래서 나는 보상 교육을 좋아한다.

　보험의 가치는 제대로된 보상이라고 생각하기 때문이다.

　여러 설계사 단톡방에 정보 공유차 활동을 하고 있지만 정말 기본상식도 모르는 질문들이 올라오는걸 보면 아 어떻게 보험일을 저렇게 쉽게 생각하고 하는거지 라는 안타까운 맘이 들때가 너무많다. 보험일이 제대로하면 한 가정을 살리는 일인데 반대로 잘못하면 한 가정을 죽일 수도 있다는 이야기다. 너무 심한 이야기라고 생각되지만 맞는말이다. 보험료를 80만원 내고 있는 고객이 상담을 왔다.

　아주 당당하게 제가 2000년도 초반부터 설계사 보험왕을 만들어드렸고 이런저런 이야기를 전해주셨다.

　보험을 좋아하고 그래서 가입을 많이 했다는 분 결과는 참담했다.

생명보험사에 가입하고 있는 상품이 대부분 손해보험사는 실비 하나 시기마다 다르지만 생명보험사는 2003년이후 2010년 정도엔 뇌출혈보장만 되는데 보험료는 많이 나갈수 밖에 없는 구조다. (회사마다 상품마다 약관참고) 그래서 늘 강조하는 이야기가 보험료보다 보장 내용을 보세요 이다. 그래서 상담 할때 그냥 대충 전산에서 정보조회 후 상담하는걸 나는 지양하는 편이다. 물론 그렇게 해도 어느정도 정보는 알수 있는 시스템이지만 디테일한것은 알 수 없다. 증권을 받으면 나는 힘들지만 한 사람을 좀더 완벽하진 않아도 받지않는것보단 제대로 도와드릴수 있다고 생각한다.

고객도 전혀 생각지 못한 오래된 증권들도 갑자기 나오기도 하고 가입한지도 몰랐던 분들도 있고 다양한 상황들을 많이 만난다. 납입이 끝난증권도 숨은 보석같은 보장들이 있을 수 있기에 나는 빠지지말고 다 주세요 라고 하는 편이다. 그 속에서 또 못 받은 보험금을 받아드린적도 있다.

고객이 증권 주는 걸 싫어하는 분이라면 전산조회라도 해서 필요한 것만 해드릴려고 하는 편이지만 대부분은 증권을 다 주시기에 최대한 필요한 것 위주로 해드리려고 노력하는 편이다. 보험은 비용이다 그렇기 때문에 적립을 넣거나 해서 보험료를 올릴 필요는 전혀없다. 그리고 대부분 암보험 문의를 많이 하지만 증권을 받아보면 암은 대부분 많이 있고 2대질환이 빠진 경우들이 대부분이다.

나는 보험을 우산에 비유한다. 구멍 난 우산은 제대로 비를 피할 수 없다.

온라인으로 보험 일을 하시려는 분들이 있다면 고객의 가장 필요한 부분을 이야기 해주고 그들을 도와준다면 고객이 없어서 힘들다는 생각은 하지 않으셔도 될거라 생각한다. 진심은 통하는 법이다.

09

독서하는 삶
성장하는 나

나는 어릴때 부터 책읽기를 좋아했다. 그리고 국어시간도 좋아해서 도서관 사서 선생님이 두 번째 꿈이었다. 도서관 사서 선생님이 되면 책을 마음껏 읽을 수 있을거 같았기 때문에 그런데 결혼하고 아이 낳고 일하면서 바쁘게 살아 가다보니 어느 순간 책을 멀리하고 있었다. 그리고 코로나가 시작되고 재택근무하면서 오픈톡 참가를 하면서 다시 책을 사기 시작했다. 예전엔 사실 책을 사면 깨끗하게 보고 시간이 지나면 중고로 팔기도 했지만 이번엔 달랐다. 박현근 코치님의 강의를 들으면서 책은 접고 줄긋고 메모하면서 보는 거라는 이야기에 책을 제대로 한번 읽고 씹어 먹어보자라는 생각으로 따라 했더니 한번 읽은 책을 다시 읽을 땐 더 의미가 와 닿는 거 같았다.

그렇게 나의 독서 활동은 또다시 취미가 되었고 작년한해 거의 30권이 넘는 책을 샀던 거 같다. 그리고 다양한 사람들의 이야기를 통해서 이런 방법도 있구나 라는걸 하나씩 실천도 해보게 되었다. 완전소화라는 책을 읽고 건강 다이어트도 해보고 아침에 과일 식이 정말 좋구나 라는걸 느껴서 보는 사람들마다 소개하기도 하였다. 나는 콩을 싫어하는데 내 몸이 건강해지니 콩국수가 당겨서 직접 사 먹어 보기도 했다. 그리고 인스턴트 음식이 전혀 당기지 않았다. 가족들도 신기해했다. 아주 작은 습관의 힘을 통해서 작은 습관이 큰 결과를 만든다는 걸 알고 아침 운동을 시작해서 하루 5000보 걷기도 거뜬히 했다. 그리고 다양한 책들을 통해서 내가 변화되어가는 걸 느꼈다.

그러고 나니 같은 책이지만 다른 사람들은 어떤 생각을 하는지 궁금해졌고 독서모임도 들어갔다. 독서모임도 줌이라는 걸 통해 화상으로 진행이 되었고 책 한 권을 지정해서 2주 동안 읽고 함께 의견을 나누는 활동이었다. 다행인지 불행인지 코로나가 길어지면서 아이들이 계속 온라인수업을 하다 보니 나 역시 재택근무를 할 수밖에 없어서 이런 모임도 할 수 있는 게 나는 감사했다. 독서모임을 통해서 내 삶을 되돌아볼 수 있는 계기도 되었다. 바로 죽음의 포로수용소를 통해서다.

죽음의 포로수용소 지금 당장 삶이 힘든 분들이라면 꼭 읽어보시라고 추천한다.

그리고 그 삶에 감사하면서 살면 반드시 좋은 일은 오리라 생각한다. 힘들다 힘들다 생각하면 정말 힘든 상황만 온다고 한다. 그러나 나는 위기 속에 기회가 있다는 말을 계속 생각하면서 당장 내가 할 수 있는 것이 뭘까를 고민하고 그것을 실천했기에 더 나은 성장과 작가를 꿈꾸고 강사를 꿈꿀 수 있었다. 꿈은 내가 실천 할 때 현실이 된다고 한다.

나는 한 해가 지나고 보니 어느새 책을 쓰고 있고 물론 함께 쓰는 책이지만 나에게 그 의미는 중요하다. 이 모든 것들이 독서를 통한 결과이지 않을까 싶다. 많은사람들을 만날 수 없는 상황 속에서 책을 통해 더 많은 사람들을 만났다. 잘 된 기업가들을 보면 하나같이 이야기 하는게 독서다. 양질의 독서, 독서는 어디에도 빠지지 않는다. 독서를 통하면 다양한 사람들의 생각을 접할 수 있기에 그렇지 않을까?

전혀 생각하지 못한 것도 어떤 책을 통해서 인생이 달라지기도 하니 말이다. 코로나가 언제 끝날지는 아무도 모른다. 하지만 꾸준히 준비한 자에게 기회는 반드시 온다고 했다. 나 역시 그러했듯이 남들이 뭐라 하든 내가 맞는 길이라고 생각되면 꾸준하게 실천해보길 바란다. 아직은 방향을 잡기가 힘들다면 독서를 통해서 답을 찾는 것도 좋을 거 같다.

Chapter 5

미래가 불안한
당신을 위해
부의 추월차선으로
안내해드리겠습니다

김미혜

최근 우리 사회에서 사람들의 최대 관심사는 재테크라고 할 수 있다.

직장 동료와의 모임, 가족 모임, 그리고 친구들과의 대화에서도 재테크에 관한 이야기가 빠지지 않는다. 주식이나 부동산 투자 외에도 최근에는 가상화폐 투자 열풍으로 이어져 모두가 재테크 이야기만 하고 있는 것 같다.

그만큼 돈에 대해 관심이 많아졌고, 돈을 많이 벌고 싶어 하고, 경제적으로 자유롭고 싶다는 생각을 모두가 가지고 있을 것이다.

우리의 삶이(노후가) 그만큼 안정적이지 못하기 때문에 이러한 재테크 열풍이 부는 것 같아 씁쓸한 면이 없지 않다.

돈을 부정하지 말고, 부자의 마인드를 가져라!

어떤 이들은 '돈보다 소중한 게 많다. 돈으로 모든게 다 되는 세상은 아니다.'라고 얘기한다. 물론 그 말이 틀린 것은 아니다. 하지만 돈이 없어서 하고 싶은 일을 못 하거나, 돈 때문에 크고 작은 많은 일 들을 미루거나 때론 포기해야 하는 경우가 많은 게 현실이다. 이런 점에서 본다면 우리 일상에서의 돈은 상당히 많은 부분을 차지하고 아주 중요한 역할을 한다고 할 수 있을 것이다.

(우리네 일상에서 돈의 위치가 이러한데 돈은 중요하지 않다고 얘기하는 사람들의 말에 필자는 공감하지 못할뿐더러 어리석게까지 보이기도 한다.)

우리 사회에서 돈 많은 사람, 즉 부자라고 하면 부러움의 대상인 동시에 비난의 대상이 되기도 한다. 평소 우리가 접하는 부자에 관한 뉴스는 긍정적인 일들 보다 부정적인 부분을 많이 보기 때문인 것 같다. 부자(자본가)가 사람들로부터 비난받는 이유 중 하나는 부의 차이를 신분의 차이로 착각해 거기서 나오는 상식적이지 못한 행동과 말들을 많이 목격해서 일 것이다. 그리고 자본 축적의 과정에서 불법성과 비도덕성도 크게 차지하는 것 같다.

'분명 저 돈은 정당하게 번 돈은 아닐 거야, 누구 등쳐서 번 돈일 거야, 세금은 제대로 내지도 않았을 거야.' 하면서 부자가 아닌 사람들은 부자를 보면서 비아냥거리고 비판한다. 이런 사람들의 특징은 매사 부정적인 경우가 많다. 부자들을 바라보고 시기 질투만 할 뿐 그 사람들처럼 부자가 되려고 노력은 하지 않는다. 자신의 신세만 한탄하고 그들을 비난함으로써 자기 자신과 현실을 합리화할 뿐이다. 그들이 어떻게 부를 축적했는지에 대해서는 궁금해하지 않고 비판만 늘어놓을 뿐이다. 겉으로는 돈이 다가 아니라고 부정하고 부자들을 비판하지만, 가슴 깊숙한 곳에선 나도 부자가 되기를 원하고 있을 것이다.

부자가 되고 싶다면 부자들의 마인드를 가져야 한다. 부자들은 돈을 좇아가면서 일하지 않는다. 이들처럼 부자가 되기 위해서는 돈이 나를 위해 일하게끔 해야 한다. 돈에 대한 속성과 원리를 파악하는데 공부를 하고, 자본주의 사회가 어떻게 변하고 흘러가는지에 관심을 둬야 한다. 그들의 부의 축적 과정을 분석하고 실천으로 옮겨야 진정으로 원하는 그것이 당신에게로 올 것이다.

이 글을 읽고 있는 분들은 돈에 대한 생각부터 바꾸기를 희망한다. 그리고 자신에게 질문하기를 바란다. '부를 간절히 원하는지, 평생 돈 걱정하면서 살기를 원하는지' 더 이상 돈을 부정하지도, 부자를 미워하지 않으며 부자의 마인드를 배웠으면 한다.

나는 돈을 좋아한다. 부자가 되고 싶고, 나는 내가 가진 자산만으로도 생활할 수 있는 경제적 자유인이 될 것이다. 자본주의 사회에서 살아가고 있는 우리는 더더욱 돈에 대해 부정적이지 말고 돈, 즉 자본을 이용할 줄 알아야 한다. 그래야 우리가 꿈꾸는 경제적 자유에 도달할 수 있는 길이 열릴 것이다.

02

내 인생 터닝포인트

나의 첫 집은 우리 부부가 결혼 전에 저축해서 모은 8천만 원과 은행 대출을 합쳐 20여 년 된 22평 복도식 아파트에서 신혼 생활을 시작했다. 방 2칸, 화장실 하나, 거실 겸 부엌이 붙어 있는 작은 집에서 시작했지만 행복했다. 대출이 있는 집이었지만 맞벌이라 그 정도 대출은 어렵지 않게 갚을 수 있을 거라 생각했고, 내 집을 가졌다는 것만으로 행복했다. 아껴 쓰고 저축하면 나도 부자가 될 수 있겠지 하고 막연히 부자를 꿈꾸었었다. 그러나 현실은 늘 그러하듯 내가 생각한 것만큼 녹록지 않았다. 우리의 생각과는 달리 대출금도 빨리 갚아지지 않았고 저축이라는 건 생각도 하지 못했다.

결혼 후 얼마 지나지 않아 아이가 태어나고, 다니던 직장을 자연스레 그만두게 되었다. 신랑은 내가 아이가 초등학교 입학 전까지는 아이에게만 전념했으면 하는 바람이었다. 그래서 나의 의지와는 상관없이 전업주부가 되었다.

어느 날 친구랑 같이 내가 살고 있는 창원 근처에 새로 생긴 장유 율하 신도시라는 곳으로 커피를 마시러 갔었다. 내가 사는 창원은 기존 건물의 노후화로 신축 아파트는 거의 없는 늙어가는 도시였다. 반면에 새로 생긴 옆 신도시는 반짝반짝 잘 지어진 상가건물이 있고, 신축 아파트 앞에 깨끗하게 정비된 개천과 주위에 예쁜 카페들이 즐비한 거리를 보고 난 한눈에 반해 버렸다. 여기서 남편과 예쁜 아이와 산책도 하고 맛있는 커피도 마시면서 깨끗하고 좋은 집에서 살고 싶은 생각이 들었다.

그날 저녁 신랑한테 율하 신도시로 이사 가고 싶다고 이야기를 하니 신랑도 흔쾌히 그러자고 했다. 한편 친정엄마는 이사를 가더라도 집은 꼭 사서 가라고 권했지만, 신랑은 어디서 얘기를 들었는지 결국 집값은 내려간다는 생각을 가지고 있었다. (참고로 이 당시 우리 신랑은 부동산 하락론자의 맹렬한 지지자였다.)

우리는 새 아파트 전세를 얻어 이사했고, 이것이 우리 가족의 떠돌이 생활의 시작이었다.

카페 거리와 예쁜 개천에 혹해서 율하로 이사를 갔지만, 나의 생활반경은 언제나 옆 도시 창원이었다. 그래서 늘 차를 타고 나가서 볼 일을 봐야 했고, 친구를 만날 일이 있어도 불편함이 이만저만이 아니었다.

아이가 어리다 보니 친정 도움이 필요했다. 온종일 말 못 하는 아이와 있으니 우울증에 걸릴 것 같기도 했다. 친정집 근처로 가서 엄마 도움을 받고 싶었다. 그래서 진해에 살고 계신 부모님 집 근처로 이사를 했다. 진해에 사는 동안 가족도 늘어 1남 1녀의 4인 가족 외벌이 가정이 되었다.

이때쯤 내가 사는 지역의 아파트 가격은 미친 듯이 오르기 시작했다. 얼마 지나지 않아 율하 신도시에서 이사 나올 때는 2억 4천만원 하던 아파트가 3억 2천까지 올랐었고, 내가 사는 진해 또한 아파트, 주택, 땅 할 것 없이 부동산 가격이 다 올라 있었다.

'그때 집을 샀어야 했는데…'

'율하 이사 가면서 엄마 말 듣고 집을 샀어야 했는데…'

'신랑 말 무시할걸…'

지난날을 돌아보면서 후회만 하게 되었다. 여기저기 집값이 많이 오르다 보니 내 집 한 채 없었던 나는 너무 불안해지기 시작했다.

'이대로 있어도 괜찮은가?'

부동산 시장이 활황이니 곳곳에 분양하는 아파트들이 많이 생겼다. 그 당시 진해에 마린 푸르지오라는 아파트가 분양하고 프리미엄까지 붙고 나름 열기가 뜨거웠었다. 우리 부부도 궁금하기도 해서 분양하는 아파트 근처 부동산에 가보게 되었다.

"사장님 마린 푸르지오 아파트 알아보러 왔는데요, 34평 가격이 얼마인가요?"

"요즘 프리미엄이 많이 붙었어요. 팔려고도 하지 않아요."

"3억 5,000만원 정도예요."

헉!! 우리 부부 수중에 가지고 있는 돈은 1억. 마린 푸르지오는 우리가 갈 수 있는 아파트가 아니었다. 그 당시 대출을 우리의 예상보다 더 많이 해야 했고, 4인 가족 외벌이라 대출을 너무 많이 받아야 한다는 것 자체가 무서웠다.

큰아이가 초등학교에 가야 할 시기가 다가오니 초등학교 근처에 있는 집을 구하고 싶었다. 집값이 천정부지로 오르니 내 집이 없다는 불안감은 점점 더 커지기 시작했다.

'이놈의 집값이 왜 자꾸 오르는지, 언제까지 어디까지 오를 것인지 반대로 내리지는 않을 것인지' 궁금했다.

모든 사람들이 집을 사면 내가 산 집값은 떨어지길 바라진 않을 것이다. 나 역시 내가 산 집값이 올랐으면 올랐지 떨어지지 않았으면 했었다.

"그래 이놈의 집값! 오르고 내리고 하는 이유라도 알아보자. 그리고 이걸로 재테크를 제대로 시작해보자." 이렇게 나의 부동산 공부는 시작되었다.

부동산 공부를 하기로 마음먹었으나 어떻게 해야 될지 몰랐다. 우선 서점으로 달려가 책을 골랐다. 나의 눈에 들어온 첫 번째 부동산 책은 너바나의 '나는 부동산과 맞벌이한다.'였다. 책을 읽으면서 신선한 충격을 받았다. 나도 이 책 저자처럼 부동산으로 부를 이루고 싶다는 꿈을 꾸게 되었다.

두 아이의 육아 때문에 온전히 책에 집중할 수 있는 시간은 항상 밤 열 시가 넘어야 가능했다. 몸은 피곤하고 눈은 감기지만 그래도 책이 너무 재미있었다. 책을 읽고 있으면 마치 당장이라도 내가 부자가 될 수 있을 것 같은 희망으로 가득 찼기 때문이다. 아이들을 재우고 부동산 카페에 들어가 여러 글을 읽고, 유명한 부동산 투자자들의 칼럼을 필사하기도 했다. 부동산 책을 읽다 보면 저자들이 경매로 집을 싸게 낙찰받았다는 얘기가 나온다. 그 당시에는 부동산에 대한 지식이 너무 무지한 수준이라 집값의 오르고 내리는 이유를 알 수가 없었다. 그래서 책을 읽고 느꼈던 게 그럼 단순히 경매로 집을 싸게 낙찰받으면 집값이 혹여 내려도 손해를 보지는 않을 것이라는 생각했다.

시간 날 때마다 부동산 경매 책을 읽고, 유튜브로 경매 공부를 시작하게 되었다. 하지만 유튜브와 책만으로는 배움에 한계가 있었다. 유튜브 강의 내용이나 책에서 전달하고자 하는 내용을 내가 이해할 수 없는 부분이 생겨나기 시작했고, 여기에 대한 궁금한 점이 시원하게 해결되지 않았다. 그렇다고 오프라인 강의를 들으러 갈 수 있는 형편은 아니었다. 다행히 온라인에서도 체계적이고 양질의 강의가 있다는 걸 알게 되었다. 경매 실전 투자자이기도 하고, 유명한 사람인 거 같았다. 그래서 비싼 수강료를 지불하면서 강의를 신청했다.

경매 책을 읽고 강의를 들으면 들을수록 내 마음 깊은 곳에서 솟아오르는 흥분을 주체할 수가 없었다. 경매 사례들은 나에게 너무나도 환상적이었고, 어떤 경우엔 마치 내가 영화 타짜에 나오는 고니가 되어 마지막 패를 까기 직전의 기분이 들게도 해주었다. 경매의 세계는 그만큼 흥미로움 그 자체였다. 그러나 아무리 책을 많이 읽고 강의를 들어도 초보자에겐 섣불리 경매 입찰이나 부동산에 투자하기란 쉽지가 않았다. 나는 확인을 해보고 싶은 생각이 갈수록 커져 갔다. 책과 강의에서 보고 들은 영화 같은 경험담들이 진짜인지 아닌지를 말이다.

경매 카페 모임도 나가고 싶었고, 오프라인 강의를 듣고 뒤풀이도 나가 사람들의 생생한 경험담과 1급 정보들도 듣고 싶었다. 아이를 키우는 전업맘인 나는 신랑의 협조가 너무나도 절실했다. 신랑 혼자 두 아이를 케어하기가 힘들었고, 둘째가 돌이 안 된 젖먹이 아기여서 아이를 데리고 경매 카페모임에 나가게 되었다. 카페지기님과 회원들의 투자 사례 발표가 있었다. 경매 유경험자들의 이야기를 직접 듣는 일은 내게 아주 흥미로운 경험이었다. 책에서만 보았던 경매 투자 경험담을 직접 듣고 이야기를 나눌 수 있다니. 설렘 그 자체였다. 매달 모임을 했고 그때마다 젖먹이 아이를 데리고 가야 하는 상황이었다. 아이가 배가 고파 울 때면 식당 구석 자리에서 모유 수유를 하였고, 기저귀가 젖으면 갈아 주면서 대화를 이어 나가곤 했다. 모임을 하는 사람 중에는 이런 나를 보고 진상이라 생각했을 수도 있었을 것이고, 방해되는 사람이라 생각했을 수도 있었을 것이다. 하지만 어쩌랴~ 그 당시 나에게는 그 모임이, 시간이, 너무나도 간절했거늘. 경매에 대해 알면 알수록 배워야 할 것들이 계속 생겨났다.

경매에는 일반경매가 있고 특수경매가 있다. 일반경매의 경우 내가 사는 곳에서 강의나 모임을 통해 궁금한 점이 어느 정도 해결이 가능했지만, 특수경매의 경우에는 한계가 있다는 판단이 들었다. 그래서 좀 더 전문적이고 상세히 배워보고 싶었다. 무엇보다 특수경매의 경우 일반경매보다 수익이 더 크다는 점도 한몫했다. 하지만 그런 강의는 내가 살고 있는 지역 인근에는 없고 경기도 부천까지 가야 겨우 들을 수 있었다. 남편도 나의 절실함을 알았는지 부천에 강의 들으러 가는 걸 허락해 줬고, 강의가 있는 날에는 남편은 월차를 내고 집에서 두 아이의 육아를 책임져 주었다.

진해에 사는 나는 강의 시간에 맞춰 도착하기 위해 새벽 기차를 타야 했고, 광명역에 내려 지하철이나 시내버스를 타는 수고를 감수해야 했다. 강의가 끝나면 뒤풀이에도 참석하고, 퇴근 시간 지옥철을 경험하기도 했다. 그렇게 모든 것을 끝내고 녹초가 되어 집에 도착하면 자정을 훌쩍 넘어 다음 날이 되기 일쑤였다. 진해에서 부천을 오가며 경매 중에 특수물건 강의, 상가 강의를 들었다.

힘들게 강의를 들었으니 경매 입찰에 도전해 보기로 했다. 하지만 나의 기대와는 달리 결과는 매번 패찰. 힘이 빠지고 지쳐가기 시작했다. 그렇게 하루하루를 보내고 있었다.

한 번은 카페 정모에서 한참 경험이 많은 분의 경매에 관한 이야기를 듣고 있는 중, 평소 모임에서 말이 거의 없었던 한 소장님이 한마디를 했다.

"입찰가는 감정가를 보고 입찰하시면 안 돼요"라고 말이다.

나는 '그러면 어떻게 하면 되는 건가요? 방법을 얘기해 주세요. 제발~' 애원하는 듯한 눈빛으로 그 소장님을 바라봤다. 하지만 그 소장님은 나의 심정을 아는지 모르는지 더 이상 말이 없었고, 다른 사람들과 대화를 했다. 나도 거기에 대고 더 이상 물어볼 수는 없었다. 나는 속으로 '이 아저씨 뭐야, 이럴 거면 처음부터 말을 꺼내지 말던가. 시작했으면 끝을 보던가. 나 무시당한 거야?' 이런저런 생각이 들었다. 이것이 나와 소장님과의 첫 인연이었다.

카페모임에 젖먹이를 꽁꽁 싸매고 아기 띠 해서 오는 나를, 부천에 강의를 듣기 위해 새벽 기차를 타고 하루가 꼬박 더 지난 새벽에 돌아오는 내 처지가 안타까웠는지, 어느 날 카페 모임이 있던 날 소장님이 나에게 명함을 한 장 주었다. 기존 카페 모임에 다른 카페를 소개하는 것은 큰 실례이지만 훗날 얘기하기로는 열정적이고 의욕 넘치는 모습이 본인 옛날 모습을 보는 것 같기도 하고, 그리고 이런 사람은 투자로 실패하면 안 될 것 같아서 도움을 주고 싶어 명함을 건넸다고 했다.

집에 와서 명함을 확인해 보니 운영하는 카페가 있었다. 그다지 신뢰는 가지 않았지만, 카페에 가입은 했다. 카페를 둘러보다 부동산 투자 이야기 방이라는 게시판이 눈에 띄어 들어갔다. 소장님의 부동산 투자에 대한 글들이 있어 읽게 되었는데, 내가 그동안 부동산 투자에 대해 알고 싶어 했던 내용의 글 들이었다.
소장님의 글들은 나에게는 사막의 오아시스 같은 오래된 갈증을 해결해 주는 그런 것이었다. 투자 전문가가 이렇게 가까운 데 있었다니.

카페에는 칼럼, 회원들과의 질문과 답변, 그리고 투자한 물건에 대해 컨설팅한 내용의 글들이 있었다. 그중에 내 눈에 들어 온건 투자금이 1,000만원, 혹은 2,000만원 정도의 소액으로 투자한 내용의 글들이었다.

또한, 단순 부동산 투자가 아닌 향후 가격상승이 가능할 것 같은 지역을 미리 분석을 통해 투자 컨설팅을 한다는 걸 알게 되었다.

부동산 투자에 관한 여러 종류의 책을 읽고 몇몇 강의를 들었지만 혼자서 투자하기엔 초보자인 나에게는 역시나 힘이 들었다. 그래서 난 소장님께 컨설팅을 받아 투자하기로 했고, 선투자 후 부족한 부분은 공부를 통해 채워 나가겠다고 했다. 그리고 소장님을 나의 부동산 투자에 있어서 스승으로 모시기로 했다.

대부분 사람은 이렇게 컨설팅을 받아 투자하는 것을 신뢰하지 않는 경향이 있다. 여기저기서 자칭 전문가라는 사람들과 검증되지 않은 정보들이 넘쳐나는 바닥이니 그러할 것이다. 나 역시도 처음엔 투자 컨설팅에 대해 긍정적인 생각을 가지고 있었던 것은 아니었다. 하지만 컨설팅을 하는 사람이 투자물건의 가격상승 가능성에 대한 타당한 분석과 합리적인 설명이 가능하다면 컨설팅을 통한 투자가 나쁘지는 않다고 생각된다. 단 투자자는 투자할 지역이나 해당 투자물건에 대한 설명에 있어 충분히 이해할 수 있는 기본 지식은 반드시 갖추어야 할 것이다.

바쁜 직장 생활에 임장이 힘들고, 투자물건의 가치(가격) 판단에 있어 미숙한 부분이 있고, 향후 투자물건의 가격상승 가능성에 확신이 서지 않는다면 컨설팅을 통한 투자도 나쁘진 않다고 생각한다. 다시 강조하지만, 준비가 되어 있지 않은 상태에서 컨설팅을 받고 투자하는 것을 권하지는 않는다. 기본적인 부동산 공부는 선택이 아니라 필수이기 때문이다.

그로부터 며칠 후 소장님께 연락했다.

"경매 모임에 참석한 아기 엄마입니다. 투자를 하고 싶은데 추천해
주실 만한 물건이 있으신지 해서요."

"지금 투자금이 얼마 있죠?"

"제가 지금 투자 가능한 돈이 1,500만원이에요. 너무 부족하죠?"

"으음… 물건 한번 알아보고 연락드리겠습니다."

별다른 이야기도 없이 그냥 통명스럽게 전화를 끊어 버렸다. 내가
투자금도 별로 없고 돈이 안 되는 사람으로 판단한 것인지, 별로 반갑게
대하는 것 같지도 않은 느낌이었다. 이럴 거면 명함은 왜 준 건지. 좋은
물건을 찾는다고 시간이 걸리는 건가? 좋은 물건 나오면 본인이 하거나,
기존의 거래하는 고객 먼저 주지, 나한테 올 게 없을 수도 있겠구나 하는
생각이 문득문득 들곤 했다. 이런저런 생각을 하며 또 며칠의 시간이 흘
렀고 소장님께 연락이 왔다.

"연락이 늦어 죄송합니다. 소도시 지방에 있는 아파트에요. 1,500만
원으로 투자할 수 있는데 정말 한번 해보시겠어요?"

"와~ 소장님, 1,500만원으로 정말 아파트를 살 수 있어요? 네. 투자
하고 싶어요"

아파트를 1억 5,000만원에 사서 1억 4,000만원에 전세를 놓는다
면 매매 전세 차익금 1,000만원에 각종 세금 부대비용을 합하면 투자
금 1,500만원으로 집을 살수 있었다. 잔금 때까지 전세가 나가지 않으면
나머지 돈을 구할 수가 없어 걱정하고 있었는데, 소장님은 전세가 잘나

가는 단지이니 걱정 안 해도 된다고 말씀을 해주셨다. 며칠 후 전세 1억 4,000만원에 계약이 되었다. 내가 가진 1,500만원으로 집 한 채를 살 수 있었다. 이렇게 나의 투자물건 1호가 탄생하였다.

부동산 소액투자에 대한 이런저런 이야기 중에 소장님은 이런 말씀을 해주셨다.

"처음 한 채 사기가 힘들 뿐이지, 한 채 사고 나면 그다음은 쉬워요. 그리고 아파트 20채를 목표로 해보세요. 그게 되고 나면 매년 10채 정도 팔거나 혹은 전세금을 올려 받을 수 있습니다. 1채당(2년 보유) 1천만 원 정도 수익이 난다고 가정하면 매년 1억의 수익도 가능해요."

"정말로 제가 그렇게 될 수 있을까요? 상상이 안 돼요."

"지금처럼 꾸준히 공부하면서 투자를 계속한다면 5년 뒤에는 반듯한 실거주 집에 좋은 차, 그리고 현금자산 5억 정도는 가질 수 있을 거예요."

"소장님 말만 들어도 기분이 좋아요. 하하하"

나는 소장님이 말씀하신 5년 후의 모습을 상상해보니 내 입가는 벌써 미소를 띠고 있었다.

나는 1호기를 매입한 후 가격이 어떻게 변하고 있는지 궁금해서 계속 지켜보고 있었다. 2개월 정도 지나니, 많이는 아니지만, 가격이 조금 상승한 것 같았다. 그 후 나는 돈이 생길 때마다 집을 사 모으기 시작했다. 투자할 수 있는 자금이 많지 않아 정말 소액으로 할 수 있는 물건들을 찾아 투자할 수밖에 없었다. 그것도 안 될 때는 친구와 같이 투자하기도 했다. 정말 한 번이 어렵지 그다음부터는 투자가 쉽게 느껴지기 시작했다. 어느새 1년이 되지 않아 투자한 집이 4채가 되었다. 집을 사 모으면서 대박을 꿈꿨던 것은 아니었다. 손해만 보지 말자고, 은행 이자보다 수익만 더 난다면 만족한다고 생각했다.

1년 후 1호기 세입자에게서 연락이 왔다. 전세 기간이 남았지만, 회사 발령 때문에 이사를 나가야겠다고 했다. 그사이 1호기의 매매가와 전세가가 올라 있었다. 나는 새로운 세입자와 앞 전의 전세 보증금보다 1,000만원을 올려 1억 5,000만원에 임대 계약을 했다. 보증금 1,000만원을 올려 받게 되어 1호기 물건은 투자금 500만원으로 세팅된 셈이었다. 또 나에게는 투자금 1,000만원이 더 생기게 된 것이다. 나는 회수된 투자금으로 또다시 집을 샀다.

부동산 투자를 시작하고 난 뒤에는 목돈이 생길 때마다 부동산에 저금하는 마음으로 아파트 개수를 늘려 갔다. 그 후 중간에 처분한 집도 있고, 전세금을 올려 받은 것도 있어 계속 수익이 발생하고 있는 중이었다. 어떨 때는 기대 이상의 수익이 난 물건을 처분해서 2채 3채를 추가로 매입하는 경우도 있었다. 그렇게 하나둘 늘려나간 게 지금은 어느덧 20여 채가 되었다.

과거에는 돈이 생기면 1년 혹은 2년 만기 월 불입식 적금을 들었었다. 만기가 되면 다시 그 돈을 정기예금에 넣어 두고 하는 형식으로 돈을 불려 나갔다. 하지만 지금은 부동산에 저축한다는 마음으로 부동산 개수를 늘려나가고 있다.

03

전업주부에서
투자전문 공인중개사의
길을 가다

2017년 대전에 투자하러 갔을 때였다. 그 지역 중개 소장님이 나보고 공인 중개사 자격증을 따면 잘 할거 같다고 얘기를 했다. 까맣게 잊고 있었는데 문득 그 소장님의 말이 생각나 중개사 자격증에 관심을 가지게 되었다. 사실 중개업을 하기 위해 자격증 공부를 시작한 것은 아니었다. 생뚱맞겠지만 그냥 나의 명함이 갖고 싶었다. 한 참 경매를 하고 투자하는 사람들도 만나고 투자물건을 보러 다니던 시기였다. 사람들을 만나거나 경매 낙찰을 받으면 내가 누구인지 얘기해줄 때 명함이나 하나 건네고 싶었기 때문이다. 그때는 그런 모습들이 괜히 멋있어 보였다.

2018년 봄에 부동산 투자를 잠시 멈추고 중개사 공부를 시작했다. 조금 쉽게 생각하고 시작했는데 생각보다 만만치가 않았다. 주위 사람들에게는 한 번에 1, 2차 다 합격할 거라고 공언했는데 이것 참 난감한 상황이 돼버렸다.

시험 석 달 전부터는 책상 앞에 앉아 10시간씩 공부를 했다. 애를 둘씩이나 낳은 아줌마가 하루에 10시간씩 의자에 앉아 공부하려니 몸이 성할 리가 없었다. 허리가 아프기 시작해서 뒤이어 목이 아프더니 나중엔 팔까지 저려오기 시작했다. 정형외과에 가서 주사를 맞고 물리치료도 받으며 악착같이 했다. 고3 수험생 때보다 더 열심히. 시험 날짜가 다 되어서는 병원 가는 시간도 아까워 아픈 걸 참고 진짜 이 악물고 했다. 이렇게까지 한 이유는 두 아이의 엄마로서 그리고 한 남자의 아내로서의 역할이 있기에 재도전을 생각한다는 것 자체가 나에게는 사치였기 때문이었다. 그렇게 시험을 무사히 치렀고 다행히 자격증을 한 번에 딸 수 있었다.

이 일을 함에 있어 제일 든든한 후원자이자 지원자인 남편에게 지면을 빌려 정말로 고맙다고 말해주고 싶다.

이듬해 나는 고생한 게 아깝기도 했고, 내가 사는 창원지역의 부동산 시장이 향후 침체기를 벗어나 상승기로 전환할 것으로 예측하였기에 중개하면서 투자도 같이하면 좋을 것 같아 부동산 사무실을 오픈하였다.

창원 부동산 시장은 몇 년째 침체기에서 벗어나지 못한 상태였었다. 실거주자들은 이런 부동산 상황에 진절머리가 나 있던 상태였다. 아파트 가격은 여기서 내리면 내렸지 더 이상 오르지 않을 거란 생각을 가진 사람들이 많았다.

부동산이라는 자산을 가지고 있는 사람들은 혹시나 하는 마음에 팔지도 못해 그렇다고 가지고 있자니 더 내려갈까 봐 이러지도 저러지도 못하는 사람들을 많이 봤다.

그러다 2019년 말쯤부터 투자자들이 미친 듯이 들어오기 시작했다. 밥 먹을 시간도 없을 정도로 투자자들에게 물건을 찾아주고, 밤 11시가 될 때까지 계약을 시켰다. 정말 미친듯이란 표현이 딱 맞는 것 같다. 내 인생에 있어 노동으로 돈을 최고로 많이 벌었던 나날이었다.

나 역시 창원시장 집값이 오를 걸 확신하였다. 그래서 주위 지인들을 창원 부동산 시장에 투자 시켰다. 집이 없는 지인들은 무조건 집을 사게 했고, 여유가 되는 지인들은 그 이상 투자를 하게 했다. 결과는 아주 성공적이었다. 그때 나의 말을 믿고 투자한 지인들은 지금도 나에게 고맙다는 말을 하고, 망설였던 지인들은 투자할 걸 하며 후회를 하고 있다.

부동산 공부를 하다 보면 재테크의 시작은 내 집 마련부터라는 얘기가 있다. 투자하면서도 안정적인 생활을 하기 위해 실거주 집도 필요하기 때문이다. 집을 사면서 대출을 일으킬 때 감당할 수 있는 이자를 착한 대출이라고 한다.

창원지역 부동산 시장 가격이 꼭지에서 어깨 정도 내려왔을 시점에 나는 대출을 일으켜 진해에 집을 샀다. 지금 돌이켜 보면 완전한 침체기로 가는 길목이었던 것이다. 그 당시에는 부동산에 무지해 더 이상 내려가겠어라는 착각에 빠져 집을 산 것이다. 2년 동안 1억원 정도 하락했다. 집을 팔고 다른 데로 이사 갈 수도 없는 상황이 되어 버렸다.

집에서 출퇴근 거리가 좀 되는 창원에 사무실을 오픈해서 아이들을 케어하기도 힘들었다. 그래서 사무실 근처 아파트로 이사를 하고 싶었다. 입지 좋은 새 아파트는 갈 수 없는 형편이었고, 진해 집을 팔고 창원으로 이사 가기에는 집값이 내려가 있는 상태라 손해를 보고 나와야 했다. 물론 돈도 부족해 창원에 원하는 집을 살 수도 없는 형편이었다.

그 당시 입지 좋은 구축 아파트는 매매와 전세 시세 차이가 많이 나지 않는 시장이었다. 구축 아파트라 노후화가 어느 정도 진행되어 있었고, 무엇보다 주차시설이 열악했다. 하지만 교통이면 교통, 학군이면 학군, 상권이면 상권, 각종 편의시설 등등 모든 생활에 필요한 환경이 갖춰져 있는 중심지 아파트여서 입지는 최고 중 하나인 곳이었다. 비록 진해지만 신축 아파트에 살다가 구축 아파트로의 이사를 결정하기가 쉽지 않았다. 그래도 아이들 생각과 구축이지만 입지가 좋은 곳이라 현재 사는 곳보다 집값 상승의 확률이 더 클 것이라는 생각이 들었다. 그리하여 앞으로 실거주할 창원의 구축 아파트를 전세를 끼고 매수를 했다. 전세를 한 바퀴 돌리고 현재 살고 있는 집을 매도한 후 창원의 실거주 할 집에 이사 갈 때쯤이면 현재 살고 있는 집의 가격도, 창원의 실거주할 집값도 올라 있을 거라 생각하여 매수를 결정하게 된 것이다.

내가 예상했던 것보다 더 빠르고 더 가파르게 부동산 가격이 상승하였다. 매수 후 1년이 지난 시점에 실거주할 집은 1억 5,000만원 정도 올랐고, 현재 살고 있는 집도 초기 매수가를 회복하고도 조금 더 가격이 상승하였다. 이렇게 부동산의 관심을 가지고 시장의 흐름을 안다면 자기가 살고 있는 실거주 집을 한 단계 점프 할수 있는 기회를 가질 수 있을 것이다.

중개를 하다 보면 전세를 찾는 사람들을 자주 접하게 된다. 나는 그런 손님들이 오면 특별한 경우를 제외하고는 내가 거주하는 집은 무조건 집을 사라고 하고, 사야 하는 이유를 말해준다.

"절대 지금 상황에서는 전세를 살면 안 됩니다. 집을 사셔야 합니다."

"사야만 하는 이유가 있나요?"

"많은 이유가 있지만, 지금 창원에 왜 외지인이 들어와 집을 살까요? 집값이 오를 거라 예상하기 때문에 외지인들은 집을 사는 겁니다. 그 사람들 돈 벌어 주기 위해 디딤돌이 되면 안 되잖아요." 하지만 생각이 확고한 손님들에게는 나의 진심이 통하지 않았다.

창원 집값이 상승기에 접어들기 직전인 2019년 초중반 신축 아파트는 전세가가 2억 3,000만 원 정도에, 그리고 20년이 넘은 구축 아파트는 매매가가 2억 3,000만 원 정도에 형성되어 있었다.

같은 돈으로 신축 아파트에 살 수 있으니 굳이 구축 아파트를 선택해야 할 필요성을 못 느끼는 듯했다. 또한, 신축 아파트의 깨끗함과 편리함을 경험한 사람이라면 칙칙하고 불편한 노후된 구축 아파트를 선뜻 선택하지 못하는 경향도 있다. 이해가 되지 않는 건 아니다. 충분히 공감할 수 있는 부분이다. 집과 차는 기존의 그것보다 내려서 살 수는 없다는 말이 있을 정도이니….

나 역시 과거 신혼 초에 새 아파트와 주변 환경에 반해 율하신도시로 이사를 간 경험이 있고, 지금 살고 있는 집도 입지보다는 당장의 눈에 보이는 깨끗함을 찾고 불편함이 싫어서 신축에 가까운 집이니 집을 구입하는 실수를 한 것이다.

그 당시 똑같이 7,000만 원으로 대출을 일으켜 2억 3,000만원의 구축 아파트를 산 사람과 같은 금액으로 신축 아파트 전세를 선택 한 사람은 지금 현재 자산의 가치는 확연히 달라져 있을 것이다.

낡고 오래된 구축이지만 아파트 매수를 선택한 사람의 집은 지금 매매 시세로 4억이 넘었고, 신축 아파트전세를 선택한 사람의 집의 전세 시세는 5억이 되었다. 구축 아파트 매매를 선택한 사람에게는 더 좋은 아파트로 옮겨 갈 수 있는 기회의 사다리가 놓인 셈이고, 신축 아파트 전세를 선택한 사람은 대출을 더 많이 내어 또 다른 전세로 가든지 아니면 좋지 않은 입지나 상품성이 떨어지는 아파트로 옮겨 가야 하는 다른 의미의 사다리가 놓여 있는 셈이다.

'신축은 많이 오르고, 구축은 안 오르던지 올라도 찔끔 오르잖아요.' 라고 말하는 사람들도 많다. 어느 정도는 맞는 말이다. 하지만 시장은 언제나 키 맞추기라는 것을 한다. 한 곳만 오르지 않는다. 다만 그 시기가 다를 뿐이다.

한 줄기에서 나온 꽃들도 시기만 다를 뿐 결국엔 모두 예쁜 꽃망울을 활짝 터트리지 않던가!

현재 본인의 자금이 부족하다면 한 번에 좋은 집을 구매하려고 욕심을 내지 말고, 우선 감당할 수 있을 정도의 자금을 마련해 집을 샀으면 한다. 지금 당장의 새 아파트에 현혹되어 전세로 들어가는 우를 범하지 말자. 나의 자산증식을 위해 집을 매수 하기를 바란다. 당신의 꿈에 한 발 더 다가갈 수 있는 밑거름이 될 것이다.

04

한번에
이루어지는 것은 없다!!

사람들은 대부분 짧은 시간에 대박이 나길 바란다.

투자의 경우에서도 복권에 당첨되는 것처럼 한번 어찌 잘 투자해서 대박 수익을 바라는 경우를 우리는 많이 볼 수 있다. 이렇게 큰 수익을 맛보는 경우도 있지만, 이런 케이스는 실력보다 운이 크게 작용한 것으로 보아야 할 것이다. 부동산 투자뿐만 아니라 주식이나 가상화폐 투자의 경우에 있었어도 단기간에 대박을 바란다면 그것은 필연적으로 무리한 투자로 이어지는 경우가 많다. 대박을 노리는 무리한 투자의 경우 위험한 투자가 될 수밖에 없을 것이다. 이러한 행위는 결국 투자가 아닌 투기로 변질 될 수밖에 없다. 시장의 흐름을 냉철하게 바라보는 눈과 투자물건을 합리적으로 분석하는 자세는 두 번 세 번 강조해도 지나치지 않을 것이다.

일반적으로 사람들은 부동산이나 주식에 투자해서 번 돈을 불로소

득으로 간주하는 경향이 강하다. 실력보다는 운이 좋았을 거라고 말이다. 특히 부동산 투자로 돈을 번 사람들을 투기꾼으로 치부하는 경우가 많다. 충분히 이해가 간다. 부동산 투자로 돈을 벌어 보지 못한 사람들은 그렇게 바라볼 수 있다. 그러나 다음의 경우를 보면 위와 같은 생각들이 좀 바뀌지 않을까 한다.

부동산 투자를 전문적인 직업으로 하는 경우는 많지 않다. 보통의 경우 직장을 다니거나 개인 사업을 하거나 또는 나처럼 전업맘인 경우가 대부분이다. 이들은 부동산 투자로 부의 추월 차선을 타기 위해 남들과는 다른 일상을 보낸다. 새벽에 일어나 부동산 관련 책을 읽고, 퇴근 후 오프라인 강의를 듣기 위해 사적인 약속도 줄이며, 피곤한 몸을 이끌고 부동산 투자 강의를 들으러 가는 수고스러움도 마다하지 않는다.

주말에는 또 어떠한가. 수도권에서 지방으로, 지방에서 수도권으로, 그리고 지방에서 다른 지방으로 임장을 다닌다. 주말을 즐기러 나들이 나온 사람들과 행선지는 같을지 모르지만, 목적에는 큰 차이가 있다. 누구보다 치열하게 열심히 살아가고 있다. 시간을 허투루 쓰지 않으려고 노력하는 이들이다. 이렇게 열심히 공부하고 노력하는 사람들을 보면 투기꾼이 아닌 건강한 투자자로 보여진다.

"한방 인생", "한 번의 대박"만을 꿈꾸지 말고 이들처럼 노력해서 경제적인 자유인으로 한 발 한 발 가길 바란다.

05

250만원으로
아파트 구입!!

부동산 투자로 첫발을 내딛기가 쉬운 일이 아니다. 부동산은 주식이나 가상화폐와는 달리 소액으로 투자를 할 수 없을 거라고 착각하는 경우가 많다. 하지만 나의 첫 부동산 투자도 1500만원이라는 많지 않은 금액으로 시작하였다. 물론 부동산 투자에서 1,500만원이 적은 금액이긴 하지만, 이마저도 부담스럽게 느끼는 경우도 있을 것이다.

정말 소액으로 투자한 경우를 예를 들어보려고 한다.

2019년 12월 지방 소도시 아파트를 구입한 적이 있다. 오랜 기간 동안 침체기를 가지고 상승장이 시작할 무렵, 매매가 1억 2,000만원 전세금 1억 2,000만원으로 투자금 250만원으로 집을 산 경우이다. 해당 아파트의 경우 2021년 7월 현재 1억 7,000만원 이상 거래되고 있다.

250만원이면 어떻게 보면 누구나 투자할 수 있는 금액으로 판단된다. 이렇듯 아파트 한 채를 사는데 꼭 많은 돈이 필요한 건 아니다. 부동산 투자도 공부만 충분히 된다면 필자처럼 적은 금액으로도 투자를 시작할 수 있다. 해당 아파트를 처분한 사람의 경우 가격상승보다는 가격하락을 예상했고 나중에 전세금을 반환해야 한다는 부담감으로 아파트를 처분했을 것이다. 하지만 가격상승을 확신한 필자의 경우 너무 좋은 조건으로 구입하는 계기가 되었다. 가격상승을 확신할 수 있었던 건 그동안 공부하고 해당 지역의 흐름을 지속적으로 알아본 결과 상승을 확신했기 때문이다.

시작은 어려울 수 있지만, 누구나 할 수 있는 게 부동산 투자이다. 조금만 부동산에 관심을 가지고 두려움만 이겨낸다면 지금도 소액으로 투자할 수 있는 곳은 많다.

돈이 나의 직원이 되게 만들어라!!

지금 우리는 자본주의 시대에 살고 있다.

월급만으로는 부자를 꿈꾸기란 쉽지는 않다.

하루빨리 부자가 되기 위해 서는 돈이 돈을 버는 시스템을 만들어야 한다.

현재 나의 직원(부동산)이 20명이 넘는다. 나는 지금 노동을 하지 않아도 나의 직원들은 나에게 돈을 벌어다 주고 있다. 이처럼 돈이 나의 직원이 되어 나에게 수익을 안겨 주는 구조를 만들어야 한다. 그래야 하루라도 빨리 경제적인 자유인으로 다가갈 수 있을 것이다.

사람들은 빨리 부자가 되기를 원한다. 그러기 위해서 반드시 선행해야 할 것은 아껴 쓰고, 저축해야 한다는 걸 명심해야 한다. 투자해서 운 좋게 돈을 벌었다고 하자, 그 돈을 현명하게 쓰지 않고 흥청망청 써 버린다면 투자해서 번 돈은 온데간데 없고 부의 축적으로 이어지지 못할 것이다.

사람들은 경제적 자유를 꿈꾼다. 나 역시 그들 중 한 사람이다. 꿈을 이루려고 노력 중에 있다.

열심히 벌고, 열심히 저축하고, 열심히 공부 해서 자본을 잘 활용할 수 있기를 바란다.

직장인의 월급만으로 자산을 증식해나가는 속도 보다 부동산 투자를 해서 자산이 증식되는 속도가 훨씬 빠르다. 이처럼 자본주의 사회에서는 가급적 이면 일찍 돈을 불리는 시스템을 만들어야 한다. 내가 잠든 시간에도 지속적으로 들어오는 돈이야말로 우리가 추구해야 할 진짜 부가 아닐까?

"난 돈이 없어 투자를 못 해, 일하느라 투자할 시간이 없어." 이런 생각은 접고 금융적(부동산) 자본 지식을 쌓고 투자 공부를 하길 바란다.

자본주의가 발달한 사회일수록 빈부격차의 양극화는 심하게 일어날 것이다.

평생 돈 버는 기계 돈의 노예로 살 것인지, 아니면 돈 버는 직원을 둔 자본가가 될 것인지 결정하라.

Chapter 6

인문학으로
모든 사람들이
행복한 세상을
꿈꾸다

최종환

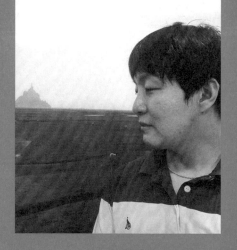

Choi Jong-hwan

고시준비를 하다 좌절하고, 건축현장 알바, 김치회사 배달 알바, 현대자동차, 중공업 알바, 한국수력원자력 인턴을 거치고 금융공기업에 입사하게 된다. 30대 중반부터, 거절하지 못하는 성격 때문에, 돈도 많이 못 받고, 귀가 얇아서 투자실패도 많이 경험하였다. 30대의 끝자락에 책을 써야겠다는 버킷리스트를 생각하고, 책 쓰기 공저과정에 참여하게 되었다.

인생에 큰 어려운 고비를 넘기고 책 덕분에 살았고, 책으로 세상을 바꾸는 일에 기여하는 삶을 살고자 한다. 코로나 시대에 물질적 풍요는 아니라도, 정신적 풍요를 누리는데 기여하고자 한다. 나의 비루한 한마디로 어려운 현실에 놓인 분들이 희망을 가지고 내일을 기대하게 만들 수 있도록 하루하루 내가 먼저 희망적인 사람으로 변화하고 있다.

현재 길생활을 한 고양이와 함께 살고 있다. 자연친화적 삶을 지향한다. 전인사대천명 초지일관이 좌우명이며, 고전의 말씀으로 사람을 살리는 메신저가 되기를 희망한다.

- 현) 금융공기업 직원
- 한양대학교 부동산 융합대학원 졸업
- 인문학 힐링 메신저로 세상을 바꾸는 것을 희망함
- 다수의 독서모임 참가중

01 ————

메신저를 꿈꾸다

2020년 삶의 의욕을 잃고 방황했던 작년이었다. 앞은 보이지 않았고, 괴로움에 술을 먹지 않고는 잠을 잘 수가 없었던 나날들이었다. 지금 생각해보면 정말 책이 없었다면 어떻게 그 시기를 이겼을까? 하는 생각이 든다. 그리고 그 책 중에서도 인문학 고전 서적들을 보면서 마음에 안정을 많이 얻었다. 어쩌면 이 세상에 없었을 수도 있었을 나는 이제는 내가 얻은 선험적 경험들을 바탕으로 다른 사람을 도와주는 삶을 사는 메신저의 삶도 꿈꾸게 되었다.

타인을 돕는다는 것, 나에겐 오래전부터 가지고 있었던 숙제 같은 이야기이다. 남들 돕기 좋아하고 베풀기 좋아하던 나였다. 그 때문에 손해도 많이 봤고, 아직 가지고 있는 경제적 어려움도 거기에서 발생한 것이다. 나는 영웅이 되고 싶었다. 나를 희생해서라도 타인을 위한 삶을 꿈꿔왔다. 하지만, 많은 사람들의 배신으로 나의 마음은 무너져 내렸고, 인문학 책이 아니었다면, 아직도 나는 사람들을 불신하고 있을지도 모른다. 역설적이게도 모진 고난이 나의 성장의 디딤돌이 되었다. 당연하게 생각한 월급을 내 마음대로 쓰지 못하는 생활을 하고 나니 나는 내 자신이 살아왔던 삶이 주체적이지 않았음을 깨달았다. 자존심은 있는데 자존감이 없는 삶, 속 빈 강정 같은 나였다. 대학원도 나오고 대기업을 다니지만 그런 건 나의 자존감에 아무런 도움을 주지 못했다. 깊이 있는 자아성찰은 인문학 책을 읽고 나에게 질문을 던지면서 시작되었다.

아직 부족하지만, 작년보다는 많이 성장했다고 생각한다. 지금 진행하고 있는 김형환 교수님의 1인기업 99기 수업이 지나고, 지금 적고 있는 메신저 공저과정은 내가 꿈꾸는 메신저로서의 새로운 삶을 열어줄 열쇠가 될 것 같아서 감사하다. 모든 것이 당연하다는 삶에서 벗어나 감사한 일들 풍년이다. 무엇보다도 부정적이었던 내 마음이 좋은 분들을 만나서, 좋은 책을 만나서 바뀜에 감사하다. 하필 독서모임이 금전적 대여로 나에게 피해를 입혔던 사람들을 만난 곳이라 지난 3년간은 책을 볼 수가 없었다.

내가 만일이라는 시를 적은 에밀리 디킨스의 마음으로 이제는 마음의 위안을 얻은 내가 다른 사람들의 마음에 평안을 줄 수 있다면 그런 삶도 나쁘지 않겠다는 생각이 들었다.

> 만일 내가 한 사람의 가슴앓이를 멈추게 할 수 있다면
> 나 헛되이 사는 것 아니리
> 누군가의 아픔을 덜어줄 수 있다면

혹은 기진맥진 지쳐있는 한 마리 울새를

둥지로 되돌아가게 할 수 있다면

나 헛되이 사는 것은 아니리.

타인의 고통을 이해하고 성장시켜 주는 상생하는 메신저를 꿈꾼다. 우산을 씌워주는 사람보다 타인의 아픔을 공감하며 함께 비를 맞는 사명으로 메신저가 될 것이다.

02

반드시
메신저가 된다

1983년 경주에서 한아이가 태어났다. 그 아이는 울지 않아서 어른들의 걱정을 끼쳤고, 어릴 때부터 잘 넘어져서 어른들의 걱정을 끼치는 아이였다. 나의 생애 첫 기억은 아마 4살 전후로 기억이 된다. 외가에 외할머니와 어머니에게 무당이 칼로 긋는 시늉을 하던 굿판이 생각이 난다. 아마 어린 나이에도 충격을 받아 자지러지게 울지 않았을까 하는 생각이 들었을 것이다. 아마 내 내면에는 외할머니와 어머니를 헤하려는 악당이 무당으로 보이지 않았을까 싶다. 4-5살 무렵 나는 경주에서 부모님을 따라 울산으로 이사를 하게 된다.

울산 복산동이란 곳에서 4가족은 단칸방에서 오순도순 살았고, 학교에 들어가기 전 아버지께서 병영이란 곳에 집을 지어서 우리도 우리집이 생기게 되었다.

아버지는 열심히 일하시는 분이셨다. 나는 지금도 아버지가 일요일에도 쉬는 것을 잘 보지 못했다. 부끄럽게도 나는 아버지의 부지런함은 물려받지 못했다. 어머니는 끔찍이도 나를 사랑하시는 분이였다. 세상 모든 사람들이 나에게 등을 돌려도 우리 어머니만큼은 언제나 내 편일 것이라는 확신이 있었다. 그리고 모든 남매가 그렇지만 여동생과 언제나 티격태격했던 나는 부유하진 않지만 행복한 일상을 보내고 있었다.

책은 초등학교 저학년 때부터 무척이나 좋아했었다. 수업시간에 몰래 다른 책을 보다가 선생님께 혼나기도 하고, 교실에 비에 젖은 참새를 잡아와서 풀어놓기도 하는 장난 끼 넘치는 학생이었던 기억이 난다. 다소 지금은 상상하지 못했을 정도로 초등학교 때는 활기찼던 모습이 기억이 난다.

인생에는 피할 수 없는 순간이 있다. 그 결과는 인생 전반에 큰 영향을 준다. 나에게 있어 그 순간은 초등학교 6학년 현충일 때 난 교통사고였다. 교통사고로 전치8주 진단을 받았지만, 나는 그 다음해에 졸업식까지 학교를 못 가게 된다. 그리고 자체장애5급을 진단받고, 나는 어떻게 세상을 살아야 하나 하는 고민을 하게 되었다.

모든 게 막막했다. 아픈 다리로 어떻게 살아야 할까? 하는 고민이 어린나이에도 상당히 있었을 것이다. 막연하게 나는 사람들을 도우면서 사는 것이 나의 가치이다. 타인을 돕는 영웅의 모습으로 이 세상을 살아가자하는 해답을 얻게 되었다.

처음에는 악을 무찌르고 선을 실천하는 영웅을 꿈꾸었지만, 나중에는 책으로 사람을 변화시키는 그런 사람이 되고 싶다는 막연한 꿈을 얻었다.

그래 책으로 세상을 바꾸는 일을 해보자. 몸이 불편하더라도, 책을 쓰고 책으로 강연하면 세상을 좀 더 살기 좋게 할 수 있겠지.

03

결국 책을 읽는다는 건 질문과 나에게 맞는 답을 찾는 과정이다

결국 책을 읽는 다는 건 질문과 나에게 맞는 답을 찾는 과정이다.

책을 읽는 다는 건 그 시대 가장 훌륭한 분들과 시대를 초월한 대화를 하는 일이다. 현대를 사는 우리는 우리가 가장 똑똑하고 진보되어 있다고 할 수 있지만, 진리는 변하지 않는다.

나는 책을 통해서 아고라에서 소피스트들의 말씀을 접할 수도 있고, 전쟁에서의 영웅들의 힘겨루기, 레미제라블에서 비참한 민중들의 분노도 느낄 수가 있었다. 책을 읽고 내가 저자였다면, 어떻게 행동했을까? 라는 거시적인 나의 질문부터, 이 책 문장은 이렇게도 해석되지 않을까? 하는 미시적인 질문도 나에게 던지곤 했었다.

읽음으로써 생각하게 만드는 힘을 가질 수 있었다. 책을 읽으면 통찰력이 생긴다. 여러 권을 많이 읽으면 배경지식이 더 생기게 되고, 그 배경지식은 아 그때 저자가 말하는 것이 이말 이었구나 하는 아르키메데스의 유레카 같은 깨달음을 준다. 저자의 숨은 의도를 깨달으면 너무나 행복하다. 논어에서는 "가장 지혜로운 사람과 가장 어리석은 사람은 변하지 않는다"는 이야기가 있다. 지혜로운 사람은 책을 통해서 지식을 지혜로 바꾸는 화학적 변화를 거쳤기 때문에, 자신이 중심이 서 있으므로 변하지가 않는다. 어리석은 사람은 변하고자 하는 목적을 가지지 않으므로 변하지가 않는다.

어리석은 사람은 절박함이 있어야 바뀔 수가 있다. 궁즉변 변즉통이라는 글이 있다. 궁하면 변하고 변하면 통한다는 이야기인데, 사실 나는 어리석은 사람이라고 생각한다. 책은 어릴 때부터 많이 읽었지만, 그 속에 있는 저자의 감추어진 의도를 파악하면서 읽는 것은 그리 오래되지 않았다. 몇 번의 인생에 큰일을 경험하고 나니 그전에 일반적으로만 보였던 문장이 나에게 새롭게 다가오기 시작했다. 궁하니 내가 변했고 변하니 그전보다 뛰어난 독서가가 되었다.

도스토옙스키가 죽음의 순간을 경험하고 대문호가 된 것처럼, 나에게 다가온 시련은 나를 구전보다 더 저자의 생각에 대해 생각하게 하는 독서가로 만들었다. 또한 지금은 읽는 것에서 벗어나, 책을 쓰는 신선한 시도는 멈춰있던 나의 심장을 다시 뛰게 했다.

책은 쓴다는 건, 나에게 20대와 30대를 걸친 내 인생 전반의 숙제이자 나의 버킷리스트이다. 이렇게 한자씩 적다보면 나만의 책이 나올 수도 있다는 생각에 설레고 가슴이 북받쳐 오른다. 책을 읽는 소비자의 입장에서 벗어나 생산자의 입장에서 더 성장하고, 부가가치 창출과 내 영향력을 향상시키는 수단이 된다. 비록 공저로 함께 참여해서 쓰는 것이지만, 이 책이 나오고 나면 나의 개인 책도 나올 것이고, 내가 하고자 하는 강연가로서의 삶에도 도움을 줄 수 있을 것이다.

책은 나의 영혼을 채우는 도구였다. 그전에는 친구들에게 나의 주관적 사견으로 읽은 책 이야기를 많이 했었다. 그런데 최근에 친구에게 말해준 나의 이야기가 엉터리가 상당히 많이 있었다는 것을 알게 되었다. 내가 잘못 말해준 정보가 타인에게는 잘못된 지식으로 인식된다는 것을 생각하기로 했다. 그건 책에 있는 작가의 의도를 곡해한 나의 실수였고, 다른 사람들의 지식성장을 방해하는 것이라는 반성이 들었다.

나는 고전인문학으로 세상을 바꾸고 싶다. 내가 변화한 것을 이야기 하고, 운동하면 근육이 생기는 것처럼, 책을 읽으면 나의 생각의 깊이가 깊어진다고 생각한다. 책에서 읽는 몰랐던 사실에 희열을 모든 사람들이 느꼈으면 좋겠다. 책을 읽고 실천하는 삶, 좋은 부모님, 좋은 직원, 좋은 친구, 책을 읽어서 답을 찾는 소중한 사회가 되었으면 한다.

현대사회에서도 인문학의 가치를 뛰어난 리더들은 알고 있다. 비록 고인이 되었지만, 애플의 창립자 스티브 잡스도 애플의 뛰어난 기술력과, 소크라테스와의 점심 식사를 바꾸는 것도 좋다는 글을 읽었다. 스티브 잡스는 인문학으로 유명한 리드 대학교에 입학해서 인문학에 흥미를 느끼고, 그가 접한 리드 대학교의 고전 100권 읽기 프로그램은 그가 나중에 애플의 혁신적인 제품들을 창조하는 것에 굉장한 도움을 주었다.

정치에서 정점을 찍은 미국의 전 대통령 버락 오바마나, 오마하의 현인 워런 버핏, 빌게이츠 같은 정치계나 경제계의 많은 사람들이 독서광으로 알려져 있다. 한국에서도 많은 리더들은 지금도 책을 읽고 있다.

부끄럽고 미치지 못하지만 독서에서 나의 롤 모델은 책벌레로 불렸던 조선후기의 실학자 이덕무이다. 책을 읽음으로써 풀려가는 지적욕구를 글을 쓰는 것으로 승화시키며, 나는 행복함을 느낀다. 글쓰기는 나의 내면의 치유도 함께 겸하고 있기 때문이다.

앞이 보이지 않는 인생에서 책을 읽으며 나는 인생에 답을 얻었다. 나의 소명은 세상을 좀 더 아름답게 만드는 강연가의 삶을 사는 것이다. 꿈이 있으니 매일이 행복하다.

책은 우물 안 개구리였던 나에게 넓은 세상이 있다는 것을 보여 준 사다리였다.

그리고 지구별에 아직 읽을 책이 많음에 감사하다.

04

마음에 평안을 주는
고전의 말씀을 전하는 일

나의 마음은 아직 정상이 아니다. 사람을 믿고 내 연봉의 갑절이 되는 돈을 못 받은 일. 결혼식장 까지 잡았던 미래를 끝내 무로 만들었던 일. 나도 많은 어려운 일들을 겪었다. 그럼에도 불구하고, 시간이 지남은 나의 고통은 그전보다는 더욱 연하게 변하였다.

누구나 힘든 시기가 지금인 것 같다. 자영업자들이나 회사원들, 정말 극소수의 부를 축적한 이들 말고는 다들 경제적 정신적 어려움을 겪고 있을 것이다.

나는 메신저로서 인생 2막을 가치 있는 고전에 말을 전달하고자 한다. 나에게 기회가 주어진다면 최선을 다해 사람들의 마음을 모으는 일을 하고 싶다. 지금은 tv에 나오지 않지만, 설민석씨가 입버릇처럼 했던 말이 난세에는 영웅이 등장한다는 것이었다.

비록 그 말이 역사적 사실이 아니더라도, 지금은 사람들의 마음을 다독여 줄 영웅이 절실히 필요하다. 타인의 아픔에 공감하고, 내가 가진 것을 나누어 줄 수 있는 삶, 그런 사람들이 많이 나와야 한다. 마더 테레사 수녀님이나 고인이 되신 이태석 신부님처럼 타인을 위하는 분들이 많아지면 좋겠다. 이에 미치지는 못하겠지만, 나도 그러한 삶을 살고 싶다.

답답한 빌딩 숲에서 벗어나 나무가 가득한 숲 사이 부는 청량한 바람 같은 말씀을 전하고 싶다.

헬조선이 아닌, 살만한 세상을 만드는 것. 거창하지만, 나는 세상을 바꾸고 싶다. 물질적인 풍요보다는 정신이 행복으로 충만해지는 삶. 서로가 서로를 미워하지 않고, 경쟁하지 않고, 상생하는, 자본주의와 다소 어울리지 않는 그런 정신적 문화가 융성한 나라가 되었으면 한다. 김구 선생님께서는 말씀하셨다.

나는 우리나라가 가장 부강한 나라가 되기를 원하지 않으며, 남을 침략하는 것을 원치 않는다. 오직 한없이 가지고 싶은 것은 높은 문화의 힘이다.

임마누엘 칸트는 말했다. 사람이 생명 유지를 위해 타고난 본능은 자연법칙과 같다. 하지만, 내 것이 있다고 하더라도, 굶주린 사람이 있다면 내 것을 양보할 수도 있다. 인간은 자연법칙을 벗어나는 선택을 할 수 있다. 인간은 본능적 욕망도 있지만, 자기 안에 있는 이성을 따르기 때문에 공동체의 일원으로서 책임과 의무를 다하고, 자기 이성의 주인이 되는 진정한 자유를 누리게 된다.

나의 이성은 온전히 나의 것이다. 폭정에 반대해서 발발했던 시민혁명이나, 노예제 해방을 위해 발생한 남북전쟁은 세상을 바꾸고자 하는 이성들이 모임으로 시작되게 되었다. 변화하려 하지 않는 삶은 가치가 없다. 인문학은 나태한 사람들에게 변화를 촉구한다.

나 역시도 변화하지 않는 삶을 지향했다. 피폐되어 있었던 나의 뇌는 변화를 수용하지 않았다. 쓰레기 더미가 되어버린 집, 타성에 젖어 영혼을 두고 육체만 움직이는 직장 내의 삶, 죽음까지 생각하게 한, 수많은 사람들의 배신. 나는 숨만 쉬고 있었지, 내 영혼은 죽어있었다. 그때의 나를 살게 한 수많은 인문학 책들의 문장들에게 감사하다. 사람은 파괴될지언정 패배하지 않는다. 나는 실수의 순간들이 많았지만, 패배하지는 않았다. 실수는 상황이고, 패배는 나의 인정이다. 내가 내 삶을 스스로 포기하지 않는 한 나는 패패하지 않을 것이다.

삶은 누가 만들어주는 것이 아니라 내 스스로 만드는 것이다. 그게 주체적 자아이다.

진정한 인문정신을 지식이 아니라 사람에 대한 예의와 가치의 탐색이고, 그것을 내 삶으로 실현하려는 힘이다.

공자는 군자가 되는 방법을 3가지로 말하였다. 첫째 생지지지다. 태어나면서 이미 군자가 된 사람이다. 천상천하유아독존을 말했던 부처님 정도나 될 것이다. 둘째 학이지지다. 책을 읽고 공부를 많이 해서 도달하는 경지이다. 셋째는 곤이지지이다. 많은 인생경험을 쌓고 터득한 교훈을 실천하는 사람이다.

다들 자기가 겪은 일들을 글로 적으면 한권 이상의 책이 나올 것이다. 내가 겪은 일을 디딤돌 삼아서, 성장의 발판으로 만들자. 회복탄력성을 가지자. 어떤 방법이든 군자의 삶을 살고 덕을 행하자. 내 삶에 주인이 나일 때, 하루하루가 온전하게 주체로서 나로 채워질 때 행복하다. 절대 흔들리지 말자. 당신은 누구보다 더 아름답다. 오늘부터라도 고전을 읽고하나씩이라도 내 삶에 적용하는 삶을 살자.

05 ──────

나에게로 여행을 떠나는 시간
-고전을 읽는 행복

하늘이 장차 사람에게 큰일을 맡기려 할 때는, 반드시 먼저 그의 마음을 괴롭히고, 몸을 지치게 하며, 배를 굶주리게 하고, 생활을 곤궁하게 하여, 행하는 일이 뜻과 같지 않게 한다는 맹자 고자편의 글이 있다.

내가 견딜 수 없는 사건이 터질 때마다, 이 글은 나에게 용기를 줬다. 사람들이 살아가면서 겪는 어려움들은 하늘이 인간에게 부여하는 기회라고 생각한다. 다양한 고난으로 사고의 폭이 넓어지고, 스스로를 향상 시키려고 하는 향상심이 생겨난다.

변하고자 하는 마음과 정체되어 있으려고 하는 마음, 대다수의 상황에서는 정체되어 있으려는 마음이 이기는데, 바뀌지 않으면 목숨까지도 잃을 수 있는 위기에 순간에서, 사람은 나를 내려놓고, 바꾸는데 온 노력을 다한다.

인생에는 꼭 해야만 하는 순간이 있다. 주사위는 던져졌다고 루비

콘 강을 건너면서 카이사르가 했던 말이나, 보장된 미래를 뒤로 하고 혁명을 부르짖은 체게바라가 대표적이라고 할 수 있다. 결코 패배할 수 없는 우리는 현재에 머물러 있지 않고, 미래를 보기 때문에 해야만 하고 꼭 해내야만 한다.

진인사대천명이라는 말이 있다. 인간으로서의 노력은 다하고 혹여나 결과가 마음에 들지 않더라도 안타까워 할 필요는 없다. 다소 운명론적인 이야기 일수도 있지만, 노력은 결코 배신하지 않는다. 혹여 결과가 만족스럽지 않더라도 그 만큼 나는 그전보다 성장해 있을 것이다. 공자가 논어 옹야편에서 제가 염유에게 말한 것처럼, 역량이 부족하면 반쯤 간 다음 멈출 수도 있다. 그러나 아예 갈 수 없다고 규정을 짓는 것은 옳지 못하다.

도는 완전함이다. 완전함을 바로 가질 수는 없다. 수많은 시행착오와 좌절을 견디며, 도는 서서히 다가온다. 도를 얻는 것, 글을 써서 책을 내는 것은 그래서 뼈를 깎는 노력이 필요하다. 완벽이라는 것은 없다. 한 글자 한 글자, 마라톤도 첫걸음부터 시작하듯이 시작하면 언젠가는 끝이 보이게 되어 있다. 결과가 만족스럽지 않다고 하면 어떤가? 결과로 가려는 당신의 과정은 당신을 그만큼 성장시킨다. 주저하지 말고 다이달로스의 생각을 하고 이카루스의 날개를 펴라.

나는 희망을 노래하고 싶다. 나의 비루한 말이 한사람이라도 희망을 갖게 만들었으면 좋겠다. 고전을 읽으면 좋겠다. 고전은 당신이 여행을 갈 때 당신의 머리 위에 환한 북극성처럼 바른길로 인도하는 길라잡이가 될 것이다.

마음에 울림이 있는 고전을 읽자. 위대한 리더들의 말씀으로 더욱 성장하자. 문명이 발달했지만, 역설적이게도 우리는 인간성이 상실된 시대에 살고 있다. 물질에서 정신으로 넘어가는 시대가 되어야 한다.

메신저는 고전으로 정신적 성숙이 되어 있어야 한다. 메신저는 타인의 대한 사랑이 있어야 한다. 축의 시대, 위대한 사상가들의 말처럼, 사람들을 포용할 수 있는 사람이 되자. 그게 우리였으면 좋겠다. 고전으로 함께 성장하자.

06

인문학은
실천의 학문이다

군자는 몸소 실천하는 사람이다는 묵자의 이야기가 있다. 군자는 수신의 요체는 말보다 실천을 하는 것이며, 그것이 인문학을 배우는 이유이다. 공자는 안 되는 것을 하는 미련한 사람으로 세간에 알려졌고, 소크라테스 또한 아테네의 젊은이들을 현혹시킨다는 이유로 목숨까지 잃었다. 그러나 그들은 세상을 위해서 자신의 배움을 실천에 옮긴 위대한 사상가들이다.

나는 매일 고민하곤 했다. 시작은 다람쥐 쳇바퀴 굴러가는 직장생활에 염증이었다. 그러한 고민은 내가 좋아하는 것이 무엇인지 생각하게 하였다. 글쓰기, 그리고 나는 강의 듣는 것을 좋아하였다. 타인을 위한 나의 경험을 글로써, 강연으로 세상을 변화시키는 것에 기여하고 살고 싶다는 생각이 들었다. 어린 시절 막연히 꿈꾸었던 사상가의 삶이 구체화되는 순간이었다. 아직은 명확하지는 않지만, 지금 적고 있는 이 글이 완성되고 책이 나온다면, 나의 생각이 조금은 더 구체화 되지 않을까 한다.

데카르트는 말했다. 나는 생각한다. 고로 나는 존재한다. 나는 여기에서 한 문장을 더 추가하고 싶다. 나는 책을 읽는다. 그리고 생각한다. 고로 나는 존재한다고 말이다.

책에는 실천하게 만드는 힘이 있다. 내가 느낀 것을 사람들에게 전달하는 것, 그리고 감동하고 수용할 사람이 세상에 한명이라도 있다면, 나는 헛된 행동을 하는 것이 아니다.

그 동안에 나는 행동을 하지 않는 소심한 아이었다. 데미안의 한 구절을 이야기 하려고 한다.

내 속에서 솟아나오려고 하는 것, 바로 그것을 나는 살아보려 했다. 왜 그것이 그토록 어려웠을까? 그것은 배운 것을 실천하지 않는 나에 대한 게으름과 나태에 대한 철퇴 같은 구절이었다.

사람이 책을 읽고 공부를 한다는 것은, 실천하기 위함인데. 나는 실학을 하지 않고 형이상학을 하고 있었다. 그래서 책에서 만나는 좋은 문장들을 내 삶에 적용시키는 삶을 살아가고자 했다.

실천을 꾸준히 하면 두려움이 없어지고 신념으로 변화된다. 결심하고 꾸준한 실천은 나의 성장을 도와주는데 항상 실천 안하고 결심만 하는 것이 일반적인 사람이다. 나도 그랬다. 그러나 기한을 정하고 일정을 관리하니 우물쭈물할 시간 따윈 없었다.

까르페디엠 현재를 사랑한다. 지난 나의 고난을 사랑한다. 나를 죽이지 못하는 고통은 나를 더 성장하게 한다. 나의 경쟁자는 어제의 나이다. 미래를 꿈꾸려면 현재를 경영해야 한다.

07

글쓰기는
누에가 고치를 뽑아내는
과정이다

누에가 뽕잎을 먹고 고치를 만들어서 실을 뽑는 것처럼, 책을 읽는 것은 뽕잎을 먹는 것이다. 책이라는 뽕잎을 먹는 과정을 거치고, 나만의 스토리로 고치를 뽑는 것처럼, 책이라는 수단으로 내 안에서 화학적 변화를 가지는 것이 중요하다.

뽑아낸 고치는 실로 변하고, 다양한 섬유의 소재가 된다.

세상에 거져 얻어지는 것은 없다. 책은 읽지 않고도 글은 쓸 수 있겠지만, 뽕잎을 배부르게 먹지 않은 누에는 양질의 고치를 뽑아낼 수가 없다.

그러나 모든 누에가 다 열심히 자신의 일을 하는 것은 아니다. 사람 역시 마찬가지다. 모든 일은 심리적 요인과 관련되어 있다. 몸이 아플 때나 마음이 힘들 때 마음대로 자신의 일이 잘 안되게 된다. 몸이 아플 때는 병원을 가서 아픈 몸을 낫게 할 수도 있지만, 마음이 아픈 것은 참 답이 없다. 심리상담 센터에 간다고 해도 당장에 나아지는 것이 아니다. 나 역시도 아픈 상황을 많이 겪었다. 그럴 때 책속에 소중한 문장 하나, 저자의 힘든 상황을 이기려는 의지가 보이는 것에, 동기부여를 많이 받았다.

이 글을 쓰는 것도 공감하고 소통하고, 타인에 대한 설득력이 뒷받침 되어야 한다.

고대 그리스 철학자 아리스토텔레스는 그의 책 수사학에서 설득의 기술을 이야기 하고 있다. 상대에게 강한 공감과 감동을 얻어낼 수 있는 설득의 요소는 바로 로고스, 파토스, 에토스이다.

먼저 로고스란 말, 진리, 논리, 법칙 등을 개념을 포함하고 있는 그리스어로서 여기서는 자신의 주장을 펼치는 데 요구되는 논리와 이상적인 근거를 말한다. 감정이 아닌, 사실의 전달이다. 파토스는 논리가 주가 아닌 감정이 주이다. 영화 굿 윌 헌팅에서 너의 잘못이 아니야 라고 말했던 심리학 교수의 말처럼, 심리학이나 상담학에서 많이 이용하는 말투가 파토스라고 할 수 있다. 마지막으로 에토스는 내가 타인으로부터 공감을 많이 얻고 존경을 받을 때 나의 말은 에토스라고 할 수 있다. 마음에 들지 않는 상대의 말은 공감을 일으키기가 힘들지만, 나에게 호감이 있는 청자가 있다면, 더 내 말에 대한 공감이 쉬울 것이다. 사회적으로 선한 영향력을 펼치고 있는 사람이나, 올바른 신념을 가지고 회사를 운영하는 사람의 말이 대표적으로 에토스라고 할 수 있다.

아리스토텔레스는 세 가지 모두 중요하지만 가장 중요한 것은 에토스라고 말했다. 우리가 누군가를 좋아하고 신뢰한다면 그 사람이 비록 논리가 약할지도, 나의 생각에 다소 다를지도, 그 것을 수용하는 것이 어렵지 않다. 그러기에 나도 아리스토텔레스의 말에 공감한다.

메신저는 에토스를 사용할 수 있어야 한다. 메신저는 타인에 대한 신뢰와 관심도 있어야 하지만, 타인에게 신뢰와 공감도 이끌어 낼 수 있어야 한다.

메신저에게 글쓰기 능력은 매우 중요하다. 이 글을 쓰면서 타인이 공감을 해줄 것인지 생각하는 글쓰기를 하니, 더 신경을 쓰게 된다. 나의 글은 다른 사람들과 차별화가 되어 있다. 내용적으로도 다를 수 있겠지만, 각자의 다양한 문체는 타인이 흉내를 내기 힘들다. 나는 나의 생각과 공감하는 글쓰기를 하지만, 동시에 나와 내 자신이 만나는 소중한 시간을 글쓰기를 하면서 가지고 있다. 자기치유라는 거창한 말은 아니더라도, 자아비판 정도는 되는 것 같다. 항상 나는 부족한데, 글을 쓰는 과정에서 더더욱 내가 부족함을 느낀다.

글을 잘 적는 사람이 말도 잘한다. 나의 언변이 부족함을 느끼고 글쓰기를 더 열심히 해야겠다는 생각이 들었다. 이 책이 완성된다면 나는 조금 더 성장해 있을 것이다.

혼자라는 생각이 들 때도 누군가 나를 사랑하는 이들이 많음에 많은 위로를 받았다. 가족, 친구들, 외부적인 요인들과 함께, 하루하루 올리는 블로그 글에 공감을 눌러주는 사람들에게 많은 고마움도 느꼈다.

당장에 독서를 시작하자. 누에가 뽕잎을 양껏 먹고 잠을 자는 것처럼, 마음에 드는 책을 다독하다 보면, 어느덧 글을 쓰고 싶은 욕망을 가질 것이다. 타인에게 공감을 이끌어낸다는 것은 오롯이 자신의 몫이지만, 내가 하고 있다는 즐기는 과정은, 내 삶을 조금 더 풍요롭게 만들 것이다. 그리고 변화하는 세상 속에서 온전히 자신을 지키는 힘은 독서에 있다.

자신 내면 안에 있는 각자의 데미안을 만나는 시간. 오늘 하루 자신이 즐기는 것을 하자.

마음먹은 대로 자신이 원하는 것을 하는 삶. 그것이 오늘보다 내일이 더 기대될 나의 작은몸부림이다.

08

죽음의 순간에
몽테뉴를 만나다

이 책을 쓰기 전 작년에 나는 자살을 생각했었다. 무엇도 내 마음대로 되지 않았고, 모든 것을 다 포기하고 싶었다. 울먹이며, 생명의 전화를 걸기도 했고, 자살 까페에 들어가서 자살에는 어떤 방법들이 있는지 검색도 했었다. 그만큼 작년에 나는 모든 순간에 대한 생각과 행동을 놓아버렸다. 부모님을 생각하고, 내가 케어 안하면 나와 같은 운명이 될 반려묘를 생각했었다. 지금이야 웃으면서 적고 있는 글이지만, 작년에 나는 그만큼 힘들었었다.

누구든지 자신의 인생은 귀중하다. 나와 같은 실수를 타인이 반복하게 하고 싶지 않았다.

나의 힘든 경험을 극복한 이야기를 타인에게 하고 싶었다. 그래서 나는 인문학 힐링 메신저가 되기로 결심했다.

내가 죽지 않고 살아있었던 가장 큰 이유는 바로 프랑스의 사상가 미셀 몽테뉴 덕분이다.

사람은 죽음을 당하거나, 스스로 죽음을 맞이한다. 인생은 내 마음대로 되는 것은 아니지만, 죽음은 나의 의지에 달려있다. 나는 자유롭고 싶었지만, 내 죽음의 선택에서 조차 자유롭고 싶지는 않았다. 몽테뉴가 한 질문처럼 나의 본질을 지키면서 죽음을 초월한 자유를 갈망했다. 내 삶은 나의 것이요. 내가 자신만의 삶을 산다는 것을 관조하고 관철하고 싶었다.

몽테뉴는 말하였다. "우리는 이것 또한 저것을 사랑할 수 있다. 하지만 우리 자신 말고는 다른 무엇과도 진짜로 결합될 수는 없다." "오직 너희 자신과만 결합하라."

나를 지키며 사는 삶, 그리고 타인에게도 지킬 수 있는 힘을 메시지로 전달하는 삶을 몽테뉴에게서 배웠다. 이 세상에서 가장 위대한 경험은 자기가 자기 자신임을 이해하는 것이다. 자신의 개성을 지키고 자신의 삶을 사는 것으로 고귀한 인간이 만들어진다.

나는 사랑하고 위로하고 위로받고 소통하는 인간으로 살기로 했다.

나의 지식과 경험을 나누기로 했다. 내 열정과 목적이 이끄는 삶으로 살기로 했다. 타인에 성공에 기여하는 삶을 살기로 했다. 만약 이것이 다 충족된다면 나의 삶은 의미도 있고, 물질적인 만족도 충족이 되는 삶으로 탈바꿈될 것이다.

나 자신을 늘 경계하고 성찰하는 삶. 선한 영향력으로 사색하고 나눌 수 있는 이야기로 수많은 이들과 함께 동행 하고 싶다. 나는 살아있다. 나는 꿈이 있다. 사람들이 희망을 가질 수 있다면 나의 글쓰기는 언제나 계속 될 것이다.

09

숙고하지 않는 삶은
의미가 없다

몰입하는 삶은 의미가 있다.

성찰 반성 숙고만이 인간만이 가진 고유한 능력이다. 고로 숙고, 성찰, 반성하지 않는 삶은 인간이길 포기한 것이며, 살 가치가 없다고 소크라테스는 말했다. 인간에게 가장 소중한 일은 언제나 탁월함에 대해 논하고 자신과 이웃을 성찰하는 것이다.

이것이야 말로 진정한 메신저 정신이라고 생각한다. 책을 읽는다. 숙고 성찰 반성을 한다.

나의 내면이 그 만큼 향상되고, 의식은 확장된다. 자연스럽게 타인을 성찰할 힘을 가지게 된다.

소크라테스는 사랑이 있었다. 자기보다 더 젊은이들을 교육시키는 것을 잘하는 사람이 없는지 찾아보기도 했고, 자신이 무지하다는 것을 깨달으며, 가장 똑똑한 사람이 되었다.

지혜의 바다로 나아가는 일은, 자신을 인정하는 것이 첫 번째라 여기고, 첫째 자신의 무지를 깨달아라, 둘째 산파술로 질문하면서 로고스를 이끌어내고 무지를 자각하게 하였다.

많은 사람들의 지적 성장과, 아테네의 많은 사람들의 행복을 바랐다.

결국 자신의 무지를 인정하지 못한 사람들에게 죽임을 당했지만, 소크라테스의 말은 지금 현세에까지 전해져 생명력을 더하고 있다.

나는 아포리즘의 힘을 믿는다. 아포리즘이란 인생에 깊은 체험과 깨달음을 통해 얻은 진리를 간결하고 압축적으로 기록한 명상물이다.

또한 아포리즘은 깊은 체험적 진리를 간결하고 압축된 형식으로 나타낸 짧은 글을 말하는데, 이것은 그러한 통찰력 있는 현인들의 문장들과 삶의 고난과 역경 속에서도 나 자신과 세상을 사랑하고, 최선의 길로 나아갈 수 있도록 이끈다.

많은 문장 속에서도 자신의 문장을 찾아내는 일은 귀중하다. 초지일관으로 책을 읽는 목적은 자신의 문장을 찾는 과정이어야 한다. 우리 인간은 꿈 없이 살수 없는 꿈꾸는 존재이다. 소중한 당신만의 문장은 당신의 꿈에 한 발짝 더 다가가는 기적을 선물할 것이다.

지금 현재 나의 위치가 바닥이라면, 나는 이제 올라갈 일만 남은 것이다. 당신은 메트릭스의 네오처럼 선택할 수 있다. 현재의 안락함을 즐길 것인지? 아니면 변화를 위해 내 삶의 주인으로써 현실과 싸울 것인지?

나를 이기는 힘이 책이었으면 좋겠다. 당신의 삶의 변화를 바라는 것이 적극적이었으면 좋겠다. 징기즈칸도, 나폴레옹도 알렉산드로스도 자신을 이김으로 수많은 영토의 지배자가 될 수 있었다.

자신을 성찰하자. 자신을 사랑하자. 책을 읽자. 당신의 인생은 변한다. 현재 순간에 충실하자. 몰입하자. 글을 쓰는 것은 생동감 넘치는 몰입을 요하는 과정이다. 현재 당신의 위기는 당신을 보다 더 몰입하게 만들 것이다. 마라토너에게 생겨나는 러너즈 하이 같은 경험을 당신은, 몰입하면서 느낄 수도 있다.

변화하자. 같이 변화하자. 현실이라는 가혹함에서 당신은 카멜레온처럼, 다양한 순간에 다양한 색깔로 변신할 수 있어야 한다. 나는 알고 있다. 당신이 변할 수 있음을. 내가 그랬듯이. 나는 사랑한다. 숙고하고 몰입하는 나의 삶을.

10

문장은 도끼다

연탄재 함부로 차지 마라. 너는 누구에게라도 따듯한 사람이었느냐. 내가 누군가에게 따듯한 사람이었을까 반성하고 읽게 되는 안도현 시인의 연탄재이다. 나는 진정으로 누군가에게 따듯한 사람이었을까? 따듯했을 수도 있고 아닐 수도 있다. 다만 나는 따듯함을 가지려고 노력했던 사람이다. 이게 인문정신이다. 사람이 중심이 되는 생각. 고도화된 문명 속에서도, 사람은 그만큼 소외되어 왔는데, 이제는 다시 사람이 중심이 되는 세상을 꿈꾸고 있다. AI가 딥러닝을 하고 가장 최적의 답을 내린다면, 우리는 현실에서 우리의 시간을 더 확보하여 더욱 풍요로운 시간을 가질 수도 있다. 메타버스란 단어가 요즘 인기이다. 가상과 현실의 결합이다. 현실에 만족을 못해서 가상현실에 열광한다고 생각할 수도 있지만, 획일화된 인간관계를 벗어나 사이버 공간에서 새로운 사람을 만나고 싶은 욕구도 있을 것이다. 사람은 사회적동물이다.

장자는 호접몽에서 말하고 있다. 내가 꿈에서 나비가 되었는데, 지금 현재에 나는 그냥 나였다. 장자가 말한 호접몽의 경험은 다른 차원의 존재를 말한다. 우리는 3차원의 공간을 살면서 4차원의 시간에 따라서 존재한다. 나와 다른 존재는 타자이다. 타자와의 관계에 따라서 어떤 때는 나비일 수 있고, 어떤 때는 내가 되는 것이다. 또 장자는 말하였다. 타자와 더불어 봄이 된다고 말이다. 타자에게 즐거운 연대의 가능성을 실천하는 일. 메타버스란 공간은 장자가 말한 호접몽이 실현되고, 타자와 더불어 봄이 될 수도 있는 공간으로 만들 수 있지 않을까 하는 생각이 들었다. 그야말로 차가운 기술과 따뜻한 인간들과의 결합이다.

책에서 나오는 문장들은 참 우리 마음에 울림을 주어야 한다. 예전 카프카의 한 문장으로 제목을 쓴 책은 도끼다는 책이 한동안 베스트셀러가 된 적이 있었다. 책은 얼어붙은 우리 내면의 얼어붙은 바다를 깨드리는 도끼의 역할을 해야 한다. 나는 여기서 더 나아가서 문장은 도끼라고 바꾸고 싶다. 책 중에서도 울림은 주는 책은 많지만, 그 시작은 단연컨대 문장이라고 생각한다. 책 한권에 내 마음에 드는 문장이 한 개 두 개만 있더라도 그 책은 나에게 충분한 생명력을 선물한 것이다. 내 마음에 드는 문장을 찾는 시간을 가지자. 그리고 그 문장을 마음에 새기고, 실천하자. 책을 읽는 당신은 아마 책으로 더욱 성장하기를 바라는 사람일 것이다. 문장으로 성장하자. 변화의 엔진으로, 문장을 활용하자. 변화하는 세상 속에서 변하지 않는 문장으로 매일 성장할 당신은 누구보다 더 앞서 갈 리더가 될 것이다.

11

삶과 인문학은 하나다

몇 달 뒤면 40살이 된다. 글을 쓰는 것과 무관한 직업이지만, 이제는 글을 쓰면서 나를 증명하고자 한다. 부끄럽지만, 지난날의 좌절은 뒤로 하고, 이제는 인문학 힐링 메신저로써 수많은 사람들에게 인문학 말씀에 체득한 모습을 보여주려고 한다. 좌절과 상처의 연속이었지만, 패배하지는 않았다. 조개가 이물질을 체액과 결합시켜 진주를 만들어내듯이 지난 상처는 나에게 새로운 꿈을 안겨주었다. 나는 링컨의 말처럼 느리게 걸을지라도, 결코 뒤로 걷진 않을 것이다. 인문학으로 메타인지의 단계로 나아간다.

밥을 먹는 것처럼 자연스럽게 책을 읽는다. 생각하고 책을 읽으며, 사색하면서 책의 내용을 다시 반추한다. 자연스럽게 책의 내용을 내 삶의 자양분으로 삼는다. 가슴 뛰는 훌륭한 삶이다. 미네르바의 올빼미는 황혼이 저물어야 그 날개를 펼친다고 했는데, 인생에 시련이 지난 뒤 나의 날개가 무엇인지 알게 되었다. 나의 날개는 희망이다. 나의 체험을 바탕으로 고난을 극복하고, 책으로 변하지 않는 가치를 이야기할 것이다. 풀무질 두드림 담금질의 과정을 거치지 않는다면 좋은 철제품이 나올 수 없다. 아직 나는 메신저가 아니고 메신저 지망생이나, 견습생 정도에 불과하지만, 메신저랑 목적을 가지고 하는 독서와 글쓰기는 나를 더욱 성장시킬 것이다.

할 수 있다. 지금 이 책을 읽고 있는 당신은, 이미 삶의 변화를 원하는 사람이다. 최첨단 기술 시대에 살아도, 전염병을 아직 완전히 막지 못하고, AI 시대에 오히려 인간 본연의 따뜻함이 더욱 필요한 요즘이다.

예전에 사놓아서 읽을까 말까 고민 한 책 한권 정도는 책장에 있을 것이다. 철학이든, 문학이든, 오래된 책이든 새 책이든 상관없다. 책을 펼쳐서 한 장 한 장 넘겨보자. 그렇게 한권부터, 오늘부터 시작하자.

Chapter 7

멈추지 않고
나아갈 수 있는 힘
"독서"

케이트

Kate

워크와 라이프의 밸런스를 소중히 생각하며, "정직함"을 나를 대표하는 키워드로 여기고 "정직"의 고귀함을 사랑하는 사람.
잘생기고 키큰 미국인 연하 남편을 둔 능력자이자, 2마리의 고양이(밤이, 르노어)의 집사이자 눈에 넣어도 안 아픈 우리 딸 토리(강아지,말티즈)의 엄마.
20살때부터 영어학원 현장에서 일을 시작하며 경력 10년이 넘는 경력자. 엄청난 카리스마로 그 에너지 감당이 안될 정도로 뛰어난 강의력의 소유자.
인사드립니다.
"안녕하세요! 만나서 반갑습니다. 저는 케이트라고 합니다. 짧지만 솔직하게 글을 담아봤습니다. 이제 제 이야기를 시작합니다."

• 국민대 영어영문학과 졸업
• 연세대학교 TESOL 2급과정 자격증
• CALIFORNIA STATE UNIVERSITY, LONG BEACH(College of Communicating and Professinal education) TESOL 프로그램 자격인증
• 진로진학상담사 3급자격인증서(한국교육정보진흥협회 / 한국교육컨설턴트협의회)
• 영어교육에 10년이상 몸 담은 현직 영어강사겸 원장(10년이면 영어자료/노하우 엄청 많습니다)
• 현) 중계케이트영어학원 원장
• 블로그 : http://blog.naver.com/01199772443 (중계케이트영어학원)
• 티쳐블 : http://kate-english-school.teachable.com

학생들과 함께 하는
삶 속에서 발견한
메신저로서의 나의 소명

책을 읽으면 좋다는 것은 수도 없이 많이 들었을 것이다. 남들이 아무리 좋다한들 나에게 효과가 없으면 무슨 소용이겠는가? 나에게는 통하지 않을 것 같던 책의 효과가 게을렀던 나에게도 여지없이 나타났다. 책을 읽으니 아이디어가 샘솟고, 지식이 쌓이고, 나의 삶의 목적을 조금씩 변화하게 만들어 주었다.

책을 읽기 전, 아이들을 항상 상대하는 직업을 가진 나로서, 내가 나 스스로를 정의할 때 오로지 나는 영어강사로 정의해 왔다. "안녕하세요. 중계동에서 영어 학원을 운영하고 10년 이상을 영어강의를 해온 케이트입니다"라고 말이다. 그러나 책을 통해 나와 같이 평범했던 사람들이 자기규정을 다시 하고 세상이 나에게는 주지 않았다고 생각했던 기회들을 책을 읽으므로써 세상이 줄 수 없던 더 큰 기회들을 내가 나 스스로에게 부여하니 말이다.

보통은 처음부터 자기가 자기 스스로에게 "메신저"가 되겠다는 생각을 하며 시작하지는 않을 거라 생각한다. 책을 읽고 글을 쓰기 전만 해도 "내가 메신저라니? 지식과 경험을 남에게 전달하는 사람들은 자기 삶에서 엄청난 고난과 고통을 통해 남들은 이뤄낼 수 없는 성취를 한 사람만이 가능한 거야."라는 생각이 들었으니 말이다.

그러나 책을 읽고 글을 써보니 30년 정도 살아온 내 삶을 비춰보는 시간을 갖게 되었다. 내가 왜 동기 부여 책을 좋아하고 있는지 가만히 앉아 생각을 해보니 학생들에게 동기부여를 주고 싶은 마음에서 시작이 되었다는 생각이 문득 떠올랐다. 학업에 지친 학생들을 매일 바라보고 있으면 참 마음이 복잡하다. 공부만이 살길이라며 맘껏 뛰어놀고 싶은 마음은 뒤로한 채 책상 앞에 앉아 공부를 하는 아이들. 그렇다고 해서 모두가 성적이 잘 나오는 것이 또한 아니기에 더 마음이 아프다. 잘하는 학생들은 잘하는 학생들대로 성적이 낮은 학생은 낮은 대로 학생들마다 모두가 학업에 대한 스트레스와 우울감을 가지고 있다. 학생들의 이야기를 나누며 그들의 이야기를 들어보고 있으면 안타까움이 들고 슬프기도 하고 답답하기도 하다. 각자의 여러 이야기가 있지만 보통의 우리 아이들의 이야기는 이와 같다. 학업 때문에 스트레스를 받으면서도 공부하지 않는 자기 자신을 보고 스스로에게 실망을 한다. 나름 열심히 한다고 했는데 성적이 나오지 않으면 그럴 때마다 부모님께 죄송함을 느끼며 자책을 하고 죄의식까지 느끼기도 한다. 때로는 왜 이런 공부를 해야 하는지 그 자체에 대해서 이유를 찾지 못해 하기 싫은 일을 억지로 하는 학생들도 있다. 이렇게 마음이 닫히고 마음이 아픈 채로 우리 학생들은 자신의 직업인 공부를 하게 된다. 어른들도 똑같다. 내가 어떤 일을 직업으로 하고 있으면서 왜 이 일을 하고 있는가? 이 일이 정말 나에게 중요한가? 스스로의 직업과 일에 목적을 모른 채 일을 한다면 매일매일이 고통스러울 것이다.

우리 학생들도 그러하다. 초등학교 1학년부터 고등학교 3학년까지 언 12년을 "공부"와 "학업"이라는 틀 안에서 생활해야 하는데 목적이 없는 채 진행한다면 얼마나 고난스러운 하루하루를 보내는 것일까!

초등학교 때에는 나가서 뛰어놀고 싶은 때이고 중학교 때는 사춘기에 들어서면서 자신의 자아에 대한 질문을 하며 혼란스러워할 때이며 고등학교 때는 미래에 대해 걱정과 고민이 많을 때이다.

무조건 1등을 하라고 하는 것이 아니다. 학생이라면 학생의 기본소양을 지켜 학교생활을 자기 스스로에게 부끄럼 없이 성실히 임하고 나의 미래를 위해 하루하루 쌓아나가는 경험의 시간을 보내야한다. 내가 관심이 있는 게 무엇인지를 정의하고 그 일을 위해 내가 어떤 공부를 해나가야 하는지 스스로가 깨닫는 순간 동기부여가 자연스럽게 형성이 된다.

"너 공부 왜하니?"라는 질문에 답을 할 수 없다는 자체가 우리 학생들에게는 고통이다. 나는 이 힘든 공부를 왜 하는 것일까? 나는 이토록 공부가 왜 하기 싫은 것일까? 이런 고민 끝에 포기해버리거나 이유와 영문을 모른 채 그냥 하루하루 보내기가 부지기수이다.

이런 이야기들을 마주할 때마다 나는 내가 더 정신을 차려야겠다는 생각이 들었다. 아이들의 이야기를 듣고 그냥 "그럼에도 불구하고 그냥 공부해!"라고만 말하고 싶지 않았기 때문이었을까. 나는 더 책을 읽으며 답을 찾아나가려고 했던 것 같다. 내가 청소년기에 겪었던 같은 고민들, 내 친구들이 겪었단 그 아픔들을 시간이 지나도 우리 아이들은 고스란히 같은 문제로 고민하고 있으니 말이다.

이런 학생들은 10년 이상 함께해 오다 보니 어쩌면 내가 알게 모르게 메신저의 역할을 하고 있었다는 것이다. 나 또한 스스로에게 "내가 무슨 메신저야?" 라는 생각이었지만 책을 읽고 글을 쓰며 사람들을 만나 배우고 간접경험을 하다
보니 "아! 누구나 메신저가 될 수 있고 어쩌면 그들도 메신저였어!" 라는 큰 깨달음을 얻게 되었다.

그 순간 마음이 참으로 감사해지면서 "영어강사"로만 소개했던 나 자신을 다시금 정의할 수 있게 되었다. "안녕하세요! 저는 OO이가 영어 공부를 "왜" 해야 하는지 이유를 알게 해주어 목적 있는 영어공부를 하도록 만들어주는 원장 케이트라고 합니다."

02

미래를 향한 두려움보다는
이제는 기대함으로

지나고 보니 낭비했던 시간들이 너무 많았다. 지금에서 돌이켜보니 그때 내가 "책이라도 많이 읽었더라면."이라는 후회가 막심하다. 그때 내가 자기계발 서적들을 지금처럼 많이 읽고, 동기부여 강연들을 들으며, 또한 사람들이 자신의 삶을 바탕으로 조언을 해주는 글과 영상들을 그때 많이 봤더라면. 지금은 조금 더 달라지지 않았을까.라는 후회가 들기도 한다.

그러나 후회하기에는 삶은 너무 빠르게 지나간다. 지난 3년간 깊이 있는 독서를 통해 거인들을 만나고, 영상을 통해 그들의 이야기를 생생하게 전달받으니, 지금이라도 내가 이렇게 동기부여를 받으며, 영감을 받고 나 또한 사람들에게 용기를 주고 그들처럼 되고 싶다는 생각이 드니 말이다.

20살 때부터 학원 업계에 처음 들어와 지금 34살이 되어 언 10년 이상을 영어교육업계에서 일을 했다. 그런 오래된 경험들을 바탕으로 나는 아마 깊이있는 독서를 하지 않았어도 나는 지금처럼 분명 어느 정도 성공가도에 올라왔을 것이다. 그렇다면 나는 "책을 읽고 거인들을 만나면서" 무엇이 달라졌을까?

나는 책을 통해 내 삶에 "왜"라는 이유를 찾아내는데 큰 도움이 되었다. 내가 왜 이 일을 해야 하는지, 이 일을 내가 왜 하고 있는지, 나의 사명은 무엇인지, 나는 누구이며 나는 앞으로 어떤 삶을 살고 싶은지에 대한 질문의 답을 말이다. 그러나 나는 아직도 나의 미래에 대해서 불안함을 느낄 때가 종종 있다. 그 알 수 없는 미지의 공간을 생각할 때마다 때론 두렵기도 하다. 여전히 나는 미래를 생각할 때 두렵지만 그래도 10대, 20대 때, 그 예전처럼 느꼈던 깊은 답답함은 없다. 책을 통해 자아를 발견하고, 지혜를 발견하고, 그리고 희망과 긍정의 힘으로 도전하고 싶다는 열망을 더 많이 느꼈기 때문이다.

이 글은 어쩌면 청년들을 위한 글이다. 필자가 짧지만 그래도 폭풍같은 혼란의 20대를 지나 30대 초반이 끝난 이 시점에서 여러분들에게 전하고 싶은 글이다.

젊은 사람들은 바쁘다. 빠르게 변화하며 유동적이다. 빠르게 성장하며 또한 흡수력도 대단하다. 20대가 되면서 성인이 된 청년들은 전공 지식을 포함한 학업에, 또는 전문 기술을 배우며 일터에, 또한 아르바이트를 시작하게 되고 연애를 시작하며 자신의 또 다른 삶의 챕터를 시작하게 된다. 그렇게 새로운 인생의 막을 열어 살다 보면 "왜" 라는 이유를 놓치며 살기 쉽다. 물론 나 또한 그랬다.

　행동에 이유를 찾고 목적을 찾아서 의미 있게 시작하기보다는, 남들이 다 한다는 이유로 같은 일을 하며, 그 안에서 또 경쟁을 했다. 잘하지 못할 때마다 나는 나를 꾸짖고 자책했다. 목적이 없기에 또한 이유를 모르기에 혼란스러운 상태였지만 잘 해내고 싶은 욕심도 있었다. 그러나 실행이 부족했던 나였다. 남들은 충분하다고 말해도 나보다 더 가진 사람들과 비교를 하며 부족함을 느끼고 항상 불안했던 나였다. 때로는 아무 이유 없는 질투심에 혼자 속상했던 때가 있었고, 마냥 남들을 부러워하며 보낸 지난 세월도 있었다.

　20대 초반 때는 어른들의 탓으로 돌리고, 정부를 비판하며 일등만 기억하는 사회라며 부정적인 마음을 먹기 일 수였다. 내 안에서 답을 찾지 않고 다른 곳에서 비난의 이유를 찾으려 했다. 나의 20대 초반, 그때는 외로웠고, 작은 일에도 쉽게 좌절했고, 불안해했다. 답을 찾고 싶었다. 미래를 향한 불확실함 때문에 더욱더 답을 찾고 싶었다. 어쩌면 그때의 나는 지금의 여러분의 20대와 닮아있을 수 있다.

　그런데 책을 읽으니 달라졌다. 책에는 작가마다 저마다 하고 싶은 말들이 고스란히 적혀있다. 정보를 주는 책이어도 작가가 하고자 하는 이야기는 책 안에 항상 존재한다. 자신들의 이야기가 들어있다. 그들은 여러분보다 훨씬 이전에 여러분이 앞으로 겪어야 할 일들을 겪었고, 각자의 답을 찾으려 시간을 보냈으며, 결국 답을 찾았다. 그들은 여러분보다 더 많이 아파했고, 더 오래 아파했으며, 여러 다양한 성공과 실패의 경험을 통해 내공이 있는 사람들이다. 그런 그들이 먼저 살아온 삶의 지혜를 단돈 만 원 정도로 접할 수 있다니 어찌 기쁘지 아니한가! 어찌 책을 안 읽을 수 있단 말인가.

고민이 있는 이들은 책을 읽어야 한다. 걱정이 있는 이들은 책을 읽어야 한다. 지혜를 얻고 싶다면 책을 읽어야 하고, 거인의 어깨에 타고 싶다면 책을 읽어야 한다. 책을 읽으면 엄청난 아이디어들이 떠오른다. 평소에는 그저 고민으로만 가지고 있던 질문들이 책을 읽으면서 고민이 풀리기 시작한다.

내 고민과 책의 내용이 똑같지 않았는데도 나는 답을 찾아나갔다. 또한, 책을 읽는다는 것은 나만의 시간을 갖는다는 의미가 된다. 마음속 얽혀있는 실타래를 억지로 풀려 하지 않고 온전히 나만의 시간을 가지면서 책을 통해 자연스럽게 그리고 아주 지혜롭게 풀 수 있다는 것이다.

젊은이들이여! 무엇을 해야 할지 모르겠다면 책을 읽어라. 필자가 20대인 그대의 나이라면, 가진 돈을 다 털어서라도 책을 사서 읽을 것이다. 돈이 부족하다면 도서관에 가서 읽고 싶은 책들을 잔뜩 골라 읽을 것이다.

책 속에 답이 있다. 당신의 열쇠는 책에서 공짜로 얻을 수 있다. 그러니 책을 읽자!

03

꿈과 목표를
종이 위에 적는 것

2020년 9월 공부방을 나와 중계동 은행사거리에 학원을 차리고 월 매출 목표를 2,000만 원으로 적었다. 월 화 목 금 4일 동안만 일하며 기본적으로 하루 4-5시간씩만 일하면서 매달 2천만 원씩 수입을 낸다는 건 쉽지 않은 일이었지만 그래도 목표매출로 적어보았다. 따지고 보면 하루 24시간 중에 5시간만 일한다는 것은 나만의 시간이 하루에 19시간이 주어진다는 것이다. 오로지 주 20시간 일하고 일주일에 500만 원씩 번다니 그게 말이 되는가?

스스로 터무니없다고 생각하면서도 목표는 크게 가져보자 생각을 했다. 그때는 3p 바인더(스케줄러)를 쓰고 있었던 때라 바인더를 쓸 때마다 매번 윗부분 남는 공간에 "나는 일주일에 20시간 일하면서 2,000만원을 버는 워라벨(워크 라이프 밸런스)을 지키는 행복한 사람이다." 라고 매번 썼다. 숫자 2,000을 계속 적어 나갔다. 학원을 차리고 3달도 안된 채 나는 월 매출 2,000을 찍었다. 그때 당시 내 나이는 만으로 31살이었다. 글을 쓰고 있는 현재 내 냉장고 위에는 월 매출 4,000만원 달성하자!!! 라고 적혀있다.

누군가에게 4,000만 원이라는 숫자는 적을 수 있지만 나는 적게 일하면서 많이 벌고 싶어 하는 편에 속하니 스스로에게는 큰 숫자였다.

그런데 신기한 일이 일어났다. 이 글을 쓰기 2주 전 나는 냉장고 4,000이라는 숫자를 적어놓기 시작했는데 적을 때 부터 4,000이라는 숫자는 스스로에게도 아직도 적응이 안 되는 큰 숫자였다. 때로는 손님들이 집에 놀러 오면, 냉장고 위에 적어놓은 A4 용지를 살짝 접어 테이프로 붙여놓고 사람들이 보지 못하게 했다. 그러나 종종 삐져나온 숫자를 적힌 종이를 보곤 친구들이나 손님들은 "케이트! 4,000만원 목표, 너무 멋지고 대단하다!" 라고 말해주곤 했다. 그때 마다 나는 "그냥 적어 놓은 거에요. 에이 4,000은 말이 안 되죠" 라며 부끄러움에 스스로 어쩔 줄 몰라 했다. 그런데 2주가 지나니 정말 신기하게도 내 마음에 4,000이라는 숫자가 어느새 자리 잡은 듯, 불현듯 이런 생각이 떠올랐다.

"내가 4,000만원을 벌기로 목표를 세웠는데 그럼 4,000을 벌려면 무엇을 하면 될까?"

처음에는 말도 안 되는 숫자 같고 넘을 수 없는 벽의 숫자와 같았지만 2주 동안 오다가다 본 그 종이 위에 글자와 숫자들이 이제는 나의 잠재의식에 스며들어 "4,000"이라는 그 어마어마한 숫자를 점차 받아들이고 그 목표를 위해 무엇을 하면 좋을까 고민하고 있으니 말이다. 처음 그 숫자를 종이 위에 적고 붙였을 때는 "내가 어떻게 해야 목표에 달성 할 수 있을까? 무엇을 하면 좋을까?" 라는 생각조차 들지도 않았다. 터무니없는 숫자라는 생각이 먼저였고 "일을 더 많이 해야지 벌수 있는 금액 아닐까?" 라는 생각에 뭔가 불편하고 마주하고 싶지 않은 숫자였다. 나는 일도 중요하지만 나만의 시간을 갖는 것도 아주 중요하게 생각하기 때문에 월화목금 하루 5시간을 놓치고 싶지 않았기 때문이다. 그러나 나는 책을 통해 "종이위에 기적! 쓰면 이루어진다."를 배웠다. 불편하지만 적어 내려갔다. 그런데 나도 믿지 못할 정도로 그 어려웠던 숫자가, 아무 생각도 들지 않았던 숫자가 오다가다 몇 번 보면서 2주가 지났을 뿐인데, 어느 날 부터 내 뇌가 앞으로 내가 그 목표를 위해 무엇을 해야 할지 고민을 하고 있다는 것이다.

목표를 적어놓지 않았을 때, 현실에 그저 만족할 때에 나는 그저 하루를 살기만 했다. 그러나 목표를 적어놓고 외친 후에는 시간을 쪼개어 미래를 위해 무엇을 할 수 있을까 고민하며 탐구한다. "어떻게 하면?" 이라는 질문을 두고 생각하고 생각한다. 생각은 곧 언어로 만들어지고 그 언어는 자연스럽게 행동으로 나타나며 행동은 곧 나를 보여 준다고 한다.

이제 나는 내가 처한 현실에 만족하며 정체되어 살지 않는다. 목표를 달성하면 또 다른 목표를 세우고 도전하고 경험하고 나아간다. 그 안에는 실패와 좌절 그리고 나만의 아픈 큰 문제점인 "다음에하자" 마인드도 고스란히 있다.

그러나 나는 나아갈 것이다. 아니 나아가고 있다.

만 나이 32세의 나는 이렇게 전진한다. 오늘도 남들이 보기엔 허황된 꿈이라 생각 할 수 있는 목표를 적어본다. 내 나이 40이 되었을 때 나는 1억 매출을 달성하는 중소기업(?)의 사장이 되어있기를 꿈꾼다. 학생들에게는 영어를 통해 미래를 열어주고, 청년들에게는 직업을 주며, 학원 원장님들에게는 20년간의 성공과 실패를 전달하며 경영을 알려주는 그런 원장 말이다. 남들은 이미 모든 것을 이뤘을 때 글을 쓰지만 나는 어렸을 때부터 그 과정을 기록하는 자가 되고 싶다. 부끄럽지만 도전하고 싶다. 이 모습 또한 나이기에.

이 글을 읽는 독자에게 살며시 다가가 이렇게 말하고 싶다. "나와 함께 과정을 기록하는 자가 되지 않으실래요?"

04

글쓰기의 위력

아직 책을 많이 내본 작가가 아니기에 글 쓰는 게 아직 어색하다. 우린 초등학교 때부터 어쩌면 유치원 때부터 글을 많이 적었을 터인데 왜 이렇게 부끄러움이 드는 것일까? 적어도 나에게는 말이다.

이 책이 과연 사람들에게 도움이 되긴 할까? 사람들이 책을 보고 실망하면 어쩌지? 라는 고민들을 뒤로하고 글을 쓰기 전 나는 다시 다짐한다. "내가 했던 경험은 나만이 한 경험이다" "모두가 글을 쓸 수 있지만 이 글은 나만이 쓸 수 있다." 라고 말이다. 글을 쓰다 보면 분명히 좋은 글들이 나올 거라 믿는다.

부끄러움이 들어도 글을 쓰다 보면 감사한 마음이 많이 든다. 내가 가진 것에 대해 감사하게 되고 내가 이제껏 받은 것에 대해 감사하게 되며 과거의 잘못들은 깊이 반성하게 되고 성과가 있던 일들을 기억하며 스스로를 칭찬하게 되니 말이다. 글쓰기의 장점은 과거의 나를 회상하며 지금의 나를 기록할 수 있고 미래의 나를 꿈 꿀 수 있다는 점이다. 내가 살아온 삶들 속에서 나를 발견하는 것 그것이 무엇보다도 참 감사한 일이다. 나는 믿는다. 글을 쓰다보 면 내 안에 숨겨져 있던 진정한 이야기가 나올 거라 믿는다.

공부하는 게 힘들고 숙제하는 게 귀찮지만 그러나 우리는 종종 해야 할 일들을 기쁜 마음으로 할 때가 있다. 어떤 날 가만 나를 들여다보면 아주 집중해서 일을 하고 있는 나의 모습을 발견한다. 나에게 있어서 그런 경우는 사람들을 만났을 때이다. 사람과 사람이 주는 에너지는 참 특별하다. 사람들을 만나 이야기를 나누면 동기부여도 받기도 하며 때로는 부럽기도 하고 또 대화 속에 공감을 하고 그러면서 에너지를 받게 된다.

그 안에서 나와 상대방을 위해 시간을 헛되이 쓰지 않는 "건강한 만남" 위해서는 상대의 잘됨을 축복해주고 언제나 배움의 의지를 가지고 감사함으로 상대를 대해야 한다는 것이다. 국회의원이자 하버드를 나온 이준석이 한 TV 강연에서 이런 이야기를 했다.

"하버드에 들어가면 토론에서 이기는 법보다는 지지 않는 법을 알게 됩니다. 토론에서 이기는 법과 지지 않는 법은 접근 자체가 다릅니다. 하버드에서는 '강한 상대 즉 나보다 잘나고 뛰어난 상대를 만나야 이제 좀 토론이 할 맛이 난다고 생각을 하고 이번 토론이 재미있겠다.'라고 생각하여 더 긴장하고 더 많이 준비하게 되어 결국 토론을 즐기게 됩니다."

210

우리는 보통 토론을 이기기 위해서 나보다 약한 상대를 만나기를 기대할 것이다. 그러나 약한 상대를 만난다는 것은 준비를 많이 하지 않은 자와 대결을 한다는 것이다. 물론 이기고 싶기 때문에 나보다 약한 자와 대결하여 승리하고 싶어 할 수 있다. 그러나 강한 상대를 만나야 내가 강해진다. 강한 상대를 만나게 되면 더 많이 준비하게 되고 그 상대가 말하는 것들을 많이 배우게 된다.

상대가 잘 풀려야 내가 잘된다는 마음으로 싸움을 즐겨야지 진정한 발전이 나올 수 있다. 거인들을 만나야 그들의 행동을 배우고 그들의 성공의 이유를 알 수 있다. 멀리서 그들의 부러워만하고 시기한다면 빠르게 성공하기 어렵다. 그러니 우리는 우리자신에게 말해야한다. 주위에 잘난 사람들이 많음을 감사하자! 그들에게서 많이 본받고 배우며 따라하자! 그래야 내가 성공한다. 비교하기보다는 감사함으로, 자책하기보다는 나를 향한 믿음으로 목표를 향해 달려 나가는 것 그것이 내가 나에게 해줄 수 있는 가장 좋은 사랑의 언어이다.

"나는 할 수 있다. 부족함이 나를 앞으로 더 나아가게 해주는 연료가 될 것이라는 믿음으로!"

05

나는 메신저다

나는 게으른 사람이었다. 게으른 사람들의 특징 중 하나는 중요한 일이던 중요하지 않는 일이든 간에 "그 일"을 미루고 싶어서 온갖 이유를 다 갖다 붙인다는 것이다. 그렇게 온갖 이유를 다 갖다 붙여서 결국 그 일을 미루고 나면 스스로를 위안한다. 그러나 머지않아 굉장한 죄책감에 또 자존감이 낮아지고 후회하는 날들이 온다는 것이다. 그런 날들이 반복이 되면 도전하는 게 참 어려워진다. 도전을 하다 힘들면 온갖 이유를 대며 포기를 하고, 포기를 반복하다 보면 나중에는 도전조차 안 하게 되어 현실에만 안주하는 "나"와 마주하게 된다. 그러다 보면 나를 혐오하게 되는 수준에 이르러 동기부여는 커녕 "나는 안돼" 라는 자책만 하루하루 살게 되는 나를 발견한다.

그런데 참 아이러니하게 사람은 누구나 결핍을 가지고 있고 그 결핍 때문에 결국 더 움직이게 된다는 사실을 나는 "자기계발서적" 책을 통해 발견하게 되었다. 부족함이 만들어내는 그 결핍이 얼마나 동기부여가

강한지 말이다. 남들에게는 그렇게 크게 부족하게 보이지 않는 그 부분이 본인 자신에게는 얼마나 부끄럽고 창피한지 그 기억만 떠올리면 눈물이 나는 사람들도 있다고 한다. 나에게도 결핍이 있다. 나를 채찍질하게 끔 하는 그 결핍 바로 "결정"이다. 나의 게으름은 결정에서 시작된다. "결정"을 하려고 고민고민을 하다 보니 미루게 되고 미루다 보니 놓치게 되고 놓치다 보니 삶이 엉망이 되었다. 청년 시절, 더 잘하고 싶은 마음에 주어진 일들에 대해 너무 오랜 시간 고민을 하다 보니 좋은 결과를 낸 적도 있지만 기회를 놓친 적도 많았다.

그런 내가 메신저라니? 참 웃긴 타이틀이 아니한가?

사람들은 생각 할 수 있다. "젊은 네가 무슨 책을 쓸 정도로 삶을 살아왔냐고", "네가 겪었으면 얼마나 겪었겠냐고", "아직 더 배우고 오라고"

그들의 생각도 맞다. 나는 나만의 이야기로 책 한 권을 다 쓸 정도로 오래 살지도 않았고, 위대한 삶을 살지도 않았으며, 어쩌면 나보다 더 대단한 사람들 조차도 아직도 책을 쓰지 않고 삶을 살아가고 있을 테니까 말이다.

그런데 삶은 실행하는 자의 것이라고 했던가. 나의 인생 책인 "실행이 답이다" 라는 책의 제목만 보더라도 답은 정해져 있는 것 이다. 바로 실행!

삶은 선택의 연속이고 실행으로 이루어졌다.

무언가 새로운 도전을 시작하려고 할 때 가만히 생각을 하기 시작하니 하지 말아야 할 이유들이 먼저 떠오르곤한다. 하지 말아야 할 이유를 생각하다 보니 꼬리에 꼬리를 물어 오만가지 잡생각이 다 들며 자괴감에 빠질 때도 있다. 그러나 그런 이유들을 빼곡히 다 적어 보고 나니 마음이 후련하여 한편으로는 이런 생각이 든다.

"그래도 꼭 해야만 하는 이유도 있지는 않을까?" 그렇게 이 일을 해서 좋은 점, 나에게 오는 혜택, 긍정적인 결과들에 대해서 생각하다 보니 또 생각에 생각이 꼬리를 물어 해야만 하는 이유들이 나온다. 물론하지 말아야 할 이유들은 술술 나오지만 해야 할 이유는 시간이 좀 필요하다.

이번에도 똑같았다. "내가 메신저라니? 내가 무슨 메신저야!" 라는 생각이 먼저들었다.

내가 메신저로 도전하지 말아야 할 이유를 적어놓으니 이번엔 20개가 나왔다. 그런데 그렇게 다 적어놓고 가만 보고 있으면 이런 생각이 든다. 내가 이 20개의 이유를 막론하고 나의 경험과 지식을 글로 적어 책쓰기를 완료한다면 나는 엄청난 성취감을 느낄 수 있다는 그 생각. 바로 그 생각이 나의 원동력의 시작이 된다.

어쩌면 나는 나만의 방법을 터득한 것이다. 온갖 핑계를 대고 도전하지 말아야 할 이유만 머릿속에 가득했던 내가, 노트에 적어내어 부정적인 감정을 모두 털어내는 것이다. 그렇게 10~20가지들의 이유를 다 적어내려면 "그래서 뭐?" 라는 생각이 든다는 것이다.

"그래서 뭐? 그래서 하면 안 된다는 거야? 이거 하면 세상이 무너지는 거야?"

이렇게 외치고 나면 내 안에 대담함이 나온다. 부끄럽고 숨기고 싶은 나 자신이 당당해지고 시작할 수 있는 용기가 생긴다. 나와 같은 사람이 있는가? 귀찮아서 하기 싫고, 부끄러워서 하기 싫고, 잘난게 없어서 도전하고 싶지 않은 사람들이 있는가? 수많은 부정적인 이유 들을 눈앞에 두고 우리 한번 이렇게 한번 외쳐보자.

"그래서 뭐!"

책을 읽고, 또한 글을 쓰게 되면 앞서 말했듯이 감사함이 불쑥불쑥 나온다. 젊어서 감사하고, 건강해서 감사하고, 앞으로 쓸 이야기 거리들이 많을 예정이니 감사하고, 지금이라도 이렇게 나의 살아온 인생의 3분의 1을 정리 할 시간이 주어져서 감사하니 말이다.

이제 우리는 "그래서 뭐!" 라는 정신으로 우리가 가진 모든 문제를 뒤로한채 글을 쓰고 독서를 해보자.

여러분은 여러분의 삶을 향한 기대를 가득 갖은채로 새로운 챕터인 작가의 인생을 살게 될 것이다. 나는 이 글을 쓰며 이 글을 읽고 있는 독자는 어떤 삶을 살고 있는지 생각해본다. 참으로 궁금하다. 당신의 인생의 아름다웠던 순간, 꽃이 만개했던 순간, 아팠던 순간, 모질었던 순간, 그때 왜 그런 결정을 내릴 수밖에 없었는지 그 이유들, 그 결정들 그리고 현재의 삶까지 모두 궁금하다. 요즘 아주 인기가 있는 프로그램인 "유키즈 온 더 블럭"이라는 프로그램이 있다. 그 인기 비결은 평범한 사람들이 나와 자신의 이야기를 들려주기 때문이라고 생각이 든다. 사람들마다 살아온 순간이 다르다. 그러나 우리는 그 순간순간을 공감한다. 그 이야기에 위로받는다. 그 이야기에 용기를 얻는다. 그 이야기에 아픔을 함께한다. 그리고 그 삶에 축복을 내려준다. 그리고는 나를 돌아보게 된다.

나는 마지막으로 이 글을 읽는 독자들에게 이렇게 물으며 말을 걸고싶다.

"저는 책을 통해 이러한 변화들을 경험했는데 당신은 어땠나요? 당신의 이야기가 궁금합니다."

Chapter 8

초등시기,
독서토론논술수업!
더 큰 꿈을
키워줍니다

김보민

Kim Bo-min

내 아이의 행복한 삶을 위해 초등독서토론논술을 말한다.
대한민국 엄마들을 응원하는 메신저 김보민입니다.

땡큐코로나! 삶의 새로운 발견!
지극히 평범한 직장생활15년차 워킹맘, '남들처럼 적당히 살자. 이정도면 잘산다' 스스로 타협하며 여행자의 삶을 살던 내가 온라인 속 메신저를 만나 새로운 도전을 꿈꾼다. 컨텐츠 소비자에서 컨텐츠 생산자로 바뀌는 순간!
대한민국엄마들에게 초등 독서토론논술수업의 본질을 말한다. 경력단절된 엄마들의 도전을 응원한다.

독서지도사 2급
토의토론지도사
놀술지도사 2급
아동발달전문지도사
부모코칭지도사
공부방지도사
한국사지도사
자기주도학습지도사
리더십스쿨(코칭)과정 수료
3P자기경영연구소 바인더프로과정 수료
현) 한솔교육 중앙플라톤사업본부 수석 센터장

블로그 : blog.naver.com/jesus_bm
　blog.naver.ocm/sungdong1300
인스타 : https://www.instagram.com/applemin2018
카카오채널 : https://open.kakao.com/o/g7SicG7c

01

어린시절의 경험에서
만들어진 지금의 '나'

어린 시절부터 가르치는 것을 참 좋아했습니다. 제 주변엔 항상 동네 꼬마친구들이 있었어요. 집 앞 펼쳐진 돗자리엔 아이들이 앉아있고, 저는 선생님이 되었죠.

당시, 또래 여자아이들은 고무줄 놀이를 즐겨했어요. 남자아이들이 고무줄을 끊어놓고 도망가는 일은 허다하게 일어났습니다. 그러나 저는 그런 일을 당한 적이 없어요. 남자아이들이 고무줄을 끊어놓을 때까지 고무줄을 해본 적이 없기 때문이죠.

대신 아이들과 함께 매일 해야 할 일을 했어요. 늘 놀잇감은 정해져 있었습니다. 학교에서 배운 내용을 동네 꼬맹이(미취학아동)들에게 얘기한 적도 있고, 동네 꼬마 녀석들이 싸우면 중재를 하기도 했어요. 마치 심판관이 된 것 처럼요.

한 번은 아이들에게 비닐봉지와 집게를 가지고 나오게 했습니다. 그리고는 동네 한 바퀴를 돌며 쓰레기를 주워 담았어요. 누가 시킨 적도 없는데 동네 아이들이 줄을 지어 아파트 주변을 청소하고 있다고 한 번 생각해보세요. 기껏해야 8살쯤 되어 보이는 여자아이를 선두로 꼬맹이들이 쓰레기봉투와 집게를 들고 동네를 청소하고 있다? 맞아요. 동네 어른들이나 경비아저씨들의 칭찬도 많이 받았어요.

지금으로는 상상도 할 수 없는 일이에요. 그래도 다행인 것은 아이들이 제 말을 잘 따라주었습니다. 또 한 번은 자기들끼리 싸우고는 중재해 달라고 저를 찾아온 일도 있었죠. 그럼 저는 물었습니다. "왜 이 싸움이 일어났는지 말해봐" 실컷 듣고는 다른 친구의 입장도 들었습니다. 그리고 서로 화해를 시켜 다시 보낸 적도 있어요. 지금 생각하면 참 재밌던 시절입니다. 고작 초등1~2학년 꼬맹이가 미취학 아동의 싸움에 중재를 하다니요. 당시, 동네 아이들에게 나름으로 신뢰를 받던 언니였나 봅니다.

그것이 계기가 된 것일까요? 저의 꿈은 언제나 선생님이었어요. 고등학교를 졸업하면서부터 늘 누군가를 가르치고 있었습니다. 교회주일학교 선생님을 시작으로, 대학시절부터 정규직이되기 전까지 선교사자녀협회에서 주관하는 캠프에 교사로 참여하기도 했습니다. 세계 각지에서 사역을 하는 선교사의 자녀들이 우리나라에 머물다 가는 캠프에 참여하게 됐어요. 2주일을 다 참여할 수는 없었고, 1주일 동안 담임을 맡아 아이들이 정체성을 찾도록 도와주는 일을 했습니다. 대상은 초등 1학년부터 고등학생까지. 부모가 선교사이면서 외국에서 사는 아이들을 대상으로 진행되는 캠프입니다.

그 아이들의 부모님은 사명으로 선교사라는 직업을 택했습니다. 그 사이에 태어난 아이들은 한국이 아닌 낯선 외국에서 생활하게 됩니다.

부모는 오지로 사역을 하러 떠나고, 아이들은 외국인학교에서 머물며 부모와 떨어진 생활을 하게 되는거죠. '외국 생활? 외국인학교? 더 좋은 거 아니야?' 라고 생각하는 분이 계실지 모르겠습니다. 하지만 이 아이들은 자신이 누군지도 모른 채, 한국이라는 나라가 어떤지도 모른 채 부모에 의해 낯선 환경에서 살아야 했습니다.

부모가 선택한 직업이 선교사이지, 자신들의 의지로 선교사 부모를 선택한 것은 아니었습니다. 이러한 이유로 이해관계와 정체성이 확립되지 않은 친구들은 부모님에 대한 원망, 부모님에 대한 불신이 쌓여있었어요. 상처가 많은 아이들이었습니다.

아이들은 일주일 동안 선교사 자녀협의회에서 진행하는 캠프를 통해 정체성을 찾기 위한 노력을 했어요. 자신의 내면의 소리를 듣고, 자신의 가치를 발견합니다. 2주차 부터는 캠프를 떠나 한국의 보통의 가정에서 머물며 체험을 하게됩니다. 역사 선생님들과 함께 역사유적지도 방문도 해요.

2주가 지나면, 아이들은 본인이 사는 곳으로 돌아가게됩니다. 그 과정에서 많은 아이들이 회복되었습니다. 함께 많이 울었습니다. 아이들과 함께 껴안고 한참을 울었습니다. 그 아이들과 함께하면서 저 역시 응어리진 상처가 회복되었습니다.

대학 졸업 후, 초등 아이들을 대상으로 2년 정도 독서토론논술을 가르쳤습니다. 지식도 가르쳤지만, 이전의 경험으로 아이들에게 삶을 가르쳤습니다. 자신의 정체성을 찾는 일, 자신의 가치를 발견하는 일이 무엇보다 소중하다는 것을 알았으니까요.

지금은 교육서비스회사에서 독서토론논술을 가르치는 교사와 원장들을 채용하는 일을 합니다. 그들이 성장하고 최고의 성과를 낼 수 있도록 돕는 일을 하고 있어요. 제가 가진 지식과 경험을 바탕으로 교육하며, 지역마케팅을 하고 있습니다. 저와 함께 1인창업을 시작한 원장님들의 급여는 2배에서 4배까지 인상되었어요. 물론, 저 역시 가치를 인정받고 회사에서 잘나가는 김과장, 잘나가는 센터장이 되어있었습니다.

02

땡큐코로나!
가슴 뛰는 삶의 발견
_메신저

코로나가 오기 전까지, 남들처럼 잘살고 있다고 생각했습니다. 그런데 올해 제 삶 속에 결핍이 보였습니다. 코로나가 가져다준 선물일까요? 다시 책을 읽기 시작했습니다. 여러권의 책을 읽어도 해결되지 않은 갈증이생깁니다. 그즈음 박현근 코치님을 만났습니다.

내 삶에도 코치가 생겼습니다. 성공자들에겐 훌륭한 코치들이 있었습니다. 우리가 잘 알고 있는 헬렌켈러에겐 설리반선생님이 있었어요. 켈리 최 저《파리에서 도시락을 파는 여자》로 잘 알려진 켈리 최 대표님도 분야별 코치를 통해 삶을 관리하고 있더라고요.

이후, 박현근코치님이 주관하는 독서 모임에 참여했어요. 평생 회원이 되니 다양한 삶을 살아가는 1인 사업가를 만나게됩니다. 신기했어요. 적당히 아쉬움 없이 남들처럼 살면된다 생각하고 살아왔는데, 눈 앞에서 새롭게 펼쳐진 세상을 발견한거죠.

메신저로 다른 사람의 삶을 도우며 행복감도 찾고 수입을 창출하는 사람들. 온라인에서 만난 메신저들. 그 분들의 삶과 나는 무엇이 다른가를 생각하기 시작했어요. 그들은 자신의 재능을 마케팅하고 판매했습니다. 온라인 지식 1인기업가. 눈앞에 빛이 번쩍거렸습니다. 위기가 기회가 된다는 사실을 알게되는 순간이었지요.

일반 직장인들과 내가 다른 점은 뭘까?도 생각해봤어요. 일반 직장인들은 자기 사업처럼 일하지 않아요. 딱 월급받는 만큼만 일하는 것. 그것이 직장인 마인드. 그러나 저는 지난 10년간 일이 끝나지 않으면 새벽까지 했습니다. 집에까지 일 할 것을 가져왔습니다.

이번 코로나 팬데믹에도, 원장님들의 급여를 고민하며 빠르게 줌수업을 도입하고 현장에 적용시켰습니다. '적당히'가 아니라 내가 해야 할 일을 완벽하게 해내지 않으면 잠도 자지 않고 일을 했습니다.

10년 전, 출산 전까지 저의 책임감은 대단했어요. 정기검진일에 병원을 갔어요. 양수가 줄어들고 있다며, 당장 다음 날 오전 첫 수술을 하랍니다. 그렇지않으면 응급수술이 되어 위험 할 수 있다는 의사 선생님의 말씀.

당장 사무실로 갔습니다. 인계보고서를 작성하기 시작했어요. 늦은 밤, 함께 일하던 선생님들이 음식을 바리바리 들고 사무실로 찾아왔습니다.

"팀장님, 출산 앞둔 엄마는 잘 먹어야해요. 애 낳고 나면 먹고 싶은 것도 제대로 못먹어."

정말 감사했습니다. 선생님들을 보내고 다시 보고서를 쓰고 있었어요. 다들 퇴근하고 아무도 없는 사무실. 언제 끝날지도 모르는 서류를 작성하고 있었습니다. 그때 사무실 문이 '꽉' 하고 세게 열리며 누군가 '씩씩'거리고 있었습니다. 얼마나 깜짝 놀랐던지요. 남편이었습니다. 얼굴엔 화가 잔뜩 붙어서는 울그락불그락!

"지금 몇 시인 줄 알아?!"

시계를 보니 새벽 4시. 출산은 오전 9시. 남편으로 인해 강제퇴근을 하게 되었어요. 집에 돌아와 태어날 아이에게 편지를 쓰고, 병원에서 사용 할 짐을 꾸렸습니다. 지금 생각해도 그 열정 대단하죠?! 이 사건이 알려지면서 회사엔 소문이 돌았대요. 당시, 지점장이 저를 혹독하게 일을 시켰느니, 압박이 있었다는 등 다양한 헛소문이 있었답니다. 모두 다 틀린 말입니다. 제겐 그런 열정과 책임감이 있었습니다. 이 자리를 빌어 당시 저의 지점장님께 죄송하다는 말씀도 전합니다.

그랬던 제가 어느 순간 남들처럼 적당히 살고 있었어요. 그러다 메신저라는 직업을 알고는 '그래! 이거다!' 불꽃이 팡! 튀었습니다. 저는 계속 배우고 있습니다. 메신저들과 함께 만나고 독서 토론을 하고, 배움을 실천하면서 행복합니다.

'나! 스스로를 마케팅해야겠다.' 라는 목표가 생겼어요. 이렇게 매일 아침 6시 눈을 뜨고 줌에서 만나서 글쓰는 시간이 너무 즐겁습니다. 이것이 찐 행복입니다.

멈추지 않기로 했습니다. '적당히 사는 것'과 '열정을 불태우는 삶' 사이에서 더는 갈등하지 않기로 결정했습니다. 가슴이 뛰는 일, 내가 진정 행복한 일을 하기로 했습니다. 내가 하고싶은 일을 할 때 행복과 기쁨이 있다는 것을 경험으로 이미 배웠으니까요.

세상을 변화시키는 삶. 자신이 경험 한 지식을 필요한 이들에게 나누는 삶. 끊임없이 새로운 것을 탐구하고 누군가의 필요를 채워주는 삶. 그 사람이 메신저입니다. 다른 사람을 도와 그 사람의 성장 할 때만 느낄 수 있는 기쁨. 그것이 메신저가 느낄 수 있는 기쁨입니다.

어떤 메신저가 될 것인가? 정확히 어떤 분야의 메신저가 될 것인가를 고민했습니다. 답을 찾기 어려웠습니다. 그것은 본인만이 알고 있어야 하니까요. 진정 가슴 뛰는 것으로 개인 마케팅을 해야 했습니다. 그런데 이제야 답을 찾아가고 있습니다. 누군가 제게 무엇을 하라고 말해도 소용없었습니다. 그것은 오직 나만이 찾을 수 있는 것이었으니까요. 우선 내가 경험한 것, 내가 아는 것으로 시작합니다.

03

초등 독서활동,
왜 중요할까요?

독서가 중요하다는 것은 이미 모두가 다 알고 있는 사실입니다. 그럼, 질문을 한 번 해보겠습니다.

"독서가 왜 중요할까요?" 3초 안에 머뭇거리지 않고 대답 할 수 있다면 이 글을 읽고 있는 당신을 독서가로 인정! 이 질문을 한 이유가 있어요. 저는 현장에서 아이들의 독서 토론 논술을 지도한 경험이있습니다. 회사생활의 10년 이상은 지역마케팅을 했고요. 독서 토론 논술 교사를 양성하고, 고객세미나를 운영하며, 지역에 알맞은 교사를 배치하는 일을 해왔습니다. 15년이라는 시간을 초등 독서 토론 논술 시장에서 근무하며 누구보다 많은 고객의 생각을 듣고, 상담해왔습니다. 회원을 만날 때도, 고객을 만날 때도 항상 질문으로 시작했습니다.

'독서가 왜 중요할까요?'라고 질문했을 때, 어떤 대답을 하셨나요?
독서를 통해 삶의 배경지식을 쌓는다. 텔레비전을 보는 것보다는 낫다. 삶을 위해 노력하고 있어 뿌듯하다. 마음의 위로가 되기 때문이다. 우리는 정말 다양한 이유로 책을 읽습니다. 혹시, '나는 한 권의 책도 읽지 않는다고 말한다'라고 대답했다면 어떤 책이라도 좋으니 읽어보세요. 책을 읽다 보면 자신이 좋아하는 분야의 책을 만날 수 있으리라 위로해 드립니다.

초등 엄마들을 만날 때도 항상 하는 질문이있습니다.

"아이에게 왜 이 수업을 시키려고 하세요?"

"이 수업을 통해 얻고 싶은 것은 무엇일까요?"

잠깐 망설이다 들려오는 대답은,

"필요하니까요." "지금 중요하잖아요." "아무래도 내 생각을 말해야 하는 시대니까요" "이거 하면 학교 공부도 잘 하는 거 아닌가요?"

제가 말씀드리는 초등학생이 책을 읽어야 할 가장 중요한 이유는 책 속에 등장하는 다양한 사례를 통해 간접경험을 해볼 수 있다는 것 입니다. 어린 시절에 경험한 모든 것들은 아이들의 생각에 반영이 되고 태도를 결정하게 됩니다. 어린 시절의 다양한 경험은 어른이 된 후에도 삶 속에 결과로 나타나게 된다는 것이죠. 어떤 선택을 하고 결정을 하는가에 따라 삶이 결정됩니다.

하지만 요즘 엄마들은 아이들의 학업성취도가 더 급한 경우가 많습니다. 그 또한 이유를 알고 있습니다. 저 역시도 초등 자녀를 둔 요즘 엄마니까요. 저의 15년 경험으로, 책을 좋아서 읽는 아이 중에는 공부 못하는 아이들은 없었습니다. 간혹, '우리 아이는 책을 많이 읽는데 성적이 안 좋아요.'라고 말하는 엄마들이 있는데, 그런 경우는 들여다봐야 합니다.

아이가 책을 제대로 읽고 있는지요.

책을 정독하며 읽다 보면 읽기 능력이 향상됩니다. 향상된 읽기 능력은 아이들이 교과서를 해석하거나 문제집을 풀 때 정확도를 높여주는 것 또한 사실입니다. 뿐만아니라 인물 간의 이해관계를 해석하며 읽다 보면 이해력은 물론 공감 능력까지 함께 길러질 수 있습니다. 초등 시절 독서 훈련은 매우 중요하며, 내 아이가 어떻게 책을 읽고 있는지는 한 번 점검해 볼 필요가 있습니다.

04

초등시기의
독서 토론 활동을 통해
작은 사회를 경험합니다

초등시기 독서 토론 활동은 제대로 듣는 것에서 시작합니다.

직업의 특성상 토론 수업의 참관자로 동행하는 경우가 종종 있습니다. 초등학교 3학년 친구들의 첫 수업을 참관했어요.

"주인공 ○○의 행동에 대해 어떻게 생각하니?"라는 선생님의 질문과 동시에 아이들은 서로 대답하겠다며 야단법석이었습니다. 그날 첫 수업에 참여한 학생의 수는 네 명. 이 아이들이 서로 대답하겠다고 하는 상황. 저는 선생님이 고객을 상담하는 과정까지 지켜보았습니다.

수업에 참여한 아이들은 다른 곳에서 독서 토론 논술 수업을 1년 정도 함께 했다고 합니다. 첫 수업을 끝내고, 학부모님들은 아이들이 잘하는 편이라며 자랑하기 바빴어요. 저는 아이들의 수업을 보면서

'정말 이 아이들이 독서 토론 수업을 받은 것이 맞을까?'라는 생각마저 들었습니다. 제가 왜 이런 생각이 들었을까요?! 여기까지 읽고 한 번

맞춰보시기 바랍니다. 네. 맞습니다. 이 아이들은 토론 논술 수업을 1년이나 진행한 친구들이었답니다. 선생님이 질문이 채 끝나기도 전에, 서로 발표하겠다며 야단법석이었던 이 상황을 보고 저는 의아했던 것입니다.

토론이란, 주제를 놓고 자신의 생각을 말하여 상대방을 설득시키거나 공통의 문제를 놓고 함께 해결하여 답을 찾는 과정을 말합니다. 때문에, 토론의 기본은 듣기가 먼저라고 말합니다. 3학년이고 1년 정도 수업을 진행했다면 그 정도는 충분히 갖추고 있어야 했습니다.

독서 토론 수업은, 아이들이 동일한 한 권의 책을 읽고 모입니다. 선생님과 함께 토론하며 문제를 제기하고 그것을 해결해나갑니다. 때론 찬반 토론이 진행되기도 하고, 때로는 문제해결을 위한 토론 수업이 진행되기도 합니다. 아이들은 제시된 질문에 따라 자신의 생각을 정리해서 말 할 수 있습니다. 때로는 친구의 의견을 듣고 반박하기도 합니다. 더 나은 의견을 제시하기도 합니다. 이것이 함께 모여 토론해야 할 이유입니다. 아이들은 경험한 만큼 성장 할 수 있으니까요.

우리는 왜 상대의 의견을 잘 들어야 할까요? 답은 여러분들께서 각자 찾아보시기 바랍니다. 초등시기의 아이들은 다양한 활동을 통해 삶에 필요한 배경지식을 하나씩 하나씩 저장합니다. 나중에 성인이 되어, 자신들이 쌓았던 지식을 필요할 때 꺼내 써 사용할 수 있죠. 초등시기, 토론을 위해 모인 아이들은 작은 사회를 경험하는 것입니다. 모둠 안에서 생각을 말하고 다른 친구의 생각을 들어봅니다. 수용하고, 동의하며, 더 나은 방법을 제시하고 찾아갑니다. 그러는 사이 아이들은 성장합니다. 결국, 아이들의 삶 속에 필요할 때 써먹는 영양분이 됩니다.

토론 활동을 꾸준히 해 온 아이들의 특징은 듣기 태도만 봐도 알 수 있습니다. 다른 사람의 의견을 경청할 줄 아이는 살아가면서 실수하는 일도 많지 않을거에요. 먼저 흥분하여 일을 그르치는 일도 없을 테니까요. 상대방의 말을 끝까지 다 듣는 것이 습관이 되어있기에 가능합니다.

반면, 집에서 책만 꾸준히 읽는 친구들은 어떨까요? 물론, 책을 전혀 읽지 않는 친구들보다 새로운 지식을 얻을 수 있습니다. 하지만 저는 토론 수업도 겸하라고 말씀드립니다. 책만 꾸준히 잘 읽었는데 나중에 들여다보니 정독이 되어있지 않는 친구, 눈으로만 읽는 친구들이 발견되는 경우도 종종 있기 때문입니다.

책을 읽고 토론을 한다는 것은 책 내용이 다 이해가 되었다는 전제 하에 시작합니다. 책을 이해하는 정확도를 말씀드리는 것입니다. 토론에 참여하기 전에 아이들은 같은 책을 두 세 번 읽고, 생각을 자기화 한 후 수업에 참여합니다.

책은 한 번 읽을 때, 두 번 읽을 때, 세 번 읽을 때 각각 다른 감동을 아이에게 전달해줍니다. 한 번 읽을 때는 독해 중심으로 줄거리나 내용 파악을 합니다. 두 번째 읽을 때는 그날의 감정과 기분에 따라 처음 읽었을 때 발견하지 못했던 내용에 마음이 갑니다. 세 번째 읽을 때는 등장인물들이 했던 말이나 행동을 보며 '왜 이런 말, 이런 행동을 했을까?' 의문을 품는 이유이기도 합니다. 이러한 이유로 한 권의 책을 여러 번 읽기를 권합니다.

책을 여러 번 읽을 때는 앉은 자리에서 세 번이 아닌, 일주일에 한 번 수업이라면 시차 간격을 두고 읽기를 권합니다. 월화수 또는 화목토가 되겠지요? 꼭 이렇게 나눌 필요는 없습니다. 필요에 따라 시차 간격을 두고 읽게 해주시면 그것으로 된 것입니다.

05

독서 토론 수업에서
교사의 역할은 안내자입니다

위와 같은 방법으로 책을 읽은 아이들은 수업 시간에 모입니다. 자신들이 가진 감정과 생각을 나눕니다. 이때 교사가 어떤 질문을 던지느냐에 따라 아이들의 대답은 달라집니다. 우리가 흔히 알고 있는《백설 공주와 일곱난쟁이》의 예를 들어볼까요?

"백설 공주는 왜 난쟁이가 하지 말라고 했는데도 불구하고 세 번이나 낯선 사람에게 문을 열어줬을까요?"

백설 공주의 내용이 생각나신다면 이 글을 읽고 있는 여러분들도 한 번 생각을 적어보세요. 제가 다니고 있는 회사의 1학년 아이들이 토론하는 질문입니다. 이 질문의 의도, 목적은 무엇일까요? 백설 공주는 왜 난쟁이가 하지 말라고 했는데도 불구하고 세 번이나 낯선 사람에게 문을 열어줬는가? 우선 난쟁이가 하지 말라고 했었던 이유도 알아야 할 테고, 세 번 이나 낯선 사람에게 문을 열어준 이유. 백설 공주의 당시 상황과 심리, 배경지식을 바탕으로 생각해 볼 수 있습니다.

처음 수업을 시작하는 아이 중에게는 간혹, "그냥요" 이렇게 대답하는 아이들도 있어요. 이 아이들 왜 그럴까요? 맞아요. 생각하는 훈련이 되어있지 않기 때문입니다. 1학년을 대상으로 하는 수업이라 질문이 이해되지 않는 친구들도 있습니다. 이 질문에 대한 답은 무수히 많습니다.

"갖고 싶었어요."

"낯선 사람이 밖에서 보여줬던 물건들이 예뻤으니까요."

"할머니가 불쌍해서 열어줬어요." 또는 "호기심이 많아서요."

아이들은 정말 다양한 생각을 말합니다. 질문하고 답을 말하는 것은 결국 자신의 경험지식이 반영된 것이에요. 1학년 아이들은 자신들이 경험치에서 답을 찾습니다. 아동발달의 특징과 연계해보면 호기심 많은 시기가 1학년입니다. 친구들은 대부분 문밖에 있던 물건들에 관심을갖습니다. 간혹, 백설 공주라는 인물에 초점을 맞추는 경우도 있어요.

"남을 귀찮게 해요"

"난쟁이 말을 잘 안 들어요." 등등 대답을 하기도 합니다.

그럼 이제 여러분들 차례입니다. 제가 이 질문을 성인들에게 하면, 어떤 대답이 나올까요? 얼굴이 빨개지거나, 머뭇거리거나, 눈동자가 위로 올라가는 모습을 보게됩니다. 당황하신 건데요. 아무래도 요즘 아이들과 다르게 어른들은 자꾸만 정답을 찾는 행위를 하는 거죠. 가끔 질문을 해놓고, 표정을 보면요.

"이 사람, 나한테 왜 이러지?" 이렇게 생각하고 있는 모습이 그대로 보여지기도 합니다. 이런 경험을 바탕으로, 저 역시 다른 사람을 만나 질문 할 때면 이렇게 먼저 말합니다.

"제가 질문 하나 해도 될까요?"
"실례가 되지 않는다면, 한번 말씀해주시겠어요?"

솔직히 15년을 이 업계에 일한 저도 질문은 잘 하지만 제가 대답을 해야 하는 상황이 오면, 당황하기도 합니다. 그래서 어릴 때 습관이 중요하다는겁니다.

자, 다시 질문으로 돌아갈게요. 어른들에게 위와 같은 질문을 했을 때, 제일 기억에 남는 대답은

"외로워서요." 그럼, 제가 다시 질문합니다.

"왜, 외로웠을까요?"

"전날 저녁, 당일 아침까지만 해도 복작거리며 사람들이 많았잖아요. 난쟁이가 다 일하러 나가면 백설 공주는 혼자 남아 있어야해요. 얼마나 외로웠겠어요."

제가 다시 조심스레 질문합니다.

"어머님, 혹시 외로우세요?" 신입교사시절 처음 들었던 대답이었거든요. 저도 모르게 '훅' 들어가버렸어요. 그 어머님은 갑자기 눈물을 글썽거리며,

"아이들이 하는 이 수업 제가 받으면 안 될까요?"

고객의 대답입니다.

아침이 되면 남편은 일터로, 세 자녀는 학교와 유치원으로 보낸 어머님의 마음은 이미 백설공주의 마음을 헤아리고 있었어요.

06

교사의 질문은
수업의 방향성을 제시합니다

교사는 수업 시간에 질문을 합니다. 어떤 질문을 하느냐에 따라 아이들이 하는 생각의 방향을 결정 할 수가 있어요.

"백설 공주는 어떤 사람인 것 같아?" 아이들은 자신의 경험치로 백설 공주의 성향, 성격, 태도를 말 할 수 있습니다. "난쟁이는 왜 항상 백설 공주를 도와줬을까?" 난쟁이의 행동에 관한 질문이죠. "문밖의 할머니가 불쌍해서 열어준 거라면 백설 공주는 어떤 성격이야?" 이 질문은 아이가 기존에 갖고 있던 생각을 바탕에 두고, 좀 더 깊게 생각해 볼 수 있는 질문을 한 것입니다. "백설 공주가 매번 쓰러졌을 때마다 난쟁이가 구해줬잖아. 그런데도 3번씩이나 문을 열어줬어. 백설 공주는 어떤 사람이지?" 이런 질문을 하게 되면, 대부분 "어리석어요." "다른 사람을 귀찮게 해요." "남의 말을 안들어요" 아이들의 대답을 어느 정도 예상하고 질문을 한 거예요. 역시 아이들은 경험치에 따라 자신의 생각을 말하게 됩니다.

자신의 생각이 정리되면, 친구의견에 대한 생각도 질문합니다.

"민수의 의견을 들었잖아. 윤지는 민수의 의견에 대해 어떻게 생각하니?"초등 저학년의 경우, "크게 바뀌않았어요. 제가 하는 생각이 맞아요."처음엔 이렇게 말하지만, 훈련으로 토론 습관이 형성된 친구들은 친구 생각에 궁금한 것이 있으면 질문도 하고요. 자신의 바뀐 생각을 이야기합니다. 보통 초등저학년은 자기애가 강하고, 자기주장이 강할 시기입니다.아동 발달을 잘 알고 있다면, 아이들이 하는 대답에 대해 좀 더 이해하고 올바른 방향으로 교사가 지도 할 수 있습니다. 질문의 중요성, 교사의 역할이 중요한 수업이 초등 독서 토론 논술 수업입니다. 아는 만큼 보이고 생각한다고 하죠. 초등 독서 토론 수업이 그렇습니다.

우리가 하는 말과 행동은 내가 알고 있는 배경지식 안에서 생각이 정리되어 표현됩니다. 때문에 다양한 경험이 중요합니다. 다양한 경험을 직접 할 수 없다면, 책을 통해 간접경험을 해야합니다. 책을 읽고 토론 수업을 권하는 이유도 여기에 있습니다. 다양한 질문을 통해 내가 하는 생각에 대한 뿌리를 알 수도 있어요. 혹은 다른 친구와의 생각을 비교할 수가 있어요. 그 과정에서 우리는 틀림이 아닌 다름을 배웁니다.

07

논술은 살아가는 데 있어
힘이 됩니다

독서의 중요성, 토론 수업의 필요성, 이번에는 논술에 대한 이야기를 하려고요.

논술 수업. 과연 필요할까요? '초등 아이들에게 논술 수업을 하는 것이 가능할까?' 라고 생각해 본 적 있으시죠? 그럼, 논술 수업에 대한 정의를 먼저 내려볼까요? 논술은 무엇인가요?

논술은 어떤 문제에 대하여 자기 생각이나 주장을 논리적으로 풀어서 적은 글입니다. 미취학 아동이, 초등학교 저학년 어린이가 논리적인 글쓰기가 가능할까요? 저는 이렇게 말씀드립니다. 그래서 하는 훈련이라고요. 우리는 사람들과 어울려 세상을 살아갑니다. 그 가운데 수많은 일이 일어나고요. 결국, 타의에 의해, 자의에 의해 자신이 가진 생각이나 주장을 말해야 하는 상황이 여러 번 생깁니다. 내가 생각을 말한다는 것은 상대방에게 전달하기 위함입니다. 더 쉽게 설명해 보겠습니다. 아이들이 제게 왜 논술을 해야 해요? 라고 물을 때,

"자, 너희들이 친구들과 만났어. 간식을 함께 먹기로 했는데 말이야, 누구는 떡볶이를, 누구는 짜장면을, 누구는 과자를 먹자고 할 수 있겠지? 그럼 각자 왜 그것을 지금 먹어야 하는지, 자신의 생각을 말하게 되겠지? 그럼, 좀 더 그럴듯한 친구의 이야기를 듣고 결정을 하게 될 거야. 결국, 너희들은 자신의 생각과 입장을 상대방에게 전한 거야. 그 중의 가장 그럴 듯한 친구의 의견을 선택할거야. 그리고 맛있는 간식을 먹게 되는 거지."

누구나 다 한 반쯤은 겪었을 이야기인데요. 더 쉽게는 우리가 어린 시절을 떠올려볼까요? 용돈이 필요할 때, 부모님께 가서 그냥 "용돈 주세요" 하는 사람이 있는가 하면, "오늘 꼭! 읽고 싶은 책이 나오는 날이에요. 용돈 주세요." "지난번에 친구가 간식을 사서 오늘은 제가 사주고 싶은 날이에요. 용돈 주세요." 보세요. 같은 상황인데 이유와 설명을 넣어 그럴 듯하게 용돈을 받는 사람이 있는가 하면, 그냥 막무가내로 용돈을 달라고 하는 사람이 있습니다. 무엇을 말해주나요?

결국은 용돈이 필요해서 부모님께 요청이라는 것을 해야 하고, 생각을 논리적으로 얼마나 잘 표현하는가에 따라 부모님께서 용돈을 주실 수도 용돈을 주지 않으실 수도 있겠죠? 이뿐만 아닙니다.

하루를 살면서도 우리는 꽤 여러 번 자신의 생각을 상대방에게 어필해야 하는 상황이 놓이게 되죠. 오늘 아침 남편, 혹은 아내에게 자신의 필요를 전달하며 어떻게 설명했는지를 한 번만 생각해보세요. 조금 이해가 되시죠? 논리적인 생각이 왜 중요한지 여러 상황을 두고 말씀 드렸습니다.

이제는 진짜 글쓰기입니다. 글쓰기는 훈련입니다. 논리적인 생각을 잘 정리해서 글로 나타내는 것이지요. 저는 늘 말합니다.

"생각하는 힘이 있는 친구들은 글쓰기도 어렵지 않게 합니다. 형식은 쉽게 익힐 수 있거든요."

논술을 잘하기 위해서 생각하는 훈련이 필요합니다. 그래서 책을 읽어야 합니다. 다른 사람이 짜임새 있게 써 놓은 글을 읽으며 훈련합니다. 책을 읽으면서도 생각합니다. 앞뒤 상황 관계를 따져보면서 말이죠. 저자에게 질문을 던지면서 말이에요. '주인공은 왜 이 시점에서 이런 행동을 했지?' '왜 ○○을 만난 걸까?' '결국, 저자는 하고 싶은 말이 뭘까?' 하면서요.

위와 같은 방법으로 책을 읽고, 또래 친구들과 모여 토론을 합니다. 책을 읽고 각자 느낀 생각을 말합니다. 말하면서 생각을 정리합니다. 내 생각과 친구의 생각이 어떻게 다른지 비교해보고 정리합니다. 친구의 생각을 들으며 내 생각을 정리해서 글을 풍성하게 할 수도 있습니다. 이와 같은 방법으로 문제해결방안을 찾을 수도 있습니다. 창의력이 생기는 과정이기도 합니다.

1학년 친구들과 《백설 공주와 일곱 난쟁이 책》을 읽고 수업을 할 때 일이에요. 한 녀석이 궁금한 것이 있다며,

"선생님, 백설 공주는 왜 난쟁이네 집에 허락도 안 받고 들어갔어요?" 저는 이런 게 궁금한 적이 없었는데, 완전 대박하고 소스라치게 놀란 경험이 있습니다. 모든 아이가 이 부분을 보지는 못합니다. 정말 그 친구는 백설 공주의 행동이 이상했던 거에요. 그러자 그 이야기를 듣고 있던 다른 친구가 "사냥꾼이 산속에다 버리고 갔는데 거기라도 들어가야

지. 살 수 있잖아."를 말하더라고요. 두 친구의 관점이 다른 거죠. 한 친구는 왜 다른 사람 집에 침입하느냐, 그래도 살아야 하니 어쩔 수 없다. 그건 당연한 거다. 참 재밌더라고요. "그럼 이런 상황에 놓였을 땐 어떻게 해야 하지?" 라고 교사도 질문해 볼 수 있겠죠?

이런 생각을 담아 정리하는 것이 초등학생의 논술 수업입니다. 처음에는 책을 읽는 것도, 친구들 앞에서 생각을 말하는 것도 어려운데 글로 쓰라니. 더 어려울 수도 있어요. 그래서 차근히 하나하나 해나가는 것입니다.

초등학생의 논술. 자신의 주장을 말하고 뒷받침 할 수 있는 논리적인 근거를 들어야 하는데요. 초등학생에게 논리적인 생각을 따져 묻기가 쉽지 않죠. 물론 잘하는 친구들도 간혹 있어요. 다시 말씀드리지만, 삶의 경험치를 다 담기엔 아직은 미숙한 부분이 있죠. 초등학생이니까요. 자신만의 언어와 자기만의 경험을 가지고 글쓰기를 하면 됩니다.

초등논술은 자신의 경험이 담긴 진솔하게 글쓰기를 하면됩니다. 각종 대회에서도, 초등학생은 진솔성이 드러난 글쓰기를 가장 좋은 글쓰기로 평가합니다. 우리 아이들이 솔직하게 자신의 경험을 담은 글쓰기를 할 수 있도록 지도해주시면 됩니다. 당장 어렵다면 진솔한 경험을 담은 일기쓰기 부터 시작 할 수 있도록 지도해주세요. 아의의 행복한 삶을 위해 말이죠. 글쓰기를 하는 과정에서 아이는 자신의 내면을 들여다 볼 수 있습니다. 성숙한 어른으로 성장하는 발판이 될 거에요. 내면을 단단하게 할 수 있는 방법. 행복한 삶을 살 수 있는 방법. 글쓰기를 기억해주세요.

08

당신도 메신저가
될 수 있습니다

아이들은 독서 토론 논술을 통해 삶을 배웁니다. 아이들을 가르치는 선생님들은 아이들과의 수업을 통해 자신의 가치를 발견합니다. 교사로써의 사명과 책임감으로 아이들이 성장 하는 모습을 보며, 행복해합니다. 이것이 초등독서토론논술 수업이 주는 힘입니다.

우리 선생님들은 교사가 되기 전 정말 다양한 일을 했습니다. 작가도 있었고, 평범한 엄마도 있었고, 잘나가던 임원도 있었습니다. 하지만 지금이 가장 행복하다 말합니다.

10년 넘게 일을 해 온 선생님들 중에는 대학생 제자를 둔 분들도 많습니다. 선생님의 제자 중에는 논술교사가 되고싶다고 찾아와 제가 면접을 본 적도 있었습니다. 어린시절의 독서토론논술 수업은 자신 생각을 바꾸고, 태도를 결정하며 선택의 순간에 늘 도움이 되었다고 합니다.

누군가의 삶을 바꿀 수 있는 매력적인 독서토론논술 수업. 한 번 해보고싶지 않으세요? 메신저를 꿈꾸고 있는 분들, 경력단절로 인해 무엇을 할까 고민하는 분들, 내 자녀를 잘 키우고 싶은데 어떻게 해야 할지 모르는 분들이 계시다면 저는 독서부터 시작하라고 말씀드리고 싶습니다. 그리고 제대로 된 독서모임에 참여하세요. 아이들을 가르치는 방법을 배우고 싶다면 제게 찾아오세요. 당신의 성공을 응원하며 돕겠습니다. 감사합니다.

Chapter 9

1인 기업
온라인 미디어
메신저

김종학

Kim Jong-hak

청주중앙순복음교회 전도사
전) 교보생명 전산실 근무
대구공업대학 졸업

블로그 https://blog.naver.com/sk1811

디지털 시대에
컴퓨터 메신저가 되다

"마우스를 클릭하면 하루를 성공하고 키보드를 두드리면 인생이 성공한다."

구미 선산에서 태어나 28년간 살다가 청주로 이사를 와서 18년째 살고 있다. 컴퓨터 관련 일을 하다 보니 세월이 참 빠르게 변하는 것 같다. 하루가 다르게 새로운 제품들이 출시되고, 인터넷이 발달하여 없어지는 직업이 생기고 새롭게 생겨나는 직업도 있다. 컴퓨터 관련 일을 하다 보니 특별한 어려움 없이 아이들을 키우면서 직장생활을 해왔다.

코로나 19라는 감염병이 생기면서 인생의 전환점을 맞이하게 된다. 그동안 살면서 많은 크고 작은 일들을 겪었지만, 코로나 19는 정말 어떻게 헤쳐 나가야 할지 막막했다. 대부분 그렇듯 나에게도 힘든 시기가 닥쳐 왔다. 무엇이든 해야만 했고 당장 벌어야만 해야 했다. 한 가정의 가장으로서 경제적 어려움이 주는 보담감은 최고점에 다다랐다.

2020년 첫째는 고등학교 2학년, 둘째는 초등학교 5학년이라서 교육비가 점점 더 들어가기 시작했기 때문이다. 하나님을 믿는 사람으로서 모든 위기는 하나님께서 주신 축복이라 생각했다. 하지만 시간이 지날수록 더 절박했고 믿음이 흔들리기 시작했다. 나에게 이런 시련이 올지 정말 몰랐다. 그러나 좌절할 수만은 없었다. '그래, 무엇이든 하자!' 다짐을 새롭게 하면서 '하나님 새로운 길을 열어주세요' 몇 번이고 외쳤다.

길은 뜻밖의 곳에서 열렸다. 어느 날 우연히 알게 된 지인을 통해 마케팅 카카오톡 오픈방을 들어가게 되었다. 처음 들어간 느낌은 새로운 세상이었다. 코로나 때문에, 코로나 덕분에 새로운 기회가 다가온 것이다.

02

오픈방을 알게 되다

카카오톡 오픈방 입성하고 난 뒤 많은 정보와 이런 세계가 있다는 것에 깜짝 놀랐다. 나름 카카오톡을 잘 사용하고 기능들을 잘 알고 있다고 생각했는데, 카카오톡 오픈톡에 들어오니 새로운 세계에 있다는 것에 놀랐다. 많은 사람들이 자기계발을 위해 열심히 노력하고 있었다.

여러 가지 수익 사업도 있었고 다양하게 자기계발을 하는 사람도 정말 많았다. 지금 나에게는 수익을 낼 수 있는 어떤 일을 해야만 했다. 컴퓨터 관련 일을 20년 넘게 하면서 익히고 배워온 경험과 비결을 사용해서 수익구조를 만들고 싶었다.

처음으로 온라인 화상 통화 줌(Zoom)으로 하는 무료특강을 듣게 되었다. 첫 특강이라 나름 기대도 되고 설레기도 하는 강의였다. 바로 박 팀장이 하는 크몽 블로그 관리대행을 들었던 것이다. 나의 첫 온라인 수업이었다. 오프라인과 다르게 많은 사람들이 한 화면을 보면서 강의를 듣는 모습이 새로웠다. '아! 이렇게 하면 코로나19 시대에 충분히 강의를 할 수 있겠구나' 하는 생각이 들었다.

강의가 끝나고 난 후 나는 뭔가 홀린 듯 유료 강의를 신청하게 되었다. 하지만 수익을 내기 위해서 들은 강의인데 돈을 쓴다는것 자체가 마음에 부담이 되었다. 어떻게 할까 고민을 많이 했고 결정하는 데 시간이 걸렸다. 하지만 박팀장에게 고민을 얘기했더니 본인이 도와줄 거니 걱정하지 말고 하라고 했다.

본인이 시키는 대로 하면 수강료보다 더 벌 수 있다고 확신에 찬 목소리로 말했다. 매달 100만 원에서 200만원 수익을 낼 수 있다고 얘기를 해 주었다. 나는 바로 현금으로 30만원을 입금했다. 돈을 벌려고 온라인 사업에 들어왔는데 오히려 돈을 쓰는 상황이 되어 버린 것이다. 지금 생각하면 이게 마케팅이란 것을 처음으로 느끼게 해준 사건이었다. '아~ 이게 바로 마케팅이구나!' 크몽으로 하는 블로그 관리대행에 대해서 열심히 배웠다. 블로그는 작성할 수 있었지만 다른 사람의 블로그를 관리해 주는 것은 처음이었기에 긴장도 되고 설레기도 했다.

크몽 서비스를 이용하려면 승인을 받아야 한다. 블로그 관리대행으로 신청을 해서 승인을 받게 되는 과정에서 여러 가지 문제점도 있었지만, 여러 번 시도 끝에 다행히 승인을 받을 수 있었다. 승인을 받았지만 바로 관리대행 신청이 들어오지는 않았다. 며칠이 지나고 나니 연락이 왔다. 세탁소 관련해서 블로그 포스팅을 해줄 수 있느냐고 연락이 온 것이다. 막상 연락이 오니 기쁨도 잠시 블로그를 몇 번 써 보긴 했지만, '내가 잘 할 수 있을까?' 라는 약간의 두려움도 있었고 글을 많이 써보지 않았기 때문에 고객이 만족할만한 글을 쓸 수 있을까? 라는 고민이 되기도 했다.

또한, 돈을 받고 글을 써준다는 것 차체가 부담되었고 이것을 어떻게 써 나가야 할지 깜깜했다. 하지만 그때 떠오른 것이 한 가지 있다.

바로 "마우스를 클릭하면 하루를 성공하고 키보드를 두드리면 인생이 성공한다"라는 말이다. 이것이 나의 좌우명이 되었고 그때부터는 고민하지 않고 무조건 실행하게 되었다. 세탁소 관련 글을 쓰고 이미지를 만들고 복사를 하고 블로그 포스팅을 시작했다. 우여곡절 끝에 무사히 하나를 작성하게 되었다. 하나를 작성하고 나니 자신감이 생겼고 더욱더 열심히 하게 되었다.

한 달 동안 두 군데 블로그를 관리하게 되었고, 첫 수익으로 40만 원을 받게 되었다. 30만 원 투자해서 40만 원을 벌었으니 10만 원 수익이었고 그다음 달부터는 더 자신감도 붙고 열심히 하게 되었다. 블로그를 관리하다 보니 블로그 관리대행이 쉽지 않다는 것을 알게 되었다. 그 뒤로 크몽을 통해 다른 일도 할 수 있었다. 쇼핑몰에 물건을 올리는 일, 오디오를 텍스트로 변환해 주는 타이핑 작업 등을 했다.

그중에 한 가지 생각나는 일이 있다. 부산에 사시는 분이 블랙박스에 녹음된 오디오를 텍스트로 변화를 해달라는 요청이었다.

시간은 5분밖에 되지 않았지만 다른 여러 곳에서 거절을 당하고 나에게 문의를 한 것이다. 이유는 경상도 사투리가 심해서 녹취를 해주시는 분들이 말귀를 알아듣지 못했기 때문이다. 다행히 나는 경상도 남자이기 때문에 알아들을 수 있었고 5분의 타이핑으로 수익화를 할 수 있었다.

2달 동안 블로그 관리대행을 하면서 다른 사람 블로그를 관리하는 것으로 돈을 버는 것도 좋지만, 그 시간에 내 블로그를 쓰고 관리를 하면 더 많은 수익화를 할 수 있다는 것을 알게 되었다. 그래서 나의 첫 수익 사업인 블로그 관리대행을 2달 만에 마감하게 되었다.

03 ———

카카오톡 오픈방
무료특강에 빠지다

블로그 관리대행을 끝내고 나니 나의 블로그를 점검하게 되었다. 내 블로그는 2004년도에 만들어졌지만, 지금까지 관리를 제대로 하지 않아 글 개수 가 많지 않고 제대로 꾸며지지도 않았다. 막상 꾸미려고 하니 뚜렷한 목적도 없고 왜 블로그를 꾸며야 하는지 이유도 분명하지 않았다. 그러다 보니 시간이 지나면서 블로그에 대해서는 점점 잊어버리게 되었다. 그 뒤로 우연히 지인의 소개로 오픈방을 소개받았는데 1인 사장방이라는 오픈톡방 이었다.

처음으로 오픈방을 들어가게 되었다. 오픈방에서 일어나는 모든 일이 신기하게 보였다. 매주 수요일 밤 11시에 무료특강을 진행하는데 그 전날 선착순으로 신청을 하는 방식이었다. 주제는 마케팅에 관련된 여러 가지 프로그램들과 노하우에 대해 미니 특강을 진행하는 방식으로 진행이 되었다. 나에게는 신선한 충격이었다. 사람들이 너나 할 것 없이 신청을 하게 되는데 100명 신청을 하는 데 3분도 걸리지 않았다. 1,2,3,4 …
96, 97, 98, 99, 100 이렇게 순식간에 신청이 되고 100번이 넘으면 강의
안을 무료로 준다고 하니 어느 날은 사람들이 줄을 200번 넘게까지 서는
현상도 있었다.

이때는 몰랐지만, 마케팅의 기술 중에 핵심이 들어가 있다는 것을
나중에 알게 되었다. 컴퓨터를 20년 넘게 다뤄왔지만 나도 모르게 거기
에 빠져들게 되었던 것이다. '와 이건 완전 신세계네 어떻게 이렇게 사람
들이 줄을 서지…'라는 생각에 머리를 망치로 한대 맞은 느낌이었다.

이게 마케팅인가? 충격 그 자체였다. 매주 반복되는 무료특강을 들
으려고 사람들이 줄을 선 것이었다. 몇 번 시도 끝에 나도 드디어 100번
순번 안에 들어서 강의를 듣게 되었다. 막상 강의를 들으니 허탈했다. 강
의 시간도 짧고 처음 듣는 강의라 이해가 안 되는 부분도 있었고, 후기를
써야 자료를 준다는 것도 그때 처음 알았다. 근데 사람들은 왜 그렇게 선
착순에 줄을 설까? 바로 군중심리와 궁금증 때문이었다. 오픈방에 올라
오는 후기가 사람들의 마음을 유혹하는 것이다. 무료특강을 여러 번 듣
고 보니 나도 모르게 빠져 있었다.

점점 빠져드는
마케팅

유무료 강의를 여러 번 듣다 보니 나도 모르게 빠져들었다. 강의를 듣는 내내 뭔가에 홀린 듯 강의에 빠져들었고 강의가 끝난 후 유료 강의를 공지하였는데 사람들이 번호를 붙여가면서 신청을 하자 나도 어느새 신청을 하게 되었다.

강의 내용이 좋다기보다는 신청을 안 하면 나만 못 배울 것 같은 약간의 두려움이 있었기 때문이다. 그래서 나도 모르게 첫 유료 강의를 신청하게 되었다. 물론 내용도 내가 모르는 것이어서 도움이 되었지만, 당장 지금 쓸 수 있는 기능은 아니었다. 하지만 왜 내가 신청을 했는지 지금 생각해도 이해가 되지 않는다. 이것이 바로 마케팅의 기술인가 보다.

돈 벌러 왔다가
돈을 쓰고 있는 내 모습

무엇이든 투자를 해야 돈을 벌수 있다는 것이 일반적인 상식이다. 하지만 나에게는 투자할 돈이 없었다. 그래서 블로그 관리 대행을 했던 것이고, 다른 일을 찾기 위해 강의를 미친 듯이 들었다. 강의를 들으면 들을수록 투자를 해야 돈을 벌수 있다는 것이 더 느껴졌다. 강의 하나에 몇 십만 원씩은 기본이고 노하우 강의는 그것보다 훨씬 더 비쌌다.

강의를 들으면 들을수록 점점 홀린 듯이 유료 강의를 들어야겠다는 생각이 커져간 갔다. 생각을 바꾸기 시작했다. 내가 돈을 벌기 위해서는 배워야 한다는 것을 돈을 거저 벌수 있는 것은 어디에도 없다는 것을, 큰 돈을 벌러면 그만큼 큰 그릇이 되어야 한다는 것을 어느덧 알게 되었다.

마케팅 대해
눈을 뜨다

유료 강의를 듣다 보니 나도 빨리 수익화를 해야겠다는 생각이 점점 들었지만 쉽지는 않았다. 오히려 더 돈을 쓰게 되었다. 강의를 들을수록 더 돈을 쓰게 되는 것을 나중에 깨닫게 되었다. 하지만 마음속으로 다짐했다. 반드시 쓴 만큼 벌기로 아니 그 이상을 돈을 벌기로, 결심했다. 한 달이 지나고 두 달이 지났지만, 돈을 버는 방법은 생각처럼 쉽게 이루어지지 않았다. 강의를 3개월 정도 무료, 유료 강의를 듣다 보니 강의에 뭔가 하나가 빠져 있는 느낌이 들었다. 완벽하게 가르쳐 주는 것이 아니라 다음 강의를 유도하려고 일부러 강의를 진행하는 것이었다.

그 깨달음을 알기 전에 나는 벌써 비싼 유료 강의를 신청하고 난 뒤였다. 환불받으려고 강사를 찾아갔지만 환불대신 책 한 권을 소개받고 집으로 돌아왔다. 비싼 강의를 신청하고 난 뒤 마음이 심란해졌다. 내가 왜 이걸 신청했을까라는 자책과 또 한편으로는 투자한 만큼 열심히 하게 된다는 생각이 들었다. 책을 한 권 소개받고 읽는 내내 나의 삶을 뒤돌아보게 되었다. 그 책은 운이 풀리는 말버릇이라는 책이다.

생각해 보면 삶을 살면서 내가 뱉은 말 중에 긍정적인 말보다는 부정적인 말이 더 많았다. '할 수 없다.' 안된다 하지 말자 등 그리고 했어야 했다는 지나고 난 뒤 후회하는 말들을 많이 한 것이다. 이 책은 말 한마디가 미치는 영향에 대해 자세히 적은 책이다. 내가 말한 대로 이루어진다는 내용인데 지금의 나의 모습을 보니 정말 그렇게 되어 있었다.

이 책을 읽고 난 뒤부터는 무조건 긍정적인 말과 이루어진다는 말로 바꿔서 사용하기 시작했다. 비싼 강의료가 이 책 한 권을 읽게 만든 셈이었다. 그때 다짐을 했다. 내가 강의를 하게 되면 모든 것을 다 가르쳐주기로…….

내 생각과 사고를
바꾸게 되다

인생을 살아오면서 우리는 많은 말들을 하게 된다. 부정적인 말과 긍정적인 말 어떤 말을 많이 하게 되는지 그동안 생각을 하지 못했다. 운이 풀리는 말버릇을 읽으면서 나의 삶에서 사용하는 언어가 긍정적인 말보다는 부정적인 말을 더 많이 한다는 것을 알게 되었다. 말을 하게 되면 그 말이 내 생각과 마음을 지배하고 있다는 것을 이제서야 깨닫게 된 것이다. 여러분들은 어떤 말을 더 많이 하고 있는지 생각해 보시기 바란다.

나는 왜 이렇게 가난할까?

나는 왜 이렇게 안 될까?

왜 내 사업은 안 될까?

나는 왜 이렇게 뚱뚱할까?

나는 왜 이렇게 못생겼을까?

왜 나는 왜왜왜……. 이런 마음으로 인생을 살고 있으니 매일 불평과 불만인 삶을 살았던 것이다. 우리가 말한 대로 삶이 이루어진 것이다. 말한 데로 이루어진다는 것을 깨닫고 난 뒤 나의 삶은 완전히 바뀌게 되었다. 나는 부자다. 나는 행복하다. 나는 날씬하다. 나는 긍정적인 사람이다.

그럴 수도 있지, 괜찮아. 다음에 잘하면 돼. 더 좋은 일이 생길 거야. 책 한 권의 위력이 정말 대단하다는 것을 깨달았다. 지금까지의 나의 잘못된 생각을 이 책 한 권으로 깨닫게 된 것이다. 책은 우리의 스승이라는 말을 새삼 느꼈다.

마케팅을 공부하면서 돈을 벌기 위해서는 내 생각과 마음이 긍정적인 마음으로 변해야 성공할 수 있다는 것을 몸소 뼈저리게 알게 되었다. 주위에 성공한 사람들을 보라. 특히 자서전을 쓴 사람들, 대기업 총수들, 프리랜서 중에 성공한 사람 등 대부분의 성공한 사람들은 긍정적인 사고와 생각을 가졌고 말을 할 때 부정적인 말은 하지 않는다.

그 이후로 나는 책을 읽기 시작했다. 그전에는 일 년에 한두 권 책을 읽을까 말까였지만 성공하기 위해서는 무조건 책을 읽어야 한다. 책을 읽고 그것을 정리하고 또 오디오북으로 듣고 열심히 정리했다. 그렇게 책을 읽고 나의 삶을 긍정적인 사고를 바꾼 다음 마케팅 나의 첫 사업을 하게 되었다. 그것이 바로 카카오톡 오픈톡에서 강의를 하게 되었다. 20년 넘게 컴퓨터 관련 일을 하면서 배운 방법들을 가르치게 된 것이다.

여기서 나의 삶이 완전히 바뀌게 된다. 오픈톡에서 강의를 하면서 나는 새로운 경험을 하게 되고, 인생이 변화되는 경험을 하게 된다. 첫 강의는 시작할 때는 그동안 내가 가지고 있는 것을 가르치면 된다는 마음에 쉽게 생각을 했다. 다른 강사들도 쉽게 강의를 하니 자연히 나도 쉬운 줄 알았다.

막상 강의 날짜가 다가오니 긴장이 되고 잘할 수 있겠냐는 두려움이 생기게 되었다. 더욱이 신청자가 130명이 넘었다. 살면서 100명 넘는 사람들 앞에서 발표를 한 번도 한 적이 없으므로 시간이 지날수록 더 긴장되었다. 그나마 다행인 것을 100명을 직접 보면서 강의를 하는 것이 아니라 모니터를 보면서 한다는 것이 조금은 위로가 되었다.

드디어 첫 강의를 시작하는 시간이 되었다. 오픈 방을 운영하는 방장님이 리드를 잘해주어서 시작은 자연스럽게 할 수 있었고, 준비한 강의 내용 다 전달할 수 있었다. 하지만 시간이 어떻게 흘러갔는지도 모르게 순식간에 지나갔고 강의한 내용도 생각이 전혀 나지 않았다. 이렇게 해서 나의 첫 카카오톡 오픈톡에서의 온라인 강의를 마치게 되었다. 직접 대면해서 강의하지 않고 온라인에서 모니터를 보면서 강의를 하는 것이 너무나 신기했고 새로운 경험이었다.

강의를 끝나고 나니 오픈톡에 강의 후기를 보게 되었는데 다행히 후기 내용이 나쁘지 않았다. 그나마 다행이라 생각했다. 이렇게 해서 나의 코로나 이후에 돈을 벌 수 있는 온라인 메신저의 첫 사업을 시작하게 된다.

09

마케팅 고수방 카카오톡 오픈방을 시작하다

첫 강의를 무사히 마친 후 두 번째 강의도 진행하게 되었다. 2번째 는 좀 더 편하게 진행할 수 있을 거라 생각했는데 아니었다. 시간이 지날 수록 긴장이 되고 아무 생각이 나지 않았다. 다행히 막상 강의를 시작하 니 준비했던 내용을 다 할 수 있었다. 끝나고 나니 첫 번째와 마찬가지로 긴장이 되어 피곤한데도 잠이 오지 않았다.

강의 생각만 계속 나고 더 잘할 걸 하는 생각만 머리에 남았다. 2번 의 강의를 진행하면서 사람들에게 내가 만든 오픈방을 강의를 통해 홍보 를 했다. 그래서 강의가 끝나면 마케팅 고수 방이라는 오픈톡에 사람들 이 모이기 시작했다.

이것이 나의 첫 오픈방 운영의 시작되었다. 2번의 외부강의로 알게 된 경험을 통해 나의 오픈방에서 첫 강의를 시작하게 된다.

바로 마케팅 고수방 첫 무료특강!!! 1월 14일 목요일 첫 무료 강의를 진행하였다. 오픈방을 만들고 내방에서 처음 하는 강의라서 그런지 긴장도 많이 되었고, 사람들이 많이 듣지 않을까 봐 불안하기도 했다. 내용도 준비를 많이 하였는데 다 할 수 있을지도 고민이 되었다. 시간이 다 가올수록 숨도 막히는 것 같고 별생각이 다 들었다. 중간에 포기하고 안 한다고 공지할까? 라는 생각까지 들었다.

강의가 시작되니 다행히 말을 잘 나왔다. 막상 끝나고 나니 다리가 풀렸고 긴장이 풀려서 그런지 목도 메이고 머리가 멍해졌다. 사람들의 반응을 보기 위해 후기도 써 달라고 했는데 보는 게 약간 두려웠다. 반응이 어떨지…. 다행히 후기 내용은 좋았다. 그렇게 한 주 한 주 흘러 한 달이 되니 조금씩 적응이 되어 갔다.

10

오픈방
방장이 되는 것

오픈방을 운영하다 보니 나름 책임감이 생긴다. 나를 도와주는 스텝들, 내 강의가 좋다고 무조건 줄을 서며 강의를 들어주는 사람들도 있지만, 매번 무료특강을 들으면서도 한마디 말도 없고 채팅창에 글도 안 쓰는 사람들 강의는 듣지만 대꾸도 안 하는 사람들, 근데 강의는 매번 듣는다. 이런 사람들을 데리고 계속 강의를 해야 하나라는 생각이 든다. 하지만 반대로 생각해 보면 나는 왜 무료특강을 하는가? 라고 생각해 보면 답이 나온다.

내가 무료특강을 하니 듣는 것이다. 그래서 반응이 없는 사람들한테 머라 할게 하나도 없다. 속상하다고 강의를 안 하면 나만 손해이다. 항상 초심을 생각하자. 내가 왜 무료특강을 하는가? 말로만 하는 게 아닌가? 깊이 생각해 볼 필요가 있다.

해답을 찾으면 매주 무료특강을 한다고 한들 억울하지도 않고 짜증도 나지 않는다. 내가 후기를 쓰게 만들고 대화를 하게 만들면 되는 것이다. 무료특강을 하면서 무엇을 바라는가? 내가 하고 싶어서 하는 것을 기억하면 사람들에게 상처받을 일이 하나도 없다. 내 실력이 문제이지 강의를 듣는 사람의 문제는 아니다.

내가 사람들의 마음을 이끌어내야 하는 나의 문제이다. 강의를 잘하면 된다. 사람들이 돈을 내고 듣는 강의를 만들면 되는 것이다.

11

무료특강 후
처음으로 선물을 받다

강의를 하기 위해서는 무료든 유료든 준비할 것도 많다. 강의계획, 설문지, 공지 내용, 강의 원고, ppt, 프로그램, 후기 자료 이렇게 준비를 하고 난 다음 강의를 한다. 강의 끝나고 나면 후기 자료도 보내야 하고 녹화본도 편집해서 티처블에 올린 다음 수익화 준비를 해야 한다. 강의계획은 사람들이 배우고 싶은 것을 우선 생각해 본다. 그런 다음 인터넷 검색을 하고 책을 찾고 1인 기업가들이 꼭 알아야 할 것들이 무엇인지 먼저 알아본 다음 주제를 선택한다. 일주일에 한 번씩 강의를 진행하다 보니 주제를 정하는게 쉽지는 않다.

시리즈별로 주제를 정해서 강의를 진행하면 그나마 쉽게 강의 준비를 할 수 있다. 강의를 할 때는 무작정 컴퓨터, 스마트폰 활용을 가르치는 것이 아니라 목적을 정해서 가르치면 사람들이 좀 더 빨리 배울 수 있다. 예를 들어 블로그를 잘 활용할 수 있도록 블로그를 위한 이미지 만드는 방법이나 유튜브를 위한 썸네일 만드는 방법, 강의를 잘하기 위해 강의 자료를 만드는 방법 등을 위한 미리캔버스나 캔바를 가르치는 것이다.

컴퓨터나 스마트폰을 배우는 이유 중 가장 큰 이유는 시간을 줄여 주는 것이다. 하나씩 수작업을 해야 하는 것을 한꺼번에 처리할 수 있으면 짧은 시간에 많은 것을 할 수 있게 된다. 그래서 사람들은 컴퓨터나 스마트폰을 배우는 것이다. 무료특강을 진행하면 한 번에 많이 들을 때는 90명에서 100명, 적게 들을 때도 60명에서 70명까지 강의를 듣는다. 1시간을 기준으로 하면 적어도 600분의 시간을 내가 붙잡고 있는 것이 된다. 그런데 이 많은 시간을 내가 제대로 준비하지 않는다면 허비하게 되는 것이다.

무료 강의라서 대충 준비하면 절대 안 된다고 생각한다. 오히려 안 하는것보다 못하기 때문에 철저히 준비해야 한다. 어느 날은 카톡으로 문자가 왔는데 커피 쿠폰이 선물로 왔다. 무료 강의지만 유료급 강의였고 자기한테는 너무 귀한 강의였고 도움이 되었다고며 감사하다고 연락이 온 것이다. 정말 뿌듯했다. 커피 한 잔의 금액이 문제가 아니라, 그 마음이 정말 감사했다. 이후 무료 강의를 준비하는 과정이 한결 편해졌고 기분이 좋아졌다.

12

새로운 가능성을
엿보다

그동안 오픈방을 운영하면서 앞으로 어떻게 운영을 해야 하나 많은 고민이 되었다. 무료강의는 사람들이 듣지만 유료 강의로 전환하는게 쉽지 않았다. 처음 유료강의를 시작한 게 동영상 자동화 수익이었다. 금액이 조금 컸지만 생각한 인원보다 더 많이 신청을 했다. 하지만 내용이 조금 복잡하고 어려워지니 참여자들의 의욕이 점점 식어지는 것 같았다. 그래서 2기를 모집하는 게 좀 부담스러웠다.

2번째로 진행한 강의는 종이학 모닝 1기 반이었다. 컴퓨터 기초과정이었고 아침 6시부터 8시까지 2시간 강의였다. 저녁에는 강의가 너무 많고 중복이 되기 때문에 아침반을 선택하였다. 나름 아침반의 장점도 있었지만, 시간이 지날수록 참여율이 줄어들었다. 2개의 유료 강의를 진행한 후 느낀 점은 컴퓨터나 스마트폰을 배울 때는 쉽고 다 할 수 있을 거라는 생각이 드는데, 막상 본인들이 다시 하려고 하면 어렵다는 것을 알게 되었다.

유료 강의는 당분간 쉬고 평생회원을 모집하기로 했다. 다행히 사람들의 반응이 좋았다. 100% 모집이 되었고 나름 준비한 데로 이루어졌다. 평생회원은 각자 컴퓨터 실력도 다르고 하는 일이 모두 달라서 시간 투자가 많이 될 것 같았다. 하지만 나를 믿고 선택하였기 때문에 그들의 사업에 맞춰서 도움을 주려고 한다.

이렇게 6개월 동안 무료 강의, 유료 강의를 진행하다 보니 나름 무엇을 가르쳐야 할지, 어떻게 가르쳐야 할지 정리가 되었다. 그리고 1인 기업가들이 어떻게 무엇을 배워야 할지 알수 있었다.

13

오픈방 수익화 –
쉬우면서도 어려운
오픈방 운영

무료특강을 6개월간 진행하면서 많은 일들이 있었다. 사람들은 '어떻게 6개월간 한 번도 쉬지 않고 매주 무료특강을 한 시간 이상 진행할 수 있지?' 라는 것을 가장 많이 궁금해했다. 그 비결은 퍼주고 또 퍼주고 다 퍼주는 것이다. 이것이 마케팅고수방 오픈방의 운영 비결이다. 내가 가지고 있는 것을 아낌없이 주면 사람들은 진심을 알아주기 때문에 매주 무료특강을 듣는 것이다.

여러분들도 한번 시도해 보기 바란다. 오픈방을 먼저 만들고 매주 무료특강을 진행하면 수익화를 할 수 있다. 여기서 어떻게 매주 무료특강을 진행할 수 있겠느냐는 고민이 생기게 될 것이다. 생각을 조금 바꿔 보면 인터넷이 발달해서 배울 방법이 너무나 많이 있다. 그렇다. 내가 배워서 가르쳐 주면 된다. 본인이 관심 있는 분야, 사람들이 배우고 싶어하는 것 이런 것들을 찾고 배워서 가르쳐 주면 된다.

나보다 잘 하는 사람들을 가르치는 것이 아니라 나보다 못하는 사람들을 가르치면 되는 것이다. 대학교수가 초등학생을 가르치는 것보다 중학생이 초등학생을 더 잘 가르칠 수도 있다. 이렇게 생각하면 콘텐츠가 없어서 가르칠게 없다고 못 가르치는 것이 아니라 내가 배우지 않아서 가르칠 수가 없는 것이다.

끈기와 노력만 있으면 누구나 가르칠 수 있고 배울 수 있다. 인터넷만 켜면 네이버, 구글, 다음 등 포털 사이트에 모든 정보가 들어있고 무료 사이트 또한 많다. 마케팅 고수방은 내가 운영하는 오픈방 이름이다. 나보다 마케팅을 잘 하는 사람은 많다. 하지만 나는 나보다 잘하는 사람들을 가르치는 것이 아니다. 이제 시작하는 사람들이 마케팅을 배우고 싶어 하지만 컴퓨터와 스마트폰을 다루기 어려워 하는 사람들을 위한 강의를을 진행하고 있다.

이것이 핵심이다. 나의 모든 것을 아낌없이 다 가르쳐주면 그 가운데 나의 찐펜을 만들 수 있다. 나를 좋아하는 사람들이 생기면 더 많을 것을 배우려고 한다. 그래서 여기서 수익화를 하는 것이다. 지금 당장 사업을 시작해야 하는 사람들, 배울 시간이 없어서 일을 진행하지 못하는 사람들, 남들보다 늦게 시작해서 빨리 배우고 싶은 사람들, 이런 분들이 유료 강의를 신청하게 되고 평생회원에 가입하게 되는 것이다. 유료로 강의를 신청하는 사람들에게는 그 이상의 가치를 주려고 한다.

이렇게 하면 오픈방을 통해 수익화를 할 수 있다. 누구나 할 수 있다. 그렇다고 처음부터 너무 큰 기대와 수익화를 생각한다면 실망할 수 있다. 하지만 내가 가지고 있는 것을 다 퍼주고 또 퍼주면 분명 성공적인 오픈방을 운영할 수 있을 것이다. 그래서 1인 기업가로써 컴퓨터, 스마트폰을 활용하는 것은 필수이다.

마케팅 고수방
수익화

마케팅 고수방은 컴퓨터, 스마트폰을 활용하여 마케팅을 잘 할 수 있도록 도와주는 게 가장 큰 목적이다. 지난 6개월 동안 마케팅 고수방은 무료특강을 한 번도 빠지지 않고 매주 진행을 하고 있다. 원래 계획은 6개월 동안 기본 강의를 하고 7월부터는 마케팅에 관한 강의를 하려고 했었다. 하지만 새로 들어오는 사람들도 많고, 아직 컴퓨터와 스마트폰이 익숙하지 않아 기본강의는 계속 진행하되 마케팅 강의도 시작 하려고 한다.

마케팅 고수방을 운영하면서 어떻게 하면 사람들에게 도움을 줄 수 있을까 고민을 많이 해왔다. 특히나 1인 기업, 투잡, 부업을 원하는 사람들에게는 어떤 프로그램 활용법을 가르쳐 주어야 할지가 중요하다. 컴퓨터 프로그램, 스마트폰 앱을 1인 기업으로써 성장해야 할 과정에 맞춰 강의를 계획하고 있다. 그것이 바로 1인 기업 자기계발 연구소이다.

이 연구소를 통해 하나의 정규 과정을 만들려고 한다. 그러기 위해서는 어떤 것을 왜 배워야 하는지를 파악하는 게 중요하다. 그동안 강의한 내용을 토대로 살펴보면 첫 번째로 마케팅을 잘 하기 위해서는 글쓰기, 말하기가 가장 기초이며 시작 단계이다. 글을 쓰기 위해서는 내가 독서를 가장 먼저 해야 한다. 책을 많이 읽어야 글을 쓸 수 있고 책에서 얻은 다양한 지식이 사업에 엄청난 도움이 되기 때문이다.

책은 혼자서 읽기 힘들어서 독서모임을 많이 갖는다. 독서모임마다 스타일이 다르므로 나에게 맞는 독서모임에 참석하여 책을 많이 읽을 방법을 익히는 것이 가장 좋은 방법이다. 책을 읽어야 하는데 환경이 되지 않는다면 오디오북을 읽는 것도 도움이 많이 된다. 오디오북은 스마트폰 앱들이 있다. 그중에 내가 사용해보고 추천해 줄 만한 것은 yes24에서 나온 yes24 e-book이다. 이 앱은 월 5,500원이면 e-book을 무제한 읽을 수 있고 들을 수 있다. 출근하면서 운동 하면서 직장에서 일할 때 블루투스 이어폰으로 들으면 하루에 1권 정도는 들을 수 있다. 오디오북도 듣다 보면 적응이 되어 속도를 빨리 조절해서 들을 수도 있다. 여러번 반복해서 들으면 내용이 머릿속에 그려질 때도 있고 입으로 술술 나오기도 한다.

책 읽기, 오디오로 듣기, 동영상 시청하기를 하기 위해서 배워야 할 프로그램들이 있다. 그것이 바로 내가 가르치는 도구들이다. 인터넷 서점 회원 가입하기, 책 구매하기, 전자책 프로그램 설치하기, 크몽에서 전자책 구매하기 등을 사용하게 되면 시간을 줄일 수 있다. 이것이 핵심이다. 하루 24시간 평균 근무시간 8시간 누구에게나 똑같이 주어진 24시간

을 컴퓨터, 스마트폰을 활용해서 남들보다 시간을 더 효율적으로 사용할
수 있다.

　　두 번째, 이미지를 가공하여 나만의 이미지 홍보용 마케팅용으로
만드는 것이다. 책 읽기가 되고 글 쓰는 게 자유로워지면 그다음은 이미
지를 가공해야 한다. 물론 업체에 맡겨도 되지만 급변하는 온라인 플랫
폼 세상에서는 내가 꼭 이미지를 만들 줄 알아야 한다. 처음에는 이미지
를 한 장 만드는데도 시간이 오래 걸릴 수도 있다. 하지만 만들면 만들수
록 실력도 올라가고 시간도 단축되기 때문에 꼭 본인이 직접 해야 한다.
예전에는 이미지를 가공하려면 비싼 컴퓨터용 프로그램을 구매해야 하
지만, 지금은 무료로 좋은 프로그램이 많이 나와 있다. 그중에 가장 많이
사용하고 있는 프로그램이 바로 미리 캔버스이다. 미리캔버스는 무료이
고 템플릿이 많이 있다. 전단지, 썸네일을 1분도 안 걸리는 시간에 전문
가처럼 디자인을 할 수 있다.

　　물론 기본적인 사용법을 배워야 하지만 기초만 배우면 누구나 쉽게
사용할 수 있는 프로그램이다. 미리 캔버스, 캔바, 스마트목업, 누끼따기
사이트, 3d북커버, 움직이는 gif 만들기등 다양한 프로그램이 많다. 이런
프로그램들을 잘 사용할 수 있게 되면 시간도 단축되면 나만의 이미지를
만들어 사람들에게 홍보할 수 있다. 또한, 이미지를 만들고 나면 저장이
되기 때문에 다음에 그 이미지를 가공해서 계속 사용할 수 있고 만들다
보면 자기도 모르게 실력이 올라갈 수 있는 것을 알게 된다.

그럼 이 이미지를 만들어서 어디에 쓰느냐? 다 쓰인다. 모든 곳에 다 쓰인다. 블로그, 카페, 스마트 스토어, 유튜브, 인스타, 페이스북, 카카오톡, 오픈톡, 카카오 채널 관리자, 랜딩 페이지, 홈페이지, 상세페이지, 온라인 교육 사이트 등 많은 분야에 이미지가 필요하므로 온라인 사업을 하기 위해서는 필수이다. 오프라인에서는 만나서 말로 할 수 있지만, 온라인상에서는 고객들을 만날 수 없으므로 이미지가 꼭 필요하다.

세 번째, 오디오나 동영상을 만들어 시기적절하게 사용하는 것이다. 예전에는 동영상 편집을 컴퓨터로만 했는데 지금은 스마트폰으로도 충분히 가능해졌다. 좋은 앱들이 많이 나와서 누구나 쉽게 만들 수 있다. 유튜브나 여러 사이트에서 무료로 사용법을 가르쳐 주는 곳도 많고, 마케팅 고수방에서도 무료로 강의를 진행하고 있다. 처음부터 잘 만들 수 없지만, 꾸준히 하다 보면 금방 실력이 는다. 하나씩 만들다 보면 어느덧 멋진 콘텐츠가 되어 있을 것이다.

스마트폰에서 인기 있는 앱은 멸치, 키네 마스터, 비타, VLLO, Capcut, xRecorder Video Cutter 등이 있다. 이 앱들의 사용법은 네이버나 구글 유튜브에 검색해보면 자세하게 나와 있으니 배워서 바로 사용할 수 앱들이다.

마지막 네 번째는, 이렇게 만든 나만의 이미지와 동영상을 인터넷이나 각종 SNS를 활용하여 마케팅하는 것이다. 어떻게 보면 네 번째가 가장 핵심이 될 수 있다. 앞에서 말한 내용을 아무리 잘 만들어도 활용을 하지 못하면 무용지물이 되기 때문이다. 가장 먼저 쉽게 사용할 수 있는 마케팅 방법은 카카오 오픈톡 방이다. 카카오톡에서 오픈 톡 방을 검색하면 아주 많은 오픈 톡 방이 나온다. 누구나 들어가서 홍보할 수 있는 방들이 많다.

그 다음이 블로그를 홍보용으로 이용하는 방법이다. 매일 나만의 일기처럼 블로그를 이용하기도 하지만, 이를 홍보용으로 활용하면 쉽게 돈을 드리지 않고 홍보할 수 있다. 카페, 페이스북, 인스타그램, 유튜브 등 여러 플랫폼이 있다. 이 플랫폼들을 잘 활용하면 큰돈을 들이지 않고 내가 만든 콘텐츠를 잘 홍보할 수 있다.

어떻게 보면 위에 4가지를 짧은 시간에 배우기는 힘든 일이다. 그러나 꾸준히 하다 보면 자기도 모르게 성장해 있음을 알 수 있다. 글쓰기와 말하기도 누구나 할 수 있을 것 같지만, 쉽게 하지는 못한다. 그러나 책을 많이 읽고 정리를 하면 글쓰기가 해결되고, 책을 많이 읽는 독서모임을 하다 보면 말하기가 해결될 것이다. 이것이 마케팅의 가장 기본이라 생각한다.

말하기, 글쓰기가 해결되면 마케팅은 쉽게 할 수 있다. 내가 만들어 낸 말이 있다. "마우스를 클릭하면 하루를 성공하고 키보드를 두드리면 인생이 성공할 수 있다". 나는 이것이 성공할 수 있는 비결이라 생각한다. 이미지를 만들고 동영상을 만들려면 반드시 마우스와 키보드를 두드려야 한다. 이것을 매일 꾸준하게 하다 보면 성공할 수 있다. 하지만 시간이 없고 바쁘다고 안하면 발전할 수가 없다. 이것이 안되면 마케팅을 할 수 없게 될 수도 있다.

지금까지 6개월 동안 무료특강을 진행하면서 오픈톡을 운영해왔다. 나만의 방식으로 오픈톡을 운영하면서 수익화도 하였다. 6개월간 평생회원을 35명을 모집하였고 다수의 유료 강의 프로그램을 진행하면서 수익을 냈다. 코로나 이후 온라인 세상이 점점 더 깊게 넓게 스며드는 것 같다. 그래서 프리랜서, 1인 기업 사업을 원하는 사람은 반드시 오픈톡을 운영하여야 살아 남을수 있다고 생각한다.

나보다 더 마케팅을 잘하는 사람은 많다. 하지만 나는 6개월간 매주 한 번도 쉬지 않고 무료특강을 진행해왔으며, 이것은 쉬운 일은 아니었다. 어떻게 보면 이것이 나의 성공 비결이다. 사람마다 자기에게 맞는 스타일이 있기 때문에 어떻게 성공하느냐는 자신만의 스타일로 매일 꾸준하게 노력하다 보면 좋은 결과를 얻을 수 있을 것이다.

Chapter 10

골든타임 :
지금처럼 하거나
지금부터 하거나
〈자녀영어교육 메신저〉

김줄리

자녀영어교육 메신저

한데 모인 자그마한 나의 경험들이 누군가의 교육에 힘이 되기를 바라는 마음에
15년간의 경험을 나누게 된 영어교육 메신저

졸) 영어교육학 석사
현) 15년 영어교육 전문가

우주최강
어머니들에게

우리 어머니는 교육열로 우주최강 중 한 분이었습니다. 어머니 덕에 저는 교육적으로 남부럽지 않은 학창시절을 보냈고 지금 이렇게 스스로 대견스러운 또 한 사람의 교육 메신저가 되었습니다. 하지만 이렇게된 것이 과연 단순히 교육열 덕분일까요? 우리 어머니가 우주최강의 반열에 오를 수 있던 부분은 사실 다른 데 있다고 생각합니다. 바로 저에게보내 주신 일말의 의심도 없는 무한한 믿음입니다. 수백, 수천을 들여야하는 교육 서비스에는 한계가 있지만 그 믿음에는 한계가 없지요. 언제넘어져도 무슨 일이 있었냐는 듯 툭툭 털고 다시 일어날 수 있는 용기와마음의 탄력을 심어준 그 믿음, 이 글을 읽어주시는 여러분들은 어떠하신가요? 혹시 지금 잘하고 있는 것인가 의구심이 드는 분들은 지금부터라도 제가 말씀드리는 부분들을 되짚어보고 실천해보시면 좋겠습니다. 늦었다고 생각이 들 때가 어쩌면 인생에서 가장 중요한 골든타임일 수도있는 만큼 제가 지금 쓰는 글이 우주최강의 자질을 갖추신 여러분과 자녀가 함께 앉아 고민해볼 수 있는 계기가 되기를 진심으로 바랍니다.

영어보다 먼저인 게 있다고요?
영어보다는 이것을 먼저!

저는 유아, 초등학생, 중학생, 고등학생을 가르친 경험이 있고 올해로 영어교육 15년 차를 맞았습니다.

영어를 가르침에도 불구하고 제가 영어보다 더 중시하는 게 있습니다. 바로 예절과 태도입니다.

공부는 사회를 나가기 위한 여러 과정 중 하나라고 생각합니다. 다만 성적으로 순위를 매겨서 시행하는 방식을 따르고 있을 뿐이지요. 많은 분들이 공감하시겠지만, 사회에서는 성적이 전부가 아닌 경우를 종종 겪게 됩니다. 또한 기본이 안 지켜지고 서로 간의 지켜야 할 예의가 지켜지지 않아서 마음을 다치는 경우가 있지요. 태도도 마찬가지입니다. 그래서 저는 무슨 공부든 간에 예절과 태도가 선행될 것을 강조하기 위해 학생들에게 늘 이렇게 이야기합니다.

"영어를 못하는 건 상관없어, 누구나 처음은 있고 괜찮아. 우리는 배우러 왔잖아. 선생님은 못한다고 혼내는 사람이 아니야. 어렵고 못하는 것은 같이 하면 돼. 모르는 것은 언제든 10번, 100번 다시 설명해 줄 수 있어. 그렇지만, 예의와 태도로 기본을 잘 지키자. 그것만큼은 선생님은 혼낸단다."

03

학원 안 다녀도 좋아요
이것만은 길러주지 마세요

아이들은 힘든 일이 있으면 쉽게 포기합니다. 그리고 그것은 쉽게 습관이 되지요. 그것을 바로잡아줄 수 있는 것이 우리 어른들, 부모들입니다.

제가 이야기를 하나 해드릴게요. 초등학교 6학년 아이들이었어요. 8명 정도가 잘 못하거나 부실기초로 학원을 온 친구들이었지요. 중학교 입학을 앞둔 시점에서 탄탄한 기초를 쌓아줘야겠다고 생각했고 11월부터 수업시간보다 1시간 먼저 불러서 보강을 해주기로 했지요. 처음 2주는 전원이 출석을 했습니다. 그리고 4주까지는 4명이 출석을 했지요. 12월이 되고 3명, 1월이 되니 아이들이 온갖 이유로 오지 않았어요. 단 한 명만 빼놓고요. 제 입장에서는 1시간 먼저 출근하는 것이 가끔은 지쳤지만 그래도 꾸준히 오는 학생의 끈기에 감동받아서 중학교 입학 전까지 꾸준히 가르쳤습니다. 꾸준히 오는 이 학생은 8명 중, 그리고 같은 6학년 반 아이들 중에서 가장 하위에 있던 학생이었습니다. 아이들에게 못한다고 놀림을 받기도 하고, 스스로도 영어를 못한다는 생각에 영어를 싫어하고 불편해하던 아이였지요. 그런데 이 아이는 다른 아이들에게 없는 꾸준함이 있었습니다. 그래서 이 3달간 한 번의 지각도 없이 1시간 미리 와서 저와 같이 기초를 했지요. 결과는 어땠을까요? 지금은 중학반에서 제일 영어를 잘하는 아이가 되었습니다. 기초 섭렵은 물론, 문제풀이를 할 때 무엇 때문에 틀렸는지 스스로 분석도 할 줄 아는 사고력까지 갖춰가고 있는 학생이 되었습니다.

같이 시작했던 나머지 7명의 친구들은 그 후에 후회를 했지요. 친구의 변화가 눈에 들어온 순간부터 이런 후회를 저에게 털어 놓더라고요. "아! 힘들어도 그냥 할 걸! 그때 할 걸! 한 달 전에 할 걸! 일주일 전에 할 걸! 포기하지 말 걸! 계속 할 걸!" 이러면서요.

우리 모두 이런 경험 있지요? 아시다시피 무슨 일을 하든지 가장 힘든 것은 일단 2주 동안 꾸준히 하는 것입니다. 힘들어도 포기하지 않고 해보자는 마음으로 꾸준히 할 때 우리는 변화가 온다는 것을 알고 있습니다. 특히 공부는 더더욱 꾸준함이 가져다주는 변화가 매우 크게 나타납니다.

어머니들의 학원 쇼핑이 끝나고 학원가에 S/S, F/W 시즌이 찾아오면 어머니들에게 제가 꼭 드리는 말씀이 있지요.

"어머니 저에게서 배우지 않아도 됩니다. 학생과 맞는 선생님 꼭 찾으시고, 어디를 가든 공부의 끈을 놓지만 않게 하세요. 학원이 안 맞으면 안 다녀도 좋으니, 포기하는 습관만큼은 내버려두지 마세요. 그 습관은 나중에 부실기초로 이어집니다. 꾸준히 하는 힘을 길러주세요"

04

문법은 영어가
아니에요

학원 상담을 오시는 어머님들과 (가끔 아버님께서 오시지만 대부분 어머님이 오십니다.) 상담 할 때 영어교육 메신저로서 꼭 짚고 가는 부분이 있습니다.

"문법은 영어가 아닙니다."

영어에는 문법이 있을 수 있지만, 문법이 영어의 전부는 아니기에 드리는 말씀입니다. 혹시 문법이 필요하다고 생각하셨다면 왜 그렇다고 생각하세요? 제가 생각하는 이유는 자연스럽게 말하기 위함입니다. 한 가지 예를 들어보겠습니다.

동생이 밥이 먹었니? vs. 동생이 밥을 먹었니?
사장님 저게 주세요. vs. 사장님 저걸 주세요.

어떠세요? 앞에 있는 예문이 조사라는 문법이 틀렸다는 것은 누가 봐도 압니다. 하지만 여기서 문제 해결은 간단합니다. 조사에 대한 지식만 제대로 습득하고 연습해보면 끝나는 일입니다. 또 하나 예문을 들어볼까요?

도사 진자가 묵까?
시정씨 그 쥐다.

여러분. 혹시 이 두 예문을 가지고 앞선 예문과 같은 의미라고 이야기하면 믿으시겠어요? 정말로 아래 예문과 위 예문의 의미가 같다면 아래 예문의 문제는 뭘까요? 과연 문법일까요?

문법은 영어가 아닙니다. 문법은 최종적으로 말을 자연스럽게 가다듬기 위한 도구일 뿐입니다. 자녀가 성적도 올리고 영어로 제대로 소통하는 능력까지 기르기를 바라신다면 문법과 기초를 헷갈려하고 있지는 않은지 자문해보시면 좋겠습니다.

05

질문으로
단단한 기초 만들기

저는 공부에 있어서 "왜"를 중요하게 생각합니다. 이것이 왜 중요한 지 간단한 체크리스트로 알아보겠습니다.

학년	체크리스트
중1	명사는 무엇일까? 동사는 무엇일까? Be동사와 Do동사(일반 동사)의 다른 점은? 무엇이 다를까? 왜 다를까?
중2	왜 수동태는 Be+pp일까? 왜 진행형은 Be+Ving일까?
중3	현재완료(have+pp)에 대해 설명해볼까? have been Ving에 대해 설명해줄래? 왜 그렇게 되었을까?

고등학생이라면 위의 리스트를 다 물어보셔도 됩니다. 집에서 간단하게 체크해보세요. 각 학년마다 나오는 문법 몇 가지를 가지고 만든 체크리스트입니다. 각 질문에 대한 설명이 가능하다면 기초가 탄탄하게 잘 되어있는 겁니다. 하지만 설명을 못한다면 기초를 탄탄하게 쌓고 가는 것을 추천합니다. **중요한 것은 "왜"라는 질문에 대해 자신이 알고있는 것을 "설명하는 것"입니다.**

부실공사 건물에 시간이 없다는 이유로 보강을 하지 않으면 어떻게 될까요? 결국 무너져 내릴 겁니다. 가장 많은 시간을 보내겠지만 가장 빨리 영어를 잘할 수 있는 방법은 기초를 단단히 하는 것입니다. 그래야 고득점 구간에서 흔들림이 없습니다. 반드시 기초를 단단하게 할 수 있도록 "왜" 라는 질문을 해주세요.

06

특별한 영어수업 규칙

저의 영어수업에는 특별한 규칙이 있습니다. 교실에 들어오면 영어만 쓰기? 아니요. 숙제는 늘 해오기? 아니요. 바로 아래와 같은 규칙입니다.

규칙0. 인사하기

인사는 늘 중요합니다. 저는 늘 인사를 먼저 가르칩니다. 선생님에게 인사하는 것은 당연한 것이지요. 더불어 안전하게 운전해주시는 운전기사님, 차량 동승 선생님, 실장님, 보조선생님등 학원 스텝 선생님들께도 인사를 하라고 가르칩니다. 우리를 위해서 많은 분들이 수고해 주심을 알았으면 하는 것과 작은 감사를 인사로 해보는 연습을 하라는 의미입니다. 이렇게 도와주시는 분들에게 인사를 하는 것은 기본이라고 저는 생각하기 때문입니다.

규칙1. 스마트폰 분리불안 극복하기

핸드폰 분리불안은 모두에게 있습니다. 저도 집에서 밥 먹다가도 없으면 찾아서 옆에 두고서는 밥을 먹지요. 물론 좋은 습관이 아님을 알지만 밥을 먹는 그 짧은 시간 안에 일과 관련된 전화가 올 것만 같아서 그러는 경우가 있습니다.

어른뿐 아니라 아이들도 스마트폰과 잠시 떨어져 지내면 안 되는 문화에 살고 있음을 저도 압니다. 하지만 제 교실에 들어온 만큼은 집중했으면 합니다. 그래서 저는 시계도 없애고, 스마트폰도 제게 제출하라고 합니다. "급한 일이 있으면 부모님께서 선생님에게 전화하실 거야." 이렇게 이야기하지요.

물론 처음에는 저항이 있습니다, "꼭 내야 해요?", "스마트폰 안 할 테니 제 책상 위에만 두면 안 될까요?", "저 친구랑 연락 꼭 해야 해서요." 등 이유는 수십 가지지요. 그렇다고 해서 이유를 듣고 "그래 너만 특별히 봐줄게!" 이런 예외는 없습니다. 저와 있는 시간과 공간에서는 무조건 몰입하고 집중하는 환경으로 만들어야 합니다. 그래서 스마트폰은 영어수업을 할 때 무조건 제출입니다. 이렇게 몰입의 체계가 잡히고 난 아이들이 가장 많이 하는 말이 있습니다.

"언제 시간이 이렇게 갔어요?"

"시간이 엄청 빨리 갔어요!"

"벌써 이렇게 되었어요?"

규칙2. 부정적인 말은 1 장더 !

요즘 가장 아이들이 많이 달라진 점은 "활기"라고 생각됩니다. 이제 막 인생 10년 차, 15년 차 된 아이들이 제게 가장 많이 하는 말이 "쉬고 싶어요.", "아무것도 안 하고 집에만 누워 있고 싶어요."입니다. 활기가 사라진 모습이 보이시나요? 정말 놀라셨죠? 제 인생의 반도 안 살아본 아이들이 무엇 때문에 그렇게 쉬고 싶을까 고민을 하다가 물어보면 이유는 "그냥"입니다. 그리고 조금만 어렵거나, 잘 못하는 부분이 나오면 "못 하겠어요." "저는 못하는 사람인가 봐요." "머리가 안 좋아서." "저는 흑수저라 이런 거 못해요." 등의 부정적인 말을 쏟아내기 시작합니다. 조금의 어려운 문제들은 생각을 해보면 금방 풀리는 문제인데도 불구하고요. 생각의 힘을 기르는 연습을 해보지 않아서 머리 탓, 환경 탓을 하는 것 같습니다. 어디서 많이 들어보지 않으셨나요? 어른들의 말과 다르지 않지요? 텔레비전에서 보는 것을 그대로 답습하기도 하고, 어른들이 주변에서 한 말을 듣고 그대로 하기도 합니다. 그리고 온갖 매체에서 그런 내용이 쏟아지니 저로서는 막을 도리가 없습니다. 아마 부모님들도 같으실 거예요. 그래서 생각해낸 방법이 있습니다. 바로 1장 더!입니다.

"부정적인 말을 할 경우 무조건 1장 더야. 내 교실에서는 부정적인 말 금지.

긍정적인 말만 써야해." 물론 이 규칙도 처음에는 잘 되지 않습니다. 하지만 우리는 학습이라는 것을 하지요. 그래서 세 명 정도 1장씩 더 하고 늦게 가는 모습을 보면, 아이들은 제가 이 규칙에 상당히 진심임을 알게 되고 부정적인 말을 덜 쓰게 됩니다. 그때부터는 힘들면 이렇게 얘기하더라고요 "아, 너무 행복하다", "아, 나는 할 수 있다." 물론 뉘앙스는 행복의 뉘앙스가 아닌 경우가 있지만, 그래도 아이들 스스로가 부정적인 것을 조금은 막는 것 같아서 저는 이 규칙이 좋습니다. 댁에서도 해보세요. 부정적인 말을 하면 1장 더 하거나, 스마트폰 1시간 못하기, 이렇게요. 적극 추천해드립니다.

규칙3. 틀리는 것에 대한 두려움 없애주기

처음 들어오거나 영어를 못한다고 생각하는 아이들에게 항상 해주는 말이 있습니다. "누구나 처음은 있어, 못하고 틀리는 건 괜찮아. 그러니 못하는 것이나 틀리는 것을 두려워하지 말자. 선생님도 water를 알기까지 2달이나 걸렸어, 선생님에 비하면 너는 굉장히 잘하고 있는 거야. 그러니 괜찮아."라는 말을 꼭 해줍니다.

우리에게도 처음은 있었고, 모르는 때도 있었는데 아이들에게 처음부터 잘하라고 강요하는 것은 아닌지 하고 생각이 들 때가 있습니다. 그래서 저는 틀리는 것을 두려워하지 말라고 해줍니다.

규칙4. 왜 그럴까? 생각해보기

학원시험에서 찍기로 100점을 맞는 것이 무슨 소용이겠어요? 70점을 맞더라도 자신이 무엇을 모르고, 아는지를 짚고 넘어가는 게 중요합니다. 그래서 학원을 다니는 거라고 생각합니다. 저는 못 푸는 문제는 찍지 말고 별표시를 하고 넘어가라고 합니다. 그리고 채점 후에 별표 문제와 틀린 문제를 같이 풀어주지요. 생각의 힘을 조금이라도 길러주고 싶어서 아래와 같이 질문합니다.

"이 문제를 낸 사람은 무엇을 물어보고 싶었을까?", "무엇이 잘못된 걸까?", "왜 이게 잘못된 것일까?"라고 질문을 하고 생각할 시간을 줍니다. 이것도 역시 연습이 필요하고, 연습이 되면 문제를 보는 눈을 기르고 생각의 힘도 같이 기를 수 있습니다.

규칙5. NO꼽

아이들마다 진도가 다릅니다. 그래서 진도가 빠른 아이들이 학원에 늦게 등록한 아이들 혹은 진도가 느린 아이들에게 "아직 여기야?", "거기를 틀렸어?", "그거 완전 쉬운 건데." 하고 이야기하는 것을 종종 듣습니다. 그러면 저는 학생들 모두에게 이렇게 이야기합니다. "우리 교실에는 선생님보다 영어를 잘하는 사람은 없지? 선생님은 너희에게 못한다고 한 번도 혼낸 적이 없어 그치? 못하는 건 괜찮아 우리가 배우러 온 거니까 그러니 친구에게 꼽주지 말자."라고요.

지나가는 말이라도 "이거 쉬운 거야.", "이걸 왜 몰라?", "이게 이해가 안 된다고?" 이런 말은 하지 않습니다. 저도 영어를 이해하는 데 오래 걸렸습니다. 왜라고 물어보면 답을 해주는 경우 없이 이것도 모르냐 면박도 받은 적이 있지요. 영어를 처음 배우는 학생에게는 모든 것이 생소하고 어려울 것입니다. 모르는 것은 잘못인 아닌데, 마치 잘못한 것 같은 분위기를 느끼신 적이 있을 거예요. 그게 잘못이 아닌데도요.

꼽은 면박을 주어 사람을 민망하게 만드는 것을 의미합니다. 그렇기에 제 수업과 교실에서만큼은 NO꼽입니다.

규칙6. 정리정돈

"아름다운 사람은 뒷모습까지 아름답습니다."라는 문구 기억나시나요? 정리정돈을 배워놓으면 공부의 시작과 맺음을 그리고 배려를 배우게 됩니다. 이 습관이 자리잡게 되면, 어디서든 배려가 있는 한 사람 될 것입니다.

1×3?
3×1?

이게 무슨 뜻일까요? 문제 드리겠습니다. 1×3? 3×1? 어느 쪽이 더 클까요?

정답은 1×3 > 3×1입니다.

이게 무슨 말일까요?

3권의 책을 1번씩 풀어보는 게 좋을까요? 3×1

1권의 책을 3번씩 풀어보는 게 좋을까요? 1×3

이런 말입니다. 아직 배우는 중이라면 저는 1x3을 권합니다. 그러고 나서 3×1을 하라고 권하고 싶습니다. 다양하게 문제를 푸는 것은 기본과 기초가 탄탄하게 되어있는 다음에 해야 합니다. 그러니 여러 권의 문제집을 풀리는 것보다 우선해야 할 것은 이 개념을 잘 이해하고 있느냐입니다.

모르는 거예요
못 하는 게 아니에요

저에게 상담하러 오시는 학부모님들의 95%가 많이 하는 말씀입니다.

"머리는 좋은데 공부를 안 해요."

이미 학부모님들은 다 알고 계셨군요. 머리는 좋은데 공부를 안 한다는 것을. 그러면 왜 공부를 하지 않을까요? 못 하는 걸까요? 아닙니다. 모르는 거예요. 저는 노력 대비 가장 결과가 정직하고 공평한 분야는 공부라고 생각합니다. 생각해 보세요 주식, 승진, 인간관계 등 스스로 노력했음에도 뜻대로 되지 않는 것들이 많습니다.

공부는 외모나 재력을 따지지 않고 엉덩이를 따지지요. 이게 무슨 말일까요? 공부는 엉덩이 싸움이라는 뜻이지요. 끈기와 성실한 태도가 중요하다는 말씀을 또 드립니다. 그렇지만 무작정 끈기와 성실한 태도를 갖출 수는 없겠지요? 지피지기면 백전백승이라고 했습니다. 그래서 제가 추천해드리는 것은 대학까지 꿈지도를 만들어 보는 것과 역행공부표를 만들어 보는 것입니다.

꿈 지도란

꿈을 이루기 위한 대학까지의 긴 과정을 보여주고 머릿속에 인식시키기 위한 지도입니다. 지금부터 대학까지의 과정을 위성지도로 본다고 생각하면 됩니다.

원하는 학과 혹은 대학을 막연하게만 생각하지 말고, 부모님과 같이 찾아보며 지도를 만들어 보는 것이지요. 아주 간단하게 해볼 수 있지만 빨리하기는 어려울 수 있습니다. 그러니 한 번에 완성하려고 하지 마시고 천천히 같이 생각해보세요. 초중고 때마다 달라질 수 있습니다. 꿈지도는 일종의 계획이니, 계획은 언제나 바뀔 수 있음을 알려주세요. 꿈지도를 그릴 때 중요한 것은 연간계획처럼 큰 그림을 그리는 것입니다. 너무 세세하게 하면 지쳐버리니 큰 틀이 머릿속에 있도록 해주세요.

〈사전준비〉
- 원하는 대학 or 학과 정하기
- 최소 3개의 대학 or 학과
- 입시요강 같이 찾아보기
- 중등일정과 고등일정 비교해보기

학년	중등	고등
1월	겨울방학	겨울방학
2월		
3월		모의고사
4월		
5월	중간고사	
6월		모의고사
7월	기말고사	
8월		
9월		모의고사
10월	중간고사	
11월		모의고사
12월	기말고사	

〈꿈 지도 그리기〉

1. 종이 제일 위에 가로로 나이와 해당 학년 적기

2. 목표 : 원하는 과 혹은 학교를 가로 제일 끝에 두기

3. 꾸준히 해야 할 것 찾아서 적기

4. 원하는 목표를 이루기 위해 지금부터 해야 할 것 적기

5. 고등학교 학사일정을 알아두어 무엇을 준비해야 할지 생각해보

기(특히 중3)

역행 공부 지도

꿈 지도가 위성사진과 같은 지도였다면, 이번에는 현재 하고 있는 공부의 지도를 그려 볼 차례입니다.

우리가 처음 서울에서 부산을 간다고 해볼게요. 초행길인 만큼 가는 방법, 비용 등 알아야 할 것들이 있습니다. 공부도 그와 같습니다. 처음 하는 공부이니 무엇을 알고 가야 할지, 어디서부터 해야 할지 모르는 경우가 있습니다. **무턱대고 "공부만 해!"가 아니라 방법을 알려주어야 합니다.**

저의 주요 과목은 영어와 국어이지만 고등학생을 맡을 때는 모든 과목의 일정을 같이 짜줍니다. 여기서 중요한 것은 역행으로 해보기와 함께 해보기입니다. 시험 보는 모든 과목의 해당 범위와 학생의 이해도에 따라서 학생마다 달라집니다.

시험 보기 한 달 전부터 해보시면 좋습니다. 교과서와 프린트를 어떻게 읽을지, 문제는 언제 풀고, 언제 복습을 할지, 몇 차례 회독을 할지

디데이를 기점으로 역행으로 함께 표를 작성해야 합니다. 특히 모든 것을 이해한 뒤에 문제를 풀게 해야겠다는 생각을 버리세요. 내용을 2회독 정도 보고 그 후 문제를 풀면서 출제자의 의도를 파악하게 하세요. 그리고 왜? 라는 질문을 통해서 모르는 내용을 보완하도록 해주세요. 그러면 머릿속에 어느새 공부지도가 그려지고 공부에 대한 자신감이 더욱 붙은 모습을 발견하게 될 것입니다.

10

How to 공잘법 : 공부 잘할 수 있는 방법

공잘법 1. 자리 정돈하기

사람마다 다르기는 하지만 도서관이나 카페에 가야 공부가 잘된다고 생각하는 사람들이 있습니다. 왜 그럴까요? 중요해서 그럴까요? 그것보다는 가지런하게 정리정돈된 환경이어서 그렇다고 생각합니다. 제가 가르치는 곳에서는 학생들에게 2인용 책상을 혼자 쓰게 하면서 자리를 지정해줍니다. 그리고 책상 위에는 필기구와 지금 공부하는 책만 올려놓으라고 합니다. 핸드폰은 공부하는 동안 저에게 반납합니다. 이렇게 정리만 조금 할 뿐인데 학생들의 몰입도가 올라갑니다. 더 나아가서 스스로 정리하게끔 유도해주세요. 환경이 갖추어진 곳만큼 무언가를 하고 싶게끔 만드는 것도 없는 듯합니다.

공잘법 2. 예절 지키기

저는 인사만 잘해도 성공할 수 있다고 이야기합니다. 인사를 잘한다는 것은 선생과 학생 간의 존중과 예절이 바로 섰다는 의미이며, 그 사소한 돈독함 위에 탄탄한 기초가 설 수 있다고 믿기 때문입니다. 집에서부터 작은 예절 하나라도 허투루 익히지 않도록 잘 이끌어주세요.

공잘법 3. 국어로 영어에 날개옷 입혀주기

영어는 시험 과목이기 전에 하나의 언어입니다. 곧 영어 실력은 언어 능력에 좌지우지될 수 있습니다. 그렇다면 영어를 늘리려면 언어 능력도 늘려야 하는데 숙제가 하나 늘어난 것 같습니다. 영어 자체도 힘든데 언어 능력 수양을 위한 노력까지 하라니요? 사실 우리가 한 가지씩 따로 접근하는 생각을 해서 그렇습니다. 영어는 영어로, 언어 능력은 국어로 접근하면 됩니다. 국어는 우리가 이미 습득해놓은 언어이기에 언어 능력을 따로 학습하기에 어려움이 없지요. 그러니 자녀들이 책을 많이 읽도록 이끌어주세요. 문해력, 이해력, 사고력이 길러지면 영어를 습득하는 속도가 날개를 단 듯 빨라질 거예요.

공잘법 4. 10분이라도 같이 대화하고 공감 해주기

10분이라도 오늘 무엇을 했는지, 무슨 일이 있었는지, 아이의 하루를 공감해주세요. 아직 아이입니다. 겉으로는 무뚝뚝해 보여도 엄마 아빠의 관심을 좋아합니다. 지금은 툭툭 내뱉듯이 말해도 공감받는 아이는 마음이 힘들 때 다시 일어서게 하는 힘과 심리적 안정감을 가질 것입니다. "학원에서 시험 성적이 이게 뭐야?", "숙제 했어? 언제 할 거야?"처럼 추궁하는 말보다는 **"학원 시험이 너무 어렵지는 않았니?", "오늘은 뭐 했었니?", "숙제가 어려우면 같이 고민해볼까?"**처럼 다정하게 다가갈 수 있는 말들을 하려고 노력해주세요.

공잘법 5 마음의 탄력도 높이기

마음의 탄력도는 마음이 상처를 회복하고 활기를 되찾는 능력의 수준을 이야기합니다. 마음의 탄력도가 낮으면 소위 말하는 소심한 사람처럼 안 좋아진 마음을 부여잡고 끙끙 앓는 시간이 늘어나지만 탄력도가 높으면 좋지 않은 마음을 홀홀 털어내기까지 시간이 짧아지지요. 여러분은 자녀가 어떤 탄력도를 갖추길 원하시나요? 십중팔구 후자일 것입니다. 하루를 무사히 잘 보내고 온 아이에게 **"그럴 수 있어.", "그럴 때도 있는 거지.", "잘했어.", "괜찮아.", "고생했네."** 같은 별것 아니지만 따스한 말들을 자주 건네주세요. 아이가 그날 하루를 어떻게 겪었든 홀홀 털어내는 마음의 환경을 갖추게 될 거에요.

How to 책고르기

책고르기 1. 베스트 셀러를 찾지 말고 나만의 책을 찾기

비슷한 레벨의 비슷한 단어 개수를 가진 영어단어책으로 말씀을 드리자면, 단어책은 다 비슷합니다.

그러니 좋은 책을 추천받는 것보다 서점에 아이와 같이 가서, 아이가 보기 편해하고 좋아하는 책으로 사주세요. 내용은 거의 비슷하니 좋아하는 책으로 사주기를 권해드립니다.

책 고르기 2. 내 실력에 맞는 책보기

저는 학생의 학년에 맞춰 교재를 준비하지 않습니다. 학생의 수준에 맞는 책을 준비하지요.

학년을 나누는 것은 교과 과정을 효율적이고 편리하게 나누기 위한 수단일 뿐이니 그에 속지 않으셨으면 합니다.

내 아이는 해당 학년이 보는 책을 봐야 한다는 욕심을 잠시 내려놓고 아이에게 정말 부족한 부분이 무엇인지 들여다보세요.

이 역시 함께 고민해보시면 정말 아이들에게 필요한 수준의 책을 찾는 데 도움이 많이 될 거에요.

12

지금이 바로
골든타임 입니다

앞서서 포기하지 않고 꾸준히 하는 것의 중요성을 이야기했습니다. 하지만 아이들에게 무작정 포기하지 말고 꾸준히 하라고 이야기하는 것이 어쩌면 너무 가혹한 일일 수 있겠다는 생각이 듭니다. 아이들이 개인적으로 정서적 불안 시기를 지나고 있을 수도 있고, 특히 요즘 아이들은 여러 학원을 동시에 다니는 것은 기본이고 과외와 운동까지 병행하는 경우가 많으니 더더욱 조심해야 할 일입니다. **그러니 무엇을 꾸준히 하게 해줄지 곰곰이 생각해주세요.**

저 역시도 불가항력으로 포기한 적이 있습니다. 한순간에 닥친 불화로 집까지 경매로 잃게 된 마당에 학교에서 지원해주는 어학연수를 포기해야 했어요. 성적은 무리가 없었지만 해외 생활비와 비행기표를 구매할 돈이 부족했어요. 지금으로 보면 약 300만 원 정도 되는 금액이었는데, 그것을 당장 구할 여력이 되지 못해 영어 실력을 대폭 향상시킬 기회를 포기하고 나니 너무도 서러워서 눈물을 흘렸지요.

제 경우처럼 자신의 의지와 상관없이 우리는 종종 포기를 해야 하는 상황에 직면하게 됩니다. 그것은 경제적 형편이 될 수도, 시간과 성적의 압박이 될 수도, 그 밖의 여러 가지 사회적 환경이 될 수도 있겠지요. 그렇기에 더 중요한 것은 포기하지 않고 꾸준히 하는 것이 아니라, 무엇을 포기할지를 알고 받아들이며 또 다른 길을 모색할 수 있는 바탕을 마련해주는 일인 듯합니다.

다시 저의 이야기로 돌아가서, 비록 어학연수를 포기해야 했다지만 저는 결코 비관하지 않았습니다. 그토록 원하던 것은 얻지 못했지만 그것이 없이도 다른 길로도 얼마든지 꿈을 향해 나아갈 수 있을 것이라 믿었어요. 내가 있는 환경에서 어떻게 하는 것이 최선일지를 고민했고, 그러한 고민 끝에 미드를 보기 시작했습니다. 약간의 과장을 보태자면 아르바이트 하는 시간을 빼고 집에 있으면서 눈뜨고 있는 대부분의 시간을 미드 보는 데 할애했어요. 어떠한 체계를 가지고 본 것은 아니었지만 그저 보는 것만으로도 간접적으로나마 해당 나라의 문화를 체험할 수 있었고, 사고의 차이도 엿볼 수 있었습니다. 그리고 그 시간들 속에서 저는 제가 원하는 바를 이루었지요.

포기하지 않는 이상, 할 수 있다는 것을 배웠습니다. 그리고 "그것 때문에"가 아니라 "그것 덕분에" 다른 방법을 모색하고 툭툭 털고 일어서는 법을 배울 수 있었습니다. 제가 큰 포기를 마주하고도 또 다른 길을 찾을 수 있었던 것은 교육열이 우주최강인 우리 어머니가 제 마음근육 바탕을 탄탄하게 다져주신 덕분이었습니다.

우주최강 어머님들, 저는 이 글을 읽은 여러분도 자녀들에게 그러한 바탕을 다져주실 거라 믿습니다. 예절과 존중, 문법이 다가 아닌 영어, 저만의 특별한 교실 규칙, 영어의 날개옷, 그 외의 소소한 팁 등을 보면서 "이거 해봐야겠다."라는 것이 있을 수 있어요. 그렇다면 지금부터 한 가지씩 실천해보세요.

"지금이 바로 골든타임 입니다."

Chapter 11

나는 성장 메신저 입니다

김수란

억대 연봉이 될 성장 메신저 , 드림성장코치 , 꿈꾸는 워킹맘

웃음치료사,독서지도사,문학치료사
끊임없이 배우고 나누며
지식과 경험으로 부를 창출하는
억대 연봉 메신저를 꿈꾸는 워킹맘입니다.
여러분의 변화와 성장을 도와드립니다.

• 취미
　시낭송, 낭독, 코칭, 배움, 나눔

• SNS
　유튜브 〈힐링 시타임〉
　https://www.youtube.com/channel/UCkjgAOZWZJLsaaf15v6ZYTA

• 블로그
　〈꿈을 꾼다 , 오늘도〉
　https://blog.naver.com/rlatnfksa

• 오디오클립
　〈힐링 시타임〉
　https://audioclip.naver.com/channels/7859

변화의 시작

탈모, 우울증 탈출 , 변화의 시작은 내 마음에서부터

'흔들리지 않고 피는 꽃이 어디 있으랴

이 세상 그 어떤 아름다운 꽃들도 다 흔들리면서 피웠나니

흔들리면서 줄기를 곧게 세웠나니

흔들리지 않고 가는 사랑이 어디 있으랴'

(중략)

 - 흔들리며 피는 꽃 , 도종환

도종환 시인님의 시처럼 우리는 인생의 꽃이기에 몇 번이고 흔들리며 살아갑니다. 그 꽃도 제대로 피우지 못한 학창시절, 저에게는 늘 공허함이 있었는데요, 중학교 1학년때 따돌림을 당한 적이 있었고 자존감은 바닥으로 떨어졌습니다. 내성적인 성격은 더욱 소심해지고, 말이 없었

고 , 자신감이 없었습니다. 중학교 고등학교 때 이미 스트레스와 지루성 두피염으로 인한 탈모가 진행 되어 머리를 묶으면 뒷머리가 비어 머리를 기르지도 못했죠. 지금은 다행히 스트레스를 관리하고, 꾸준한 두피 관리를 통해 20년 만에 머리를 묶고 다닐 정도로 좋아졌습니다.

변화하려면 내 스스로가 먼저 생각을 바꿔야 하는데, 대학생이 되었을 때 문득 이런 생각이 들었습니다.

'나도 행복해지고 싶어.'

'나도 달라 질꺼야.'

'그런데… 행복해지려면 어떻게 해야 하지?'

거울에 비친 어둡고 칙칙한 모습이 아니라, 찐으로 정말 행복해 지고 싶었거든요.

질문에 대한 답을 스스로 찾고 싶어서 시험공부를 하기 위해서가 아니라 책을 읽기 위해 도서관과 서점을 찾아 다녔습니다.

도서관에서 '행복', '성공', '자기계발'이라는 키워드로 책을 검색하고 관련된 모든 책을 읽기 시작했습니다. 독서법에 관한 책을 보니 단시간에 어떻게 책을 효과적으로 보는지 방법을 깨달아갔습니다. 자주는 아니었지만 좋은 글을 보고 요약한 정보를 블로그에 올리기도 했습니다.

매년 해마다 나만의 노트를 만들어 늘 가지고 다녔었는데 버킷리스트, 투두리스트, 위시리스트, 가계부 , 업무 신속표, 실수일지, 자격증 취득한 것, 주소록, 등 나의 모든 것을 노트에 넣어 다녔습니다.

해마다 만든 노트에 빠짐없이 들어간 것이 노트 맨 앞에 긍정확언들을 적어두는 것이었습니다. 책을 읽다 좋은 문구가 있어 그렇게 되고 싶은 글들을 적었습니다.

'웃자', '행복하자', ' 발전하자', '용서하자', '메모하자', '책을 읽자', 그렇게 내가 원하는 모습을 꿈꾸고 반복해서 보고 지속하니,

- 지금은 수시로 웃고 다닙니다.

- 지금도 행복합니다.

- 지금 이 순간도 여전히 발전 중입니다.

- 이미 용서하였고 마음에는 용서할 사람이 없습니다.

- 아이디어는 늘 메모하고 다니며 모든 것을 기록하는 것을 좋아합니다.

이렇듯 내가 바라는 모습을 꿈꾸고 기록하고 수시로 보면 내가 원하는 모습이 어느샌가 되어있으실 겁니다.

2011년 '대백과 사전'이라는 명언과 좋은 말들을 모아놓은 아주 두꺼운 책이 있었는데 이 책이 너무 가지고 싶었고, 이 책을 선물로 받게 되었습니다. 책속의 좋았던 구절은 악필이지만 정성을 들여 필사노트를 했습니다.

그때 저만의 노트에 적어두었던 필사 내용입니다.

1. 새벽 5시 기상하기: 아닌 적도 있었지만 지금은 새벽 5시에 깨어 있는 삶을 살고 있다.

2. 발전하기: 기록, 피드백 ,아이디어 기록 - 지금은 노션이라는 디지털 도구에 모든 정보를 기록하고 있다.

3. TV 보지 않기: 드라마 중독을 끊고 지금은 보상으로 가끔 다시보기로 몰아본다.

4. 나만의 시간 가지기: 서점, 도서관, 운동, 휴식 등 나만을 위한 시간을 가진다.

5. 몸값 올리기: 해마다 몸값을 올리기 위한 목표가 있었기에 이직과 배움을 통해 몸값을 올릴 수 있었다.

6. 결혼 잘하기: 돈이 목적이 아닌 나를 이해할 수 있는 배우자 만나기

7. 수시로 웃기: 제일 변하고 싶었던 부분, 지금은 웃음을 달고 살고 있다.

8. 아이디어는 즉시 메모하기: 메모를 하면 할수록 아이디어는 더 잘 떠오른다.

9. 용서하기: 내가 진정으로 행복해지기 위해서는 미운 마음이 없어야 한다. 용서는 내가 행복해지고 그 사람과의 관계를 연결해주는 열쇠와 같다.

10. 멘토 만들기: 찾아갈 수도 있지만 전화로 상담할 수도 있고, 줌으로 화상할 수 있는 요즘 각 분야별 인생멘토를 찾아보자.

11. 상대방 입장에서 생각하기: 상대방 입장에서 생각하면 이해 못 할 사람이 없다.

12. No라고 할 줄 알기: 착한 콤플렉스에서 벗어나야 한다. No라고 말하고 싶을 때 No 라고 할 줄 알아야 휘둘리지 않는 인생을 살 수 있다.

13. 생각나는 대로 불쑥 말하지 않기: 하지 말아야 될 말은 하지 않기, 특히 상대에게 상처가 될 수 있는 말은 하지 않기

14. 나를 위해 돈쓰기: 평소에는 절약모드, 꼭 써야할 곳과 배움에 대한 투자는 아끼지 않는다.

15. 나를 위해 시간쓰기: 나를 위한 시간은 꼭 가지되 배우자의 시간도 존중한다.

16. 신뢰 쌓기: 오픈채팅방을 만들고 이끌어가면서 나눔으로 배운 것을 알려드리며 신뢰를 쌓아가고 있다 신뢰는 내 사람을 모으는 기본이기 때문이다.

17. 기회는 내가 만들기: 기회는 누구에게나 찾아온다. 잡는 사람과 잡지 못하고 놓치는 사람만 있을 뿐, 그리고 그 기회는 내가 만들 수 있다.

18. 자극되는 강의 듣기: 오디오클립, 팟빵, 유튜브 등 배우고자 하면 못 배울 것이 없다.

19. 10년뒤의 사업가를 꿈꾸며 사업계획 만들기: 내가 꿈꾸는 삶을 설계해보자. 백만장자 메신저가 되기 위해서는 어떻게 사업 계획을 만들어야 할까?

2012년, 도서관 안내게시판으로 모집을 했고, 한 사람을 코칭 한적이 있었습니다.

1주차부터 4주차까지 커리큘럼과 코칭 프로세스가 한권의 파일로 서재한컨에 흔적으로 남아 있습니다.

10년전 이미 누군가의 삶을 코칭 해드리는 메신저가 되고자 한 것이었지요.

이러한 변화의 시작은 나도 행복해지고 싶다는 생각과, 도서관을 찾은 실천, 그리고 배운 것을 적용하고자 하는 마음가짐이었습니다. 지금도 배운 것을 내 삶에 적용을 통해 점차 나를 변화시키기 시작했고 지금도 매일 조금씩 성장 중입니다.

그리고 점차 백만장자, 억만장자 메신저가 될 것입니다.

앞으로 소개할 내용은 메신저가 되고자 하는 여러분의 성장을 도와드릴 도구들을 상세히 소개합니다.

아이를 낳고 발견한 재능, 늦은 나이란 없어

결혼 하고나면 끝일 것 같은… 아이가 태어나고 나면 내 인생은 없어지고 엄마와 누군가의 아내로만 살아가야 하는걸까? 내 인생 챙기기에도, 아이 챙기기에도 바쁜데 내가 하고 싶은걸 하면서 살아가는건 과연 욕심일까?

결혼을 하지 않거나 아이를 낳지 않는 이유중 하나는 나 하나 챙기기도 힘든데 배우자를 , 아이를 책임지는 무게가 너무 크게 느껴지기 때문이다.

집값은 너무 뛰었고 직장 맞벌이로 다녀야 겨우 생활을 유지할 수 있는데 그 와중에 아프면 아이를 맡길 곳도 마땅치 않다. 이 상황에서 어떻게 아이를 낳으란 말일까?

저도 결혼전엔 이런 생각을 많이 했습니다.

결혼하고 나면 결혼전처럼 자유롭게 내가 하고 싶은것, 배우고싶은 것들을 못할 것 같았고

그럴수록 오히려 지금이 아니면 안된다는 생각으로 무엇이든 더 배우기 시작했습니다.

처음엔 내가 정말 행복해 지기 위해 배우고 싶었던 웃음치료사를 취득하고 그때 한국웃음치료연구소 조정문 대표님을 만나게 되었습니다. 당시 SNS에 빠르게 반응하며 전국 각지에서 웃음치료사 열풍을 불러 일으킨 대표님께 SNS의 위력을 알게 되었고 그 곳에서 같은 수강생으로 만났었던 지금은 행복디자인교육컨설팅을 운영하고 계신 김민철, 김희영대표님을 알게 되었습니다. 부산지부 웃음교실 교육실장으로 매주 빠짐없이 참석하게 됩니다. 임신 했을때도 웃음 태교를 하기 위해 매주 웃음교실을 찾았습니다. 그렇게 웃음 인맥이 황금인맥으로 만들어지고, 수시로 웃고 삶을 즐기는 긍정적인 마인드로 제 삶은 변하기 시작했습니다.

그리고 아이가 태어났습니다. 매주 가던 웃음교실은 아이의 탄생과 함께 모든 참석이 끊겨버렸습니다.

어린아이를 데리고 강의장에 다닐수는 없었으니까요. 휴직기간이라 지출은 그대로인데 수입은 적어져 달라진 상황에 맞는 변화가 필요했습니다.

그때 배웠던 것이 평생교육원 동화구연입니다.

동화구연을 배워두면 아이에게 책을 읽어줄때에도 도움이 될 것 같았습니다.

처음엔 어린이집 적응 기간을 한 시간에서 두 시간, 세 시간으로 늘려가는 그 틈 시간을 이용해 배우기 시작했고, 동화 구연이 너무 재밌어 전문적으로 배우고 싶은 마음에 지인 동화구연가 선생님을 찾아가 배우며 2급, 1급을 모두 취득할 수 있었습니다.

아이를 낳고 나면 산후 우울증이 찾아온다지만 우울함이 아닌 아이와 배움에 집중했고 덕분에 우울증이 올 틈은 없었습니다. 오히려 내가 정말 하고 싶은 것, 배우고 싶은 것들을 배우며 재미를 알아가니 순간 순간들이 즐겁고 행복했습니다.

인생에서 없던 시간이 생겼다면 땡큐입니다

'이 시간은 다시 돌아오지 않아' 라는 생각으로 매 순간 마음이 이끄는 대로 배움에 몰두했고, 그 당시 배웠던 동화 구연을 시작으로 시낭송, 유튜브, 오디오클립,블로그로 이어져 지금의 소리코칭, 시낭송 코칭으로 확장될 수 있었습니다.

누군가에게 이 시간은 그냥 흘러가는 시간일테고, 누군가에게는 절실함이 함께하는 배움과 성장의 시간일 것입니다.

시간이 주어진다면, 여러분이라면 어떻게 활용하시겠습니까?

생각해보고 적어보고, 작게라도 지금부터 시작해보시길 바랍니다.

02

성장하려면
그릇부터 키워라

나만의 콘텐츠 찾기

메신저가 되기 위해서는 나만의 컨텐츠 찾기가 중요한데요.

저는 노션과 소리코칭을 컨텐츠로 잡았습니다.

그렇다면 컨텐츠는 어떻게 선정해야 할까요?

스스로에게 질문을 던져봅니다. 그리고 그것에 답을 해보세요.

지금부터 질문, 시작합니다. 생각나는 대로 적어보세요.

무엇을 컨텐츠로 하지? (저의 사례입니다만 본인의 사례로 적어보세요.)

: 낭독, 낭송, 소리코칭, 노션, 상담, 컨설팅

내가 가장 잘하는 것은 무엇일까?

: 시낭송, 낭독, 소리코칭, 씽크와이즈로 생각정리, 상담, 노션으로

데이터정리

내가 좋아하는 것은 무엇일까?

: 씽크와이즈로 정리 및 상담 , 나눔, 일대일코칭, 시낭송, 녹음, 낭독 , 독서, 성장, 변화 (단점을 장점으로 바꾸는 것) , 아이디어를 메모하고 내 삶에 적용해보기

자격증, 성과로 나의 과거 돌아보기

: 웃음치료사 , 독서지도사, 문화치료사 동화구연, 시낭송, 소리코칭, 삶 코칭, 인생 코칭, 유튜브, 블로그, 오픈채팅방

지금 현재, 더 배우고 더 성장하고 싶은 분야는 무엇인가?

: 노션, 소리코칭

지금 꿈을 향해 내가 하고 있는것은 무엇인가?

: 희곡낭독 연기연습 소리훈련, 교안 만들기, 책쓰기

노션 전문가가 되기 위해 매일 하나 이상씩 배우고 적용하기

코칭과 나눔을 통해 성장하기

혼생시간(혼자 생각하는 시간)가지며 질문하고 답하기

아이디어를 종이위에 , 노션에 기록하고 적용하기

책으로 배우기 , 배운 것을 내 삶에 적용하기

나의 꿈 관련 목표는 무엇인가? (5년뒤)

- 꾸준함(노선으로 아웃풋 기수 모집 및 통합반 운영, 시낭송&소리코칭)

- 시낭송 낭독 소리코칭 전문서적 출판

- 노선 서적 출판

무엇을 저지를까? - 관심분야를 배운다.

- 동화구연을 배운다. 동화구연에 재능이 있다는 것을 알아차린다.

- 시낭송을 배운다. 시낭송에 재능이 있다는 것을 알아차린다.

- 연기를 배운다. 연기에 재능이 있다는 것을 알아차리다.

하지만, 우선적으로 하고 싶은 마음이 들어야 저지를 수 있다.

우선 마음에 호기심과 긍정의 씨앗을 심어야한다.

이것도 귀찮고 저것도 귀찮고 미루다보면 아무 변화도 일어나지 않는다.

긍정적인 마음과, 호기심, 그리고 저지르다보면

나도 몰랐던 재능을 뒤늦게 발견하기도 한다.

재능을 발견했다면? 놓치지 않아야한다.

지금부터는 꾸준함이 관건이다.

꾸준히 해야한다.

기껏 발견한 재능을 멈추지 말고 꾸준히 갈고 닦으면 1년이 2년되고, 3년이 5년되고, 10년이 20년이 되면 당신은 전문가가 될 수밖에 없다.

새벽기상은 시간관리의 시작이다

'나는 지금 시간에 끌려다니고 있습니다.'

눈뜨면 출근하고 퇴근후 아이도 봐야하고, 식사를 준비하고, 밥을 먹고, 건강을 위해 운동도 하고싶고 책도 읽고 싶고, 무언가를 배우고 싶은데 시간이 없습니다. 나만의 시간을 내고 싶지만 하루라는 시간은 빠르게 흘러가기만 합니다.

시간관리를 효율적으로 할수있는 방법은 없을까요? 나만의 시간을 확보하는 두가지 방법을 알려드리겠습니다.

첫번째는 새벽기상입니다.

기적은 밤이 아닌 새벽에 옵니다. 출근준비 전까지 8시까지 내가 쓸 수 있는 시간이라고 한다면 5시에 일어났을때 3시간이라는 나만의 시간이 생깁니다. 물론 5분전에 일어나 씻고 옷갈아입고 바로 출근하는 사람도 있겠지만 시간 관리를 잘하는 이들은 지금 이 시간을 잘 관리합니다.

일찍 일어났는데 할일이 없어서 다시 잠든적 있으신가요?

저도 처음엔 시행착오가 있었습니다. 잠이 오니까 다시 자기도 하고, 해야할일이 명확하지 않아 다시 잠들었습니다.

여기서 두번째 방법이 나옵니다.

그것은 분명한 목표를 가지는 것입니다.

나의 성향에 따라 숲을 보는 사람이 있고 나무를 보는 사람이 있습니다. 다시 말해, 먼 미래를 생각하며 현재를 바라보는 사람이 있는가 하면 살아가는대로 눈앞의 문제들을 처리해나가는데만 급급한 사람들이 있습니다. 그래서 숲과 나무를 동시에 보는 방법을 소개합니다.

어려울수도 있지만 따라해보세요. 그리고 책에 기록해보세요.

바로 나의 꿈과 목표를 설정하는 것입니다.

나의 꿈은 무엇인가요? 5년뒤 목표는 무엇인가요? 목표를 이루기 위해 매년 해야할 목표는 무엇일까요?

한해의 목표를 이루기위해 월간 목표 혹은 투두리스트를 작성합니다. 그리고 주간 목표 & 투두리스트를 작성하세요. 매일의 해야할 일, 루틴을 만들어서 눈에 보이는곳에 딱 부착합니다.

목표는 눈에 보여야 합니다.

연간목표, 월별목표, 주간 투두리스트, 매일의 루틴을 적어서 눈에 잘 보이는곳에 세워두세요.

다이소에가면 2,000원에 A5 거치대를 구매하실 수 있습니다.

그리고 그 안에 나의 꿈, 몇년뒤 목표, 연간목표, 구체적인 실행, 행동방안, 긍정확언, 루틴 등을 적어보세요.

그러면, 꿈과 목표가 분명해진 새벽에 일어난 당신은 다시 잠들지 않을 것입니다.

상쾌한 기분으로 아침을 시작할 것입니다.

그런데 여기서, 장애물이 있죠? 바로, 내가 원하는 새벽시간에 일어나는것이 가장 큰 장애물입니다.

가령, 5시에 일어나려면 전날 어떤 준비를 해야할까요?

여기에서도 두가지 방법을 알려드릴께요.

꿀팁입니다.

우리가 원하는 시간에 일어나지 못하는 이유는 많습니다.

먼저, 그시간에 일어날 생각이 없기 때문입니다. '알람이 울려도 에라 모르겠다 다시 자지뭐…' 라는 생각 때문입니다.

마인드를 바꾸는 겁니다.

'나는 이시간에 울리는 알람을 듣고 반드시 일어날꺼야, 내 꿈을 향해 다가갈수있는 나만의 시간을 가지기 위해 나는 이시간에 일어나서 이걸 할꺼야'라고 잠들기전에 생각해 보세요.

마인드 셋팅을 시작합니다. 그리고 알람을 켭니다.

가족들이 들을까봐 신경쓰이나요? 괜찮습니다. 곤히 자는 가족들은 생각보다 무딥니다. 대신, 알람이 울렸다면 바로 끄고 그 즉시 일어나세요.

그리고 두번째는 충분한 수면시간이 필요합니다.

'5시에 잠들기 위해서는 11시 안에 꼭 잠들어야겠다. 10시를 목표로 잠들어야지.' 이렇게 나만의 목표를 정합니다.

그리고 그 시간을 지켜줍니다.

그러면 새벽기상이 훨씬 쉽고 지속할수가 있습니다.

반대로, 취침시간을 정해놓지 않으면 어떻게 될까요?

1시 2시에 잠들게 되고 다음날 피곤해 알람을 못듣게 됩니다.

알람은 계속 울리고 가족들은 짜증냅니다. 일어나지도 못할꺼면서 알람은 왜하냐고 가족들의 원성이 높아집니다. 피곤하니 지속할 수 없고 지치게 됩니다.

그러니, 나만의 수면시간을 정하서서 전날 일찍 잠자리에 드는 것이 무엇보다 중요합니다.

물론, 해야할 일이 많은데, 이대로 자기 아쉬운 마음이 드실겁니다.

하지만, 우리에겐 새벽이 있습니다.

기적은 밤이 아닌 새벽에 온다는것, 잊지 마세요

독서로 실행력을 높이려면?

'직장 다니면서 아이키우면서 이걸 어떻게 다 하나요?'

포스팅을 하다보면 댓글에 실행력이 높으시네요! 라는 말을 많이 듣습니다.

물론 처음부터 그랬던 것은 아닙니다.

논어로 필사하는 독서모임에 들어간 적이 있는데, 논어가 일반인들에게는 다가가기 힘든 책처럼 느껴지지만, 읽어보신 분들은 아실겁니다. 마음에 와닿는 구절 하나에 반성하고, 성찰하고 나를 돌아볼 수 있다는 것을요.

논어 공자의 말씀중에 이런 구절이 있습니다.

자공이 군자에 대해 묻자 공자가 말했다

"말을 내뱉기 전에 행동을 하고, 그 다음에야 말이 행동을 뒤따르게 하는 사람이다."

시를 배우고 유튜브를 배운지 얼마 되지 않았을때, 우연한 기회로 시의전당문인협회 심애경 회장님을 알게되어 30인의 시인님들의 시를 cd에 녹음해 드린적이 있었는데 그때 시인님들께 유튜브에 영상을 만들어 올려드리겠다고 말부터 선포했지만 생각보다 쉽지 않았습니다.

저작권 없는 시에 어울리는 음악, 저작권 없는 사진, 자막, 썸네일, 녹음은 마음에 들때까지 무한 반복, 시와 음악이 어우러 지도록 최종편집, 하다보면 영상 업로드는 한달이 걸릴때도 있었지만 기다리고 있을 시인님을 생각하면 2주만에 만들기도 했는데 그 조차도 시간이 너무 많이 걸렸습니다.

그 시기에 만난 논어에서 공자의 말씀처럼 말보다 행동이 앞서야 한다는 것이 무엇보다 저를 부끄럽고 반성하게 만들었습니다.

'나는… 수많은 말을 하면서 행동은… 과연 얼마나 뒤따르고 있을까요.'

이 구절은 몇달이 지난 지금도 항상 머릿속에서 잊혀지지 않는 나의 실행력을 높여주는 원동력이 되었습니다. 실행력을 높이고 싶은 분들에게 나의 변하고 싶은 부분을 조금씩 생각부터 바꿀수있는 '논어'를 읽고 생각하고 글로 써보는것을 추천합니다.

논어책 활용 실행력을 높이는 방법을 따라해보세요.

첫번째, 먼저 종이책을 구매합니다.
두번째, 내 마음에 드는 구절을 밑줄을 긋습니다.

세번째, 키워드를 적습니다.

저는 위의 구절에 '실행력'과 '마인드'라고 구절 제목옆에 적어놨습니다.

네번째, 간단한 나의 생각을 책에 메모합니다.

다섯번째, 블로그, 인스타, 노션, 다이어리, 필사노트.

나만의 공간에 옮겨봅니다. 그러면 어떻게 될까요?

먼저 생각이 변하고, 반복해서 보게 되고, 진정한 나의것으로 만들어집니다.

그리고 책을 쓸때에도 키워드별로 모아보면 실행력이라는 글을 쓸때 이 구절 하나만 잘 메모를 해놓아도 책 쓸때 도움이 될수 있습니다.

저는 이렇게 조금씩 저의 실행력을 높여 갔습니다.

이 방법이 이 글을 읽는 분들에게 조금이라도 도움이 되시기를 소망합니다.

신중하되 아낌없이 나에게 투자하기

저는 짠순이입니다.

지금도 돈을 쓸 때 절약하려고 하는 부분은 있지만 꼭 필요한 부분이나 배움의 투자만큼은 아끼지 않습니다.

하지만, 과해서도 안되죠.

공자 말씀에 하나를 완벽히 익히지 않고서 다른 것을 배우지 않는다고 하셨는데요.

요즘 코로나 이후 메신저가 급격히 늘면서 배움의 장이 아주 많이 확장되었고 돈만 내면 장소 구애 없이 줌으로 무엇이든 배울수 있는 세상이 되었지만 배운 것을 흡수하는 것이 무엇보다 중요합니다.

아웃풋 없이 인풋만 넣고 있는 분들을 많이 만나게 되는데요, 돈만 내고 제대로 배우지도 않고, 내 삶에 적용해보지 않는다면, 그것은 투자가 아닌 낭비라고 불러야 할것입니다.

여러개를 동시에 배우려고 하는 그 마음엔 조급함이 들어 있습니다.

조급함을 내려 놓고 하나씩 해보세요.
- 내가 하고 싶은 일들을 집중해보자.
- 꿈을 꾸면 이루어진다.
- 생각하면 이루어진다.
- 어려울 것 같지만, 분명히 된다.
- 바라는대로 상상하는 대로 모두 이루어질 것이다.

03 ——

놓치지 말아야 할 것

건강

건강을 잃으면 모든 것을 잃는것이기에 기본에 충실해야합니다.

일찍 일어나고자 한다면 일찍 잠들어야 합니다.

내 몸을 위해 운동하는 시간을 가져야 합니다.

비록 바른자세라도 같은 자세로 오랜 시간 앉아있는 것은 안 좋습니다. 스트레칭을 자주 해야합니다. 건강검진 꾸준하게 받아 미리 예방합니다. 목표를 향해 굳이 달려가지 않아도 거북이는 토끼를 이길수 있었습니다. 천천히 가되, 건강을 챙기면서 꾸준히 함께 성장해 나갔으면 합니다.

가족의 동의와 도움을 얻을수 있다면

가화만사성 (家和萬事成:집안이 화목하면 모든일들이 잘 된다.)

나를 이해해주는 사람과 결혼했다고 생각했었는데 아이가 태어나니 아이가 어리다는 이유로 신랑의 반대는 꾸준히 있었습니다.

시낭송 3개월 과정이 끝나면 연속 수강을 하며 2년을 다니는 동안 '이제 그만하지?'를 몇 번을 말합니다.

시낭송대회에 나가서 상을 못타오면 '상도 못타오는데 이제 그만해라.', 시낭송대회에서 상을 타와도 '배우는건 이제 그만해도 되겠다.'

신랑이 반대하는 이유는 집안일이 정리가 안되고, 아이가 어리니 함께 할 수 있는 시간을 더 보내고자 하는 가족과 집을 생각하는 마음 때문이겠죠. 데이터 정리는 잘하는 편이지만 공간 정리는 자신이 없는 저는 휴직기간에 동화구연을 배울 때 정리수납을 같이 배우면서 정리수납 1급까지 취득을 했지만 정리하는 방법을 알아도 정리를 우선순위에 두지 않으니 정리가 안되는 상황이 계속 연출되었습니다.

다른 우선순위에 밀려서 결국 정리는 못하고 신랑의 불만은 쌓여만 갔지요.

가정의 평화를 위해, 내가 할 수 있는 일은 무엇일까요?

1. 말을 꺼냈을 때 배우자의 말을 잘 들어본다. 배우자의 입장에서 생각해본다.

가족을 최우선으로 여기는 신랑, 집이 깔끔하게 정리되길 원하는 직업군인출신의 신랑입장에서 생각해보니 '월화수목금토일 새벽과 저녁으로 배움에 미쳐 정리도 하지 않는 아내와 아들 책 읽히기에 소홀한 엄마로 생각하고 있겠구나' 상대방 입장에서 나를 바라본다.

'늘 어지르는건 나구나', '내가 문제구나 내가 바뀜으로 인해서 이 상황은 해결될 수 있겠구나' 먼저 상대방의 입장에서 생각하고 공감하면 이해할 수 있다.

2. 배우자의 요구사항을 정리해본다.

- 방 정리를 했으면 좋겠다.
- 공원에 가고 나들이 가고 가족과 함께 즐길 수 있는 시간이 많았으면 좋겠다.

3. 나를 가장 잘 아는 배우자에게 나의 장점과 단점을 물어본다.

장점3가지와 단점 1가지를 물어보는 미션이 있어 물었더니 단점을 정확하게 알고 말해주었습니다.

첫 번째 '너는 우선순위가 없어.'

두 번째 '(공간)정리가 안되.'

세 번째 '시간약속을 잘 안지켜.'

단점 한 가지만 말해 달라고 했더니 신이 나서 단점을 말해주는 신랑이었습니다. 물론, 그냥 들으면 부부싸움으로 번질수도 있지만 열린 마인드로 신랑의 말을 들으면 참 감사한 말입니다. 이것만 고치면, 저는 더욱 성장할 수 있으니까요.

4. 배우자의 요구사항을 파악했습니다. 이제 내가 할 수 있는 일은 무엇일까요?

내가 실제로 실천할 수 있는 것들을 정리해봅니다. 그리고 배우자와 의견을 나누면 해결점을 찾게 됩니다. 그리고 가족에게 내가 하고자 하는 일을 설명하고 무엇을 우선시 하다보니 정리가 잘 안되지만 이러한 부분은 고쳐보겠노라고 이야기 해보는 것이죠, 그러면 분명히 소통이 되실겁니다.

가족의 동의를 얻고 집안이 화목해야 모든 일들이 잘 풀린다는 것을 잊지마세요.

꾸준함

배우기를 좋아하는 사람들은 한가지를 꾸준히 하는 것이 힘듭니다.

호기심이 많고 무엇이든 배우려고 하다 보니 같은 것을 꾸준히 한다는건 더욱 힘이 듭니다.

그럼에도 불구하고 꾸준하게 해온 것이 있다면 그것은 바로 꾸준하게 배우고 배운 것을 적용해 나 자신을 성장시키는 것이었습니다.

여러분에게 그릇과 자질을 키우기 위한 여러 가지 도구들과 놓치지 말아야 할 점들을 소개해드렸습니다. 저의 꿈이기도 하기에 지금부터 꾸준하게 성장해 나가며 메신저의 삶을 살겠습니다. 그리고 이 책을 읽는 메신저가 되기를 소망하는 이들의 간절한 꿈들이 이루어지기를 소망합니다. 감사합니다.

Chapter 12

유치원 교사에서
건강한 교육메신저

김진옥

• 경력사항

현) (주) 행복디자인교육컨설팅 대표 강사

현) 인제대 금연연구소 흡연예방 및 금연 전문강사

현) (주) 동화세상 에듀코 한글, 학습, 독서, 진로, 인성코치

현) 부산교육청 상담지원봉사

현) 법사랑 보호청소년 상담사

현) 부모코칭

현) (사)국제평생학습연합회 / 한국웃음치료연구소 대표 강사

현) 기관단체. 공공기관. 진로지원센타 특강 강사

현) (사)글로벌청소년교육문화 교육강사

현) 연제구 마을교사

• 자격증 취득현황

교원자격증 / 사회복지사 / 청소년 상담사 / 마을교사 인증서 / 금연, 금주지도사 / 흡연예방지도사 / 유아스포츠 지도사 / 청소년 상담사 / 탈무드 영재지도사 / 효인성지도사 / 독서지도사 / 독서토론지도사 / 하브루타 독서토론 지도사 / 웃음지도사 / 편리더십 / 레크레이션 / 리더십지도사 / 청소년코칭 TLC자격증 / 도형심리상담사 1급 / 음악심리지도사 / 미술심리지도사 / 호스피스 심리지도사 / 뇌건강지도사 / 통합안전교육강사자격증 외 다수.

• 강의분야

학부모교육, 흡연예방교육, 웃음 코칭 / 감성소통, 도형심리

레크레이션 / 웃음을 통한 행복찾기 / 창의 전래놀이 / 공공기관탐방강의 / 부모교육과 청소년 상담 / 흡연예방, 금연, 금부 / 학습유형검사강의 / 사회성검사 강의 / 인성교육을 통한 경쟁력 만들기

부모교육 / 청소년교육 / 자녀교육 특강

자기계발 / 비전특강 / 동기부여

변화를 위한 선택
건강과 교육을 통해 꿈을 이룬
(DREAM)미라클 메신저

당신에게는 꿈이 있습니까?

오늘 아침 '공저'할 글을 쓰기 전 문득 자신에게 묻고 싶은 질문이었습니다. 지금까지 이렇게 아등바등 열심히 살아올 수 있었던 힘이 무엇이었을까를 생각해보는 시간입니다.

"어떻게 그런 에너지가 나오는지?"

저를 아는 사람들은 가끔 저에게 물어봅니다. "힘들지 않느냐구…?" 저는 웃으며 말할 수 있습니다.

"저에게는 꿈이 있습니다!"

건설 일을 하던 남편은 사업실패로 인하여 현실 도피적인 삶을 선택하셨습니다.

가장인 남편이 일하지 않고 자신을 비관하며 술과 담배로 은둔생활을 하는 모습을 지켜보는 가족의 마음은 처음에는 너무 안타까운 마음이었습니다. 공감해주고 격려해주며 다시 일어날 것을 믿으며 수고한 당신

좀 쉬는 것을 눈으로 마음으로 수긍이 되었습니다.

　시간이 지나고 2년마다 이사를 했습니다. 울고 같이 앉아 있을 수가 없다는 생각에 저 또한 일을 찾아 어려운 현실을 받아들이기 위해서 매일 책을 읽고 또 읽었습니다.

　좋은 강의를 통해 성공한 사람들의 마인드를 배웠습니다.

　제가 현실을 벗어나기 위해서 선택한 것중 가장 잘한 선택이 좋은 책을 읽는 것입니다.

　성공한 사람들은 긍정적인 생각을 했다는 것이 공통적인 선택이었음을 알게 되었기 때문입니다. 글쓰기의 사부님이신 최원교 선생님께서 '초긍정과 웃음'을 이야기 하시네요.

　늘 우리는 마음속에 '긍정'과 '부정'을 함께 키우고 있습니다, "어느 쪽에 물을 더 많이 주느냐에 따라 나의 인생길도 크게 달라집니다"라고 하셨습니다.

　두려움이나 걱정과 염려가 섞인 긍정이 아닌 '절대적인 초 긍정의 힘'이 얼마나 큰 삶을 변화시키는가를 경험하면서 함께 초 긍정의 경험을 해보길 바랍니다.

　스스로가 긍정적인 생각을 하고 행동했을 때는 자신감이 있었고 마음이 평화로웠습니다, 그러나, 염려와 두려움에 조금이라도 부정적인 생각을 할 때는 작게 가졌던 부정적인 생각이 더 큰 염려와 걱정으로 뒤덮어버려 정말 자신감 없는 말과 행동으로 아무런 행동을 하지 못하게 한 경험들이 스쳐 지나갑니다.

　저는 이 시간 나를 힘들게 하는 삶에서 벗어나고자 끊임없이 물아래에서 쉬지 않고 발을 움직여 봅니다. 시간에 얽매이고 경제적으로 얽매이는 삶을 벗어나기 위하여 '공저'라는 새로운 글쓰기 환경에 도전하는 선택을 하였습니다.

누구에게나 나처럼 남편의 사업이 무너지고 집이 경매로 넘어가고 술과 담배로 세상을 등지다 남편은 돌아가시고 상속 포기를 해도 남편에게 해준 빚보증은 남아 있어서 전,월세로 살아야하는 힘든 현실을 맞이하지 않을 수 있을 것입니다. 나의 선택 없이 맞이하는 내 부모, 내 형제, 내 고향, 내 유전자 등을 바꿀 수 없듯이 지금 자신이 겪어야 할 현실도 선택 없이 맞이해야 한다면 기쁜 마음으로 있는 그대로를 받아들여야 합니다.

현실을 그대로 인정하고 받아들일 때내가 무엇을 해야 하는지?, 어떻게 해야 하는지? 등 여기저기에서 나를 성장하게 하는 문이 열릴 것입니다.

나에게도 성장하게 하는 문이 힘들 때마다 찾아 왔습니다. 남편의 일이 힘들어질 때 나에게는 '독서지도교사와 학습코치'로 일할 수 있는 기회가 찾아 왔었고, 남편이 아플 때에는 '뉴트리라이트'라는 유기농 농장에서 나오는 원료로 만든 건강보조 식품의 원조인 '암웨이'라는 플랫폼 비지니스가 찾아 왔으며, 남편이 돌아가신 지금은 박현근 코치님과 최원교 선배님과 함께 하는 '공저'라는 기회가 찾아왔습니다. 그래서 '기회'란 '위기'와 함께 온다는 말이 맞나 봅니다.

'위기'일 때 '기회'를 보는 사람과 '위기'일 때 '절망'을 보는 사람의 차이는 무엇일까요? 그것은 태도를 바꾸는 것입니다. 문제를 대하는 태도를 바꿀 때 보이지 않는 것을 볼 수 있는 안목이 생겨나거나, 그 안목을 키울 수 있는 배움을 선택하게 됩니다.

사업가이자 저술과 강연 활동도 하는 '니도 쿠베인'은 "인생의 성공과 실패를 좌우하는 것은 환경이 아니라 '선택'이다."라고 강조하였습니다.

내가 살아왔던 순간 순간의 '변화'의 모든 것은 나의 '선택'의 결과라는 것을 알 수가 있습니다.

제가 가는 길에 힘이 되어주시는 박현근 코치님과 최원교선배님이 제안하신 '공저의 길이 나의 인생에 어떤 변화를 가져 줄까?'하는 기분좋은 기대감과 짝사랑하는 설레임으로 변화를 위한 '꿈(DREAM)미라클 메신저'로 용기내어 봅니다.

01 —

아픈 기억을
뒤로 하고…

"엄마, 일요일 아빠 모신 곳에 함께 갈수 있도록 내려 갈게요!"

"고맙구나! 벌써 1주년이라니…!"

2020년 4월 18일! 그이가 세상을 떠난 지 벌써 1년입니다.

긴 시간 동안 슬프다고 울고 앉아 있을 시간도 없이 바쁘게 시간을 보낸 듯합니다.

남겨진 빚을 먼저 처리하기 위해 상속 포기를 해야 했어요. 몇 번의 서류 보완으로 형제, 사촌까지 무사히 상속 포기는 끝낼 수 있어서 다행이었으나, 남편에게 빚보증을 쓴 것은 아직도 해결되지 않아 숙제로 남아 있기에 마음이 무겁습니다.

보고픈 아들과 사랑하는 딸과 함께 영락공원에 안치된 제3 영락원에는 수많은 죽은 영혼들로 가득하였습니다. 납골당 속의 작은 공간에 안치된 남편이자 아들, 딸의 아빠인 영정앞에서 침묵만이 감돌았습니다.

아들, 딸에게는 좋았던 기억보다 마음 아팠던 기억이 더 많이 남아 있기에 아무런 말을 할 수가 없었습니다. 자식들에게는 무엇이든 다 해주고 싶어 했던 아들, 딸의 강인한 아빠였지만 사업실패로 한없이 나약하게 무너져버린 채 주저앉아 술과 담배로 세상을 등지며 떠난 그 기억이 잊혀지기 까지는 더 많은 시간이 필요한 듯합니다.

'성공하는 사람은 미래지향적이라고 한다.'
'실패하는 사람들의 특징은 과거에 머물고 있다'고 했습니다.

성공을 꿈꾸고 있기에 빨리 아팠던 과거에서 허우적거리기보다, 툭툭 털어버리고 새로운 세상에서 살아남기 위한 날개짓을 쉼 없이 하기로 결단했습니다.

'여자는 약해도 엄마는 강하다'는 말과 같이 돌아가신 우리 엄마가 나에게 남겨준 기억은 자식에 대한 헌신적인 사랑과 강인한 생활력과 눈물은 많았지만 늘 웃으며 감사하며 자식보고 살다 보면 좋은 일로 가득할 것이라는 긍정적인 사고를 심어주셨기에 감사한 마음으로 현실을 이겨내고자 합니다.

'생각에 신념을 더하면 잠재의식에 전해져 현실로 드러난다고 했던가!'
지금 현재의 환경을 바꿀 수 없다면 스스로 조절 가능한 생각을 바꾸어 좋은 에너지를 끌어 올 수 있도록 끊임없는 끌어당김의 힘을 갖는 명상의 시간을 가져야겠습니다.

결혼을 하여 자식이 태어나면 모든 것을 다 해주는 부모가 되고 싶었는데….

자식이 원하는 것을 못해주는 부모의 마음을 알게 되었습니다. 내가 직접 겪어 보기 전에는 이해하지 못했지만, 너무 열심히 사시는 모습을 보면서 어떤 말도 못하고 속으로만 '엄마처럼 안 살거라'고 다짐했던 것이 생각납니다. 이제는 알 것같습니다. 뭐든지 귀한 자식들에게 다 해주고 싶지만 못해줄 때 가졌던 미안하고 가슴 찢어지는 그 고통을….

이제는 자식들에게 받기만 하는 엄마가 된 것이 싫어 새로운 선택을 하는 일에 용기를 낼 수 있고, 자식에게 언제나 함께 하는 하나님의 은혜와 축복이 가득하기를 기도합니다.

과거에 집착하는 마음과 비움

오랫동안 산적해 두었던 물건들에서 벗어나 좁지만 깨끗하게 비워진 여백의 공간을 느낄 수 있는 새로 이사 온 집에서 여유로움과 함께 오는 평안함을 만끽해봅니다.

아직도 비우지 못하고 두고 온 옛집에 들어가면 수많은 인연들과 사연들로 채워져 있는 책과 물건들이 가득하지만, 새집으로 옮겨 올 때에 여백의 여유를 갖고 싶다는 아들, 딸의 소망과 함께 오래된 물건들은 갖고 오지 않았기 때문입니다.

아들, 딸은 엄마의 공간으로 이전의 집을 사용하기로 하고 편안하게 일과 분리된 생활을 하기 원하였습니다. 사랑하는 아들, 딸의 바람으로 깨끗한 건물에 채워지지 않은 여유로운 공간에서얽메이지 않을 듯한 하루 하루를 보내다 보니,꽉 찬 공간에서 느끼는 답답한 고민에서 벗어날 수 있는 여백의 자유로움이 점점 좋아집니다.

내가 선택하여 갖게 된 자녀들의 성장책과 나를 위한 책들과 물건들을 버리지 못하였습니다. 좋아한다는 이유로 누구에게도 주지 못하고 붙잡고 있으면서 가족들에게 가슴 답답함을 주었나 봅니다. 어릴 때 그 책들로 행복했던 시간들은 까마득히 잊어버린 듯 소중함을 몰라주니 조금 서운하였습니다. 다만 힘들고 바쁘게 살아가는 엄마의 삶을 보는 듯, 많이 걱정하며 힘들어하는 아들, 딸에게 여기 이 많은 책과 물건들은 엄마에게 아들, 딸 다음으로 소중한 것이며 늘 꿈꾸어 온 흔적이라고 말을 하였습니다. 그리하여, 오로지 나만의공간이 된 그 곳에는 수많은 책과 학습자료들로 가득히 남아 있게 되었습니다.

앞으로 이곳에서 어떤 일들로 전개 되어질지는 아직은 미지수이지만 내가 꿈꾸었던 일들이 하나씩 이루어지는 꿈의 장소가 되기를 바라는 마음으로 가득합니다.

그러내 마음 속에 남아 있는 친정 어머님과 남편에 대한 물건들은 정리하고자 합니다.

'그리워하는 데도 한 번 만나고 못 만나고 살기도 하고, 일생을 못 잊으면서도 아니 만나고 살기도 한다'는피천득 작가의 '인연'이 생각납니다. 나의 인생에서 가장 중요한 인연이 되었던 나의 어머님과 남편의 인연을 떠나 보낼 수 있는 용기와 결단이 필요로 하네요. 몇 십년을 함께 한 물건들을 하나씩 떠나보낼 수 있으려면 마음에서부터 집착하지 않고 떠나 보내야 하네요. 집착하고 있는 그 마음까지도 떠나보내야 합니다.

몇 년전 돌아가신 엄마를 돌이켜 생각해보면 엄마의 사랑은 4남매에게 헌신과 희생으로 모두에게 기억되지만 특히 배우지 못한 당신의 마음 속에 남겨진 배움의 열정을 저에게 오롯이 심어 놓고 가셨네요.

"옥아야, 여자는 배워야 한단다. 평강공주처럼 남편이 힘들 때 도움이 될수 있도록… 엄마처럼 힘든 일을 하지 않도록 남자보다 더 배워야 한데이."

엄마는 오빠와 남동생으로 인해 배움의 기회를 잃은 것에 늘 아쉬워하시며, 아버지 몰래 3남1녀의 둘째로 태어나 하나밖에 없는 딸인 나에게 피아노도 배우게 하시고 과외수업도 받게 해주셨으며, 실업계 고등학교를 가길 원하시는 아버지와 달리 엄마는 저를 인문계 고등학교를 갈 수 있도록 도와주었습니다.

다만 대학을 가지 않는다는 조건이 붙었지만 엄마는 그러지 않았습니다. 왜냐하면, 큰아들을 아버지 뜻에 따라 실업계 부산상고를 보내었다가 은행에 취직 통보를 받았지만, 큰아들이 대학을 진학하겠다고 재수, 삼수하며 힘들어하는 것을 겪고 있었기에, 딸에게는 엄마가 못 배우던 그 아픔이 남지 않도록 인문계 고등학교를 갈 수 있도록 아버지를 설득해주셨습니다.

엄마가 참 고마웠습니다. 엄마 덕분에 인문계 고등학교를 갈 수 있게 되었습니다. 고등학교 중에서도 명문고에 추첨이 되었습니다. 수영장이 있는 좋은 환경에서 사색하고 공부하며 여고시절을 보낼 수 있어서 감사하였습니다. 졸업을 하고 대학을 진학할 때 유치원 교사라도 할 수 있도록 지원해주셨습니다. 원하던 국문과는 못 갔지만 엄마의 권유로 가게 된 유아교육과에서도 적응을 하게 되었습니다. 소심하고 부끄러움이 많았던 성격이었지만 하고자 하는 마음을 가지니 숨어 있던 재능이 나와 미술, 음악, 동화구연, 율동까지도 잘하게 되면서 장학금을 받으며 졸업을 할 수가 있었습니다. 끊임없는 엄마의 사랑을 생각해봅니다. 대학 생활과 유치원 교사를 하면서도 과외와 피아노 레슨을 지도하였던 기억이 나면서 엄마의 유품들을 버릴 수가 없었습니다.

늘 엄마에 대한 그리움으로 가득하지만 먼저 일찍 떠나버린 남편 유품과 함께 정리하고자 합니다.

비움으로 오는 허전함도 크겠지만 돌아가신 분들의 유품들을 갖고 있어도 다시 돌아올 수 없다는 것을 잘 알았기에 과거에 집착하는 후회하는 삶에서 이제는 벗어나고자 합니다. 비움은 또 다른 정리의 시작이 될 것입니다.

인과응보-뿌린만큼 거두게 됩니다

'호랑이는 죽으면 가죽을 남기고 사람은 죽으면 이름을 남긴다.'라는 말이 생각납니다.

있어야 할 자리에 늘 있어주는 사람, 말하지 않아도 무엇이 필요한

지, 불필요한지를 알고 스스로 알아서 척척 해결해가는 사람이 있습니다. 많이 가져도 나누지 못하는 사람이 있기도 하고, 적게 가져도 가진 것 하나마저도 아낌없이 나누어 주는 사람도 있습니다.

먼저 천국으로 가신 엄마를 생각하면 엄마는 당신 자신 한 몸 희생하여 남편에게 자식에게 친인척에게, 이웃에게까지 나눠주며 마음까지 따뜻하게 주고 가신 분이었음을 돌아가시고 난 후에야 엄마의 사랑 나눔의 위력이 얼마나 큰지 시어머님장례식과 비교해서 떠올랐습니다.

시어머님은 받는 것을 더 좋아하시며, 자식을 위해 희생하기보다는 당신 한 몸 건강과 대접받기만을 생각하다 돌아가신 분이었습니다. 막내딸이 좀 더 잘 살아 볼려고 제화점을 마치고 나면 새로운 일을 또 하게 되었습니다. 노래방을 인수하여 부부가 새벽 늦게까지 일을 하다보니 어린 자식들이 무서워 울며 잠을 못자고 빨리 오라는 전화를 하니 막내 시누는 자신의 어머님께 부탁 전화를 드렸어요.

"엄마, 엄마가 우리 집에 와 계셔주면 엄마가 원하는 것 다 해줄게요. 먹고 싶은 것, 갖고 싶은 것 다 사줄테니 제발 집에 와 어린 손자들과 함께 있어 주세요"라고 시누는 애절하게 부탁을 했습니다. 그러나 시어머님은 가지 않았어요.

"어머님 아가씨가 도움이 필요한가 봅니다. 가서서 어린 손자들과 함께 계셔주세요. 무서워서 밤에 잠을 못 자고 울며 엄마 찾는다고 하네요."

"내가 왜가노, 그 집에 가면 내가 밥 챙겨 먹어야 하는 데…."

결국 시어머님은 막내딸의 부탁을 저버리시고 제가 차려주는 식사

대접과 섬김을 받는 호사를누렸습니다.

그러다, 몇 년이 지나 외손녀가 고3이 되었을 때 시어머님은 막내 딸이 보고 싶다고 같이 시누이 집에 가자고 하셔서 모시고 가는 도중 시누에게 전화하니 시어머님을 집에 오시게 하면 안된다고 소리를 쳤습니다. "지금 우리 하나 고3 수험생이라며…" 결국 시어머님께서는 집으로 다시 돌아가자며 되돌아 올 수밖에 없었던 일이 선명하게 떠올랐습니다.

이것은 '인과응보'였습니다.

"대접받고 싶으면 대접받고 싶은 만큼 대접하라"는 말이 있듯이 말 없는 희생과 행함이 있어야 함을 나의 친정엄마를 보면서 정말 아낌없이 주고 싶은 사람이었음을 우리 4남매뿐만 아니라 사촌들과 사촌 조카들까지 우리 엄마가 나눠주신 사랑을 쏟아낼 때 알게 되었습니다. 정많고 눈물 많았던 엄마, 자식을 위해서는 너무나 희생적이며 생활력이 강했던 우리 엄마였습니다. 누구보다 착하고 성실하게 사랑을 베풀며 오로지 남편과 자식들을 위해 희생적인 삶을 살다가신 엄마를 생각하면서 엄마께서 보여준 그 삶을 답습하고 있는 우리 4남매 부부 가정마다 기쁨만 가득히길 바라며 이 글을 읽게 될 그 누군가에게도 사랑이 전달되길 바랍니다.

02

선택과 집중 -
보상이상의 법칙

인생을 살아가면서 좋은 사람들을 만난다는 것은 얼마나 소중한 일인지를 매일 매일 느끼며 감사한 삶을 살아갑니다.

코로나로 인하여 계속되는 확진자가 늘어나면서 방문 수업이 끊어지고 강의도 멈추어버리게 하고 마스크는 필수 착용으로 미 착용시 벌금을 내는 정도까지 이르게 되었습니다.

'위기'는 위험과 기회를 같이 동행한다고 하듯 힘든 현실에서도 빛을 선택하는 삶의 가치관이 있기에 무너질 수도, 나쁜 선택을 하지 않을 수 있어서 감사합니다.

'고교중퇴 배달부에서 1억 연봉 메신저가 되다'의 주인공 박현근 코치님의 특강을 듣게 되면서 비대면 세상에서도 누구나 성공을 할 수 있다는 것을 보여준 실행력을 배우고 싶어 평생회원에 가입을 하게 되었습니다.

더 플러스, 백만장자 마인더, 브라이언 트레시의 강연을 들으며 할 수 있다는 생각을 바꾸는 시간들이 참 소중하였습니다.

《생각의 각도》를 읽으며 1도만 바뀌어도 인생이 변한다고 하는 그 글귀에 용기를 갖고, 습관의 1도를 바꾸기 위한 꾸준함을 위해 다시 시작합니다.

《생각하라! 그리고 부자가 되어라》라는 책을 박현근 코치님의 독서모임에서 읽고, 독서 리뷰를 직접 다시 한번 듣다보면 내 안에 숨어 있는 잠재능력에게 물을 주듯이더 나은 미래를 위한 희망으로 진취적인 삶의 선택을 할 수 있고자 용기를 내어 봅니다.

끊임없는 피드백을 통하여 나의 현재 상황을 돌아봅니다. 실천하지 않는다면 아무런 결과가 없음을잘 알 수가 있네요.

유치원교사를 하다가 결혼을 하고 자녀가 자라면서 함께 성장하기 위해 20여년을 독서지도와 학습지 교사 및 청소년 학습 코칭을 하다가 남편과 아들, 딸의 건강을 위해 건강공부를 하게 되었습니다. 그리고 성공을 꿈꾸는 사람들에게 성공의 기회까지 제공하는 '암웨이 플랫폼 비즈니스'를 알게 되었습니다. 몇 년을 제품을 애용하면서 회사에 대해 알게 되었고 회사철학이 타사와 달리 개인의 성공과 가족게게 보상을 주는것에 감동을 받았습니다. 학습지 회사에서 일을 할 때 정해진 성과를 냈을 때 해외여행을 보내주었습니다. 그러나 회사 동료들과 가는 여행이 부지기수인데 암웨이 회사는 나 혼자의 노력으로 가족 모두가 보상을 받는 철학이 너무 좋았습니다. 건강공부를 하면서 엄마가 교육과 함께 전달하는 이 길이 자식들에게 지인들에게 누가 되지 않고 열심히 살아낸 엄마의 삶이 헛되지 않고 세상의 빛과 소금으로 살았다는 것으로 인정받고 싶어지네요.

늘 든든한 아들과 착한 우리 딸에게 내가 엄마를 생각하면 더 열심히 살고 싶고 바르게 살아가는 도전의 에너지가 생기듯이, 우리 아들. 딸도 엄마를 생각하면 용기가 생기고 에너지를 얻는 희망의 증거가 되고 싶기에 명확한 목표와 꾸준함으로 될 때까지끝까지 도전하여 성장하는 모습을 보여주고 싶습니다.

책 속에서 강조한 '보상 이상의 법칙'을 읽으며 앞으로 크게 성장할 미래의 모습을 떠 올려 봅니다. 60년이 넘는 역사를 가진 회사에 대하여 신생회사와 비교하여 회사의 진정성과 정직성을 볼 수 있는 안목이 필요하였습니다. 고객이 애용하게 되는 제품 하나하나가 인간에게 환경에도 유해하지 않는 제품으로 만들어내는 책임감과 함께 '인간과 환경에 유해한 것은 만들지도 팔지도 않겠다'는 회사 철학에 감동을 받았습니다.

전 세계적으로 네트워크사업은 매년 새로 생성되고 사라지곤 하지만, 세계적으로 유명한 유기농 농장 4곳을 자연의 먹이사슬을 훼손하지 않으면서 천적과 자연생태원리를 이용하는 농사법은 80년 역사를 가질 수 있는 기업으로 우뚝 선 회사는 찾기가 드문 일이지만 사람들은 보이지 않는 노력의 결실은 무시한채 유기농 농장은 고사하고 농장에서 추출하는 비타민이 아닌 인공영양제에도 당장 돈이 된다는 감언이설에 현혹되어 사업으로 시작하다가 또 다른 곳에서 돈을 더 준다고 하면 쉽게 떠나 이곳 저곳을 떠돌아 다니는 분들을 볼 때면 정말 제대로 된 회사를 만난 것이 얼마나 중요하고 감사한 일인지를 알게되었씁니다.

그리고 수익구조는 경영학과로 유명한 하버드대학의 논문에서 발체된 수익구조로 누구에게도 피해가 없는 윈-윈수익구조를 지금껏 유지하며 끝없이 어떻게 하면 더 줄 것인가를 생각하는 회사의 철학에 감동을 받았습니다. 학습지 회사에서는 처음에 약속했던 수익구조를 수시로 바꾸어 마음을 상하게 할 때가 종종 있었습니다. 그러나 암웨이 회사는 주기로 약속한 수당은 계속 유지 하면서 더 많은 수당을 어떻게 보상해줄까를 생각하며 나누어주고 있습니다. 먼저 시작한 사람보다 늦게 시작해도 열심히 하면 역전이 가능한 수익구조를 말을 해줄 수 있어서 당당해질 수가 있습니다.

지금은 '시간적 봉사'만이 대부분 주를 이루지만 물질이 필요한 곳에 '물질적인 봉사'도 많이 할 수 있도록 열심히 오늘도 책을 읽고 성공을 위한 부자마인드를 배워 봅니다.
나는 할 수 있다.
나는 할 수 있다
나는 하고야 만다.
나는 점점 좋아지고 있다
나는 밤, 낮으로 돈이 들어온다.
나는 희망과 꿈을 전하는 동기부여가이다.

'생각하라, 그리고 부자가 되어라!'

실패에서 갖게되는 '습관의 힘'은 새로운 '창조적인 생각'으로 전환되어, 내자신이 통제 가능한 곳에 '선택과 집중'을 하다보면 틀림없이 좋은 결과를 가져올 것임을 확신하기에 보상 이상의 법칙을 실행하는 삶으로 살아갈 것입니다.

20260304 나는 DIAMOND이다!

03

메신저의 삶-
건강한 가정을 위하여…

건강을 잃어보면 건강한 것이 축복이었는지 알게 될 것입니다.

저는 작년에 남편을 잃었습니다. 건강을 과시하면서 몸에 좋은 것을 섭취하기 보다 술과 담배로 몸을 상하게 하였습니다. 좋은 물과 좋은 영양제로 건강을 지킬 것을 당부하였지만 계속되는 유해한 물질로 좋은 것을 거부했던 결과는 죽음으로 끝이났지만 가족의 상처는 무척 깊게 자리잡게 했습니다.

중요한 물에 대하여

건강이란 무었인가?

여러 가지로 정의가 내려질 수 있겠으나 WHO(세계보건지부)에서는 "건강이란 질병이 없거나 허약하지 않을 뿐만 아니라 육체적, 정신적, 사회적 및 영적 안녕이 역동적이며 완전한 상태를 말한다"라고 합니다. 다시 말해 건강한 육체에 건강을 정신이 이루어지듯이 건강하게 100세를 잘 살아가는 방법중 중요한 물에 대하여 생각해보게 되네요.

옛날부터 물좋고 공기좋은 곳을 찾아 사람들이 모여드는 이유가 건강과도 뗄 수 없는 필수 조건이었습니다. 지금도 암환자나 아토피등으로 고통을 받는 사람들이 병원치료에 지쳐 산좋고 정기좋은 시골이나 산으로 들러가서 살다가 병이 나은 사례를 종종 보고 듣게 됩니다.

건강은 건강할 때 지켜야 합니다. 그래서 대체의학을 너머 예방의학이 더 효과를 나타내는 현시점입니다.

모두가 시골이나 산에 들어가서 살수 없기에 좋은 물과 좋은 공기를 가가의 집에 갖추어 두고 건강을 챙기려고 합니다. 그러나 잘못된 상술에 현혹되어 몇 년째 병과 싸우는 사람과 점점 늘어나는 암환자들과주의결핍증 아이들의 원인이 물과 가장 관련되어 있음을 뉴스에서 방송에서 책을 통하여 알려지고 있지만 사람들은 각자가 듣고 싶은 것만 들으려하고 보고 싶은 것만 보려고 하면서 건강한 지식과 상술로 가려진 정보에 노출되어 알아볼려고 하지 않습니다.

'물만 잘 마셔도 건강할 수 있다'는 말이 있습니다. 우리 인체의 70%의 절대 비중을 차지하고 있는 물을 어떤 물로 채워주느냐에 따라 건강상태가 달라질 수 있습니다. 세계적으로 유명한 건강 장수촌 지방 사람들의 공통된 비결이 물과 공기와 함께 건강한 밥상에 의해 결정된다고 합니다.

서양의학의 아버지인 히포크라테스는 "음식으로 고칠 수 없는 병은 약으로도 고칠 수 없다"고 하셨습니다. 자신이 먹은 음식을 안다면 병의 원인도 알아내어 치료가 가능하다고 하였습니다. 그리고 허준 선생은 "의원이 약을 다릴 때 제일 먼저 살펴야 할 것이 물이니라"라고 하셨습니다. 약이라도 어떤 물로 약을 다스리느냐에 따라 약효가 다르기 때문에 그만큼 중요합니다.

체내에 들어간 물이 어떤 역할을 할까요?

- 생명유지기능을 합니다
- 피부와 신체의 아름다움을 유지합니다.
- 각종 질환들을 예방할 수 있습니다.
- 세포의 현태를 유지합니다.
- 대사작용을 높혀줍니다.
- 혈액과 조직액의 순환을 원활하게 합니다.
- 영양소를 용해시키며 흡수와 운반하여 세포에게 공급을 돕습니다.
- 체내에 쌓인 노폐물을 체외로 배설시킵니다.
- 혈액의 중성이나 약알카리성으로 유지시킵니다.
- 체내의 열을 발산하여 체온을 조절합니다.
- 노화의 속도를 늦추어 줍니다.
- 치매증을 예방합니다.
- 건강한 아기를 낳습니다.
- 혈액의 끈기를 없애주어 뇌졸중을 막아줍니다.
- 방광을 건강하게 해주며 방광암예방효과가 있습니다.

- 신장의 기능을 돕고 건강을 유지시켜줍니다.

- 노인의 탈수 상태를 막아줍니다.

- 변비를 해소시켜줍니다.

- 소화성궤양을 예방하고 공복시 궤양의 통증을 막아줍니다.

하루에 물은 얼마나 마셔야 할까요?

위에 나열된 물의역할 밀 효능은 더 많습니다. 일본의 물의 박사 마쓰시타 가즈히로'씨는 수질이 좋은 지역에서 사는 사람들은 난치병이 없다고 할 정도로 물의 중요성을 여러 책을 통해 알리고 있습니다. 이렇게 많은 역할을 하는 물을 하루에 얼마나 마셔야 할까요? 모든 성인은 1.8L~2L정도의 물을 필히 마셔야 한다고 합니다.

미국 하버드 대학교 위생학과에서 운동선수를 대상으로 실험을 하였습니다. 물을 마시지 않고 연습을 시키면 3시간만에 체온이 38.9도까지 올라가 심한 피로로 기진맥진하게되지만, 원하는 물의 양을 마시고 연습을 했을 때는 놀랍게도 6시가까지 연습을 계속할 수 있었다고 합니다.

성인이 필요한 물의 양을 알아볼려면 우리가 배출하는 물의 양을 계산하면 된다고 합니다.

어떤 물을 마셔야 할까요?(좋은 물의 요건)

- 인체에 유해한 유.무기 화합물이 없어야 합니다.

- 환경호르몬의 검출이 없어야 합니다.

- 미생물. 세균. 박테리아. 바이러스등이 없어야 합니다.

- 잔류염소가 없어야 합니다. (트로힐러메탄 생성방지)

- 물속에 산소가 많이 있어야 합니다.

- 미네랄이 있는 ph 7.45 정도의 약 알카리수이어야 합니다.

- 실온의 물이 건강에 좋습니다. (너무 차거나 뜨거운 물은 NO!)

물의 역할과 기능은 강조하고 또 강조하여도 지나치지 않습니다.

그러나 어떤 물을 먹느냐가 더 중요하다는 것을 알게 되었습니다. 참 자상하고 친절하고 정이 많았던 시동생은 타사에서 나오는 너무나 깐 깐하다고 자랑하는 정수기를 계속 남용하였습니다. 제가 물공부를 하고 혈액에서 가까운 약알카이수를 먹어야 한다고 말했지만 듣지 않았습니다. 원래 몸이 약했던 삼촌은 49세에 뇌출혈로 쓰러져 수술을 하였으나 심장의 기능이 손상되어 결국 돌아가셨습니다. 제가아는 아들 친구학부 모도 까깐한정수기로 미네랄이업슨 무임을 BTB용액으로 실험을 통해 산성수임을 보여주며 물을 바꿀 것을 권했지만 중학교과학 선생님이었 기에 유치원교사이자학습지교사인 저의 말을 그냥 흘러버렸습니다. 그 러다 갑상선암으로 발견되면서 병원치료를 받는 중 물이 원인인 것같 고 하시며 정수기를 바꾸었던 것을 보았습니다. 몇일전 함께 봉사하시던 선생님으로부터 전화가 왔습니다. 면역을 올릴 수 있는 제품이 무엇이 있는지 알고 싶다고하였습니다.

계속 종합영양제를 먹고 있었기에 뉴트리라이트의 대두 단백질과 유산균을 추천해주면서 어떤 물을 먹는지 여쭈어 보았습니다. 몇녀째 알 카리수를 먹는다고 하였습니다. 전기분해로 만들어진 알카리수는 위산

과다일 때 반드시 의사의 처방으로 치료용으로 먹되 장기복용은 절대로 해서는 안된다고 하였으나 좋아진다는 이유로 장기음용을 하여 면역이 현격하게 떨어져 있었습니다. 좋은 것을 먹으려 하기보다 나쁜 것을 먼저 차단하는 것이 중요하다고 말해주었습니다.'

사람들은 '아는 것이 힘이다'와 '모르는 것이 약이다'에서 자신이 원하는 쪽으로 선택을 하게 됩니다. 내가 아는 사람들이 아프지 않고 건강하게 오래 살기를 바라며 끊임없이 건강에 도움되는 물과 공기와 영양에 관한것과 환경호르몬의유해성 밀 경피독에 관하여 전해줄 것이 너무나 많습니다. 재정적으로도 건강한 가정을 만들기 위한 공부하는 주부들의 모임인 공주들을 모아 독서모임을 통한 드림메신저가 되겠습니다.

된 것처럼 상상하고
쓰고 말하라!

"된 것처럼 상상하고 글로 써 붙이고 아침, 저녁으로 외쳐라!"는 말이 가장 기억이 남네요. 목표를 종이 위에 쓴다는 것은 목표를 끌어당길 수 있는 힘이 있기 때문입니다.

내가 명확하게 원하는 것이 무엇인지 알고, 명확한 목표를 기록하여, 눈에 잘 보이는 곳에 두고 목표를 이룰 행동을 한는 사람들의 결과는 머리에 생각만 하는 사람들의 결과와 비교했을 때 최소 2배에서 많게는 10배 이상의 결과를 만들어내는 것을 예일대학의 실험에서도 밝혀진 바가 있기에 저 또한 실천하고자 합니다.

지금 내가 간절히 원하는 것은 무엇인가?
'꿈을 꾸는 것또한 능력'이라고 하였습니다.

아직 배울 것이 많지만 내가 배운 것이 또 누군가에게 힘이 되고 길이 될 수 있도록 건강한 가정 만들기의 드림메신저가 되어 선한 영향력을 주고 싶습니다. 엄마가 남편 떠나고 없는 세상을 눈물 뚝! 참아내며 잘 헤쳐 나아가 많은 사람들에게 희망이 되는 길 안내자가 될 것입니다.

지금도 일할 수 있어서 너무나 감사한 마음으로 나의 목표를 적어 보면서, 일할 수 있을 때 일하여 더 많이 나누는 사람이 될 것이라 다짐합니다.

지식은 힘이고 학습은 초능력입니다.

인생을 살아가면서 내 곁에 어떤 사람이 함께 하느냐?에 따라 그 사람의 운명이 바뀌고 삶까지 송두리째 바뀌는 일들을 종종 보았고 듣다보니 함께 하는 사람들의 소중함을 알게 되었습니다.

우리의 믿음과는 다르게 우리의 한계는 정해져 있지 않습니다. 우리는 함께 하면 언제라도 그 한계를 통제하고 극복할 수 있습니다.

'어제보다 더 나은 내가 되고 싶다면' 함께 해 보아요~

내가 꿈을 이루면 나는 또 누군가의 꿈이 된다. 나의 글과 말은 누군가에게 반드시 도움이 된다. 말은 지나가지만, 책은 남아 누군가를 돕는다. 이 책 한권이 지금의 상황에서 힘들어 하고 있는 당신에게 도움이 되기를 바란다.

우리 12명의 저자는 간절히 누군가를 돕고 싶은 마음으로 매일 새벽 6시에 모여 함께 집필했다. 메신저는 나의 지식과 경험을 통해 타인에게 조언을 제공하고 수익을 창출하는 사람이다. 우리의 지식과 경험이 당신에게 도움이 되리라고 믿는다. 그리고 당신의 지식과 경험으로 다른 누군가를 돕기를 원한다. 선한영향력이라는 말처럼, 내가 변화하면 주변 환경도 변화하기 시작할 것이다.

오늘의 나의 모습은 어제의 생각의 결과이다. 내일이 달라지기를 원한다면 오늘 나의 생각을 바꿔야 한다. 우선 말을 바꾸자. 코로나 때문에가 아니라 코로나 덕분에! 외부 환경에 의존하는 것이 아니라. 내면의 변화가 우선시 되어야 한다.

작년 10월 토니로빈스 월드서밋 세미나에 참석했다. 줌으로 전세계 2만 명이 참석했다. 코로나 덕분에 지식 산업 세계는 5년 앞당겨졌다는 이야기를 들었다. 오프라인 시장은 힘들어졌지만, 온라인 시장은 확장되었다. 지금 오프라인으로만 사업을 하고 있다면, 온라인으로 사업의 변화를 가져와야 한다.

한쪽 문이 닫히면 다른 문이 열리게 되어 있다. 지금의 상황을 벽으로만 보지 말고, 기회의 문을 찾아야 한다. 지금의 상황에서 내가 할 수 있는 일에 집중하자. 이제는 변화할 때이다.

모두가 힘들어 하는 시기이다. 그럼에도 불구하고, 지금의 조건에서 내가 할 수 있는 것에 집중하고, 나보다 더 힘든 사람들을 돕자. 나의 문제가 해결됨과 동시에 다른 사람의 삶도 변화시킬 수 있을 것이다.

마지막으로 함께 공저 프로젝트에 참여해주신 12명의 메신저분들과 공감출판사 최원교 대표님께 감사 드린다.

의미 있는 삶과 물질적인 만족을 모두 누릴 수 있는 메신저의 세계에 당신을 초대한다.

박현근

땡큐 코로나,
억대 연봉 메신저

1판 1쇄 발행 | 2021년 7월 26일
1판 2쇄 발행 | 2021년 10월 22일

지은이 | 박현근, 김일, 서미경, 권가비, 김미혜, 최종환,
　　　케이트, 김보민, 김종학, 김줄리, 김수란, 김진옥

펴낸이 | 최원교
펴낸곳 | 공감

등　록 | 1991년 1월 22일 제21-223호
주　소 | 서울시 송파구 마천로 113
전　화 | (02)448-9661 팩스 | (02)448-9663
홈페이지 | www.kunna.co.kr
E-mail | kunnabooks@naver.com

ISBN 978-89-6065-308-5 03320